普通高等院校"十三五"规划教材

市场营销策划

SHICHANG YINGXIAO

CEHUA

张存明　陈　超　李　娟◎主　编

李　晓　王　静　李于飚　高其兰　田　川　理阳阳◎副主编

清华大学出版社

北　京

内容简介

本书以策划学的基本原理为基础，借助创造性思维与创造性方法，结合大量经典案例，对市场营销策划活动进行全面的梳理。全书共有十一章，分别是营销策划导论、营销策划创意、营销策划的程序与成果、营销调研策划、营销环境分析、营销战略策划、产品与品牌策划、价格策划、渠道策划、广告与营业推广策划和公共关系策划。本书将市场营销原理与企业营销实践进行了有机结合，在理论上，对营销的基本原理与规律加以总结，强调提炼、升华与创新；在实践上，紧密结合企业的营销实际，使营销策划知识项目化，从而使其更具有实战性和针对性。

本书适合普通高等院校市场营销等相关专业的学生使用，也适合其他跨专业的学生选修使用。

图书在版编目(CIP)数据

市场营销策划 / 张存明，陈超，李娟主编. —北京：清华大学出版社，2018 (2024.8重印)
(普通高等院校"十三五"规划教材)
ISBN 978-7-302-50621-8

Ⅰ.①市… Ⅱ.①张… ②陈… ③李… Ⅲ.①市场营销-营销策划-高等学校-教材 Ⅳ.①F713.50

中国版本图书馆 CIP 数据核字(2018)第 154740 号

责任编辑：刘志彬
封面设计：汉风唐韵
责任校对：宋玉莲
责任印制：刘海龙

出版发行：清华大学出版社
  网 址：https：//www.tup.com.cn，https：//www.wqxuetang.com
  地 址：北京清华大学学研大厦 A 座   邮 编：100084
  社 总 机：010-83470000   邮 购：010-62786544
  投稿与读者服务：010-62776969，c-service@tup.tsinghua.edu.cn
  质量反馈：010-62772015，zhiliang@tup.tsinghua.edu.cn
印 装 者：三河市龙大印装有限公司
经 销：全国新华书店
开 本：185mm×260mm   印 张：18   字 数：439 千字
版 次：2018 年 7 月第 1 版   印 次：2024 年 8 月第 7 次印刷
定 价：58.50 元

产品编号：080208-01

市场营销策划是最具实战性的营销专业活动，它是营销原理与营销实践的高度统一。企业的营销策划人员既要建立完整的营销理论体系，又要熟悉企业营销活动的设计与实施。同时，营销策划人员还要具备创造性思维，掌握创造性技法，能结合企业的实际情况，在遵循营销活动规律的基础上，灵活运用营销技巧，组织企业的营销活动。只有这样，企业才能在营销经营活动中立于不败之地。

作为营销专业的学生，在掌握了营销基本原理之后，还要通过"市场营销策划"课程的学习，使知识具有完整性和系统性，提高对营销活动规律的认识。传统的"市场营销策划"课程教学存在理论与实践脱节的现象：在本科层次，营销策划普遍侧重理论梳理，忽略了营销策划活动的操作性；在高职高专层次，营销策划教学又过于侧重营销活动的操作和实训，忽略了营销理论的梳理与升华。本书将市场营销原理与企业营销实践进行了有机结合，在理论上，对营销的基本原理与规律加以总结，强调提炼、升华与创新；在实践上，紧密结合企业的营销实际，使营销策划知识项目化，更贴近实际。

本书在营销策划理论方面有三大特色：一是对各部分的营销原理进行了提炼与升华，探讨营销的本质；二是提出了独特的营销策划创意和营销策划过程模型；三是梳理了最新的营销前沿理论，特别是当今迅速发展的网络营销理论。在实践方面，本书紧跟时代发展的趋势，在总结最新的营销实践经验的基础上，注重具体的营销实践活动，体现实战性。

本书以策划学的基本原理为基础，借助创造性思维与创造性技法，结合大量经典案例，对市场营销策划活动进行全面的梳理。全书共有十一章，分别是营销策划导论、营销策划创意、营销策划的程序与成果、营销调研策划、营销环境分析、营销战略策划、产品与品牌策划、价格策划、渠道策划、广告与营业推广策划和公共关系策划。

本书是编者多年营销教学实践与营销服务实践的总结，也借鉴了其他营销策划专家的思想。希望读者通过本书的学习掌握营销策划的原理、方法与技巧，并进一步掌握营销调研策划、市场营销分析、营销战略策划、产品与品牌策划、定价策划、渠道策划、广告策划、促销策划，以及公共关系策划的具体操作方法。

本书由山东交通学院张存明、皖西学院陈超和四川信息职业技术学院李娟任主编，泰山医学院李晓、重庆海联职业技术学院王静、成都纺织高等专科学校李于飚、张家界航空工业职业技术学院高其兰、江西旅游商贸职业学院田川和东莞理工学院理阳阳任副主编。鉴于编者水平有限，本书尚有许多不足之处，恳请各位读者批评指正，以便再版修订。

目　录

第一章 营销策划导论

知识目标

1. 了解策划的含义、特征，理解策略的原理；

2. 了解营销策划的含义、特征，理解营销的本质、营销策划的原理，掌握营销策划的内容；

3. 理解价值营销、体验营销、4R 理论；

4. 了解网络营销与移动互联营销的特征，掌握网络营销的功能，理解移动互联网环境下的营销思维。

第一节 策划概述

一、策划的含义

(一) 策划的渊源

"策"这个字在《辞源》中有多个解释：一是做名词，指古代的一种马鞭子，这种马鞭子头上有尖刺，如鞭策；二是做动词，如"以鞭策马"；三是指古代大臣向皇帝提出的建议，刻于竹简之上，称为"简策"或"策书"；四是指古代考试的一种文体，如对策、策论，就像现在的议论文，后来演化为谋略的意思，主要指计谋、对策，如决策、献策、上策、束手无策。

"划"这个字在字典中有两个音：huá 和 huà。解释有四个：一是指用刀或其他东西将别的东西分开或从上面擦过，如把这东西划开、划火柴，做动词用；二是用桨拨水，如划船；三是合算，按利益情况计较相宜或不相宜，如划不来、划得来；四是设计，如工作计划、筹划、谋划。

从我国古代"策"与"划"这两个字分开来看，已经有今天"策划"的内涵了。"策"与"划"两字连用，就有了更明确的意思，做动词就是谋划、筹划，做名词就是策略、计划、计策、对策等意思。

古代帝王都有自己的大臣谋士，他们为帝王出谋划策，协助帝王管理国家的方方面面。各级行政机构都有幕僚，如县衙门有师爷，专门帮助县太爷处理政务。行军打仗都有军师，作为战争的参谋人员。战国时期有著名的"养士四君子"，他们都以养士闻名，这些士都有独特的本领，能帮助主人解决各种难题。

随着社会的发展，新兴行业增多，知识与科技的专业性增强，各行各业都涌现许多策划专家和顾问，他们为行业策划了大量活动。当然，所有的领导人员也都有策划的需求和能力要求，毛泽东说："领导者的责任，归结起来，主要是出主意、用干部两件事"。但领导往往是通才，具体到某一个专业领域，则需要专才的帮助。

现代社会的咨询需求日益旺盛，策划已经发展成为一个行业，而且这个行业还有专业分工。国家有专门的咨询机构和研究机构，军队有参谋部，各行各业有研究院和顾问团。国家还有高等教育系统，专门研究和培养各行各业的专业人才。最为突出的是商业领域，随着全球化的发展，由于竞争日益激烈，策划行业发展异常迅猛。目前，在世界范围内活跃着一大批大型、优秀的策划咨询公司。

20世纪初，随着科学管理理论的推广，策划行业在欧美国家逐步发展起来。在美国，策划被称为咨询。20世纪60年代，"企划"一词在日本流行，广泛应用于企业运营活动中，并传到我国台湾地区，并于80年代逐渐流行起来，90年代初由我国台湾地区传到我国大陆。

（二）策划的含义

在古代，生产还不发达，问题相对简单，策划就是出主意、出点子。现代社会，经济与科技高度发达，社会和环境问题变得复杂，策划就变成了出方案，方案不是一个点子，而是一个系统。

对于策划的含义，各国专家都有一般性的描述，但没有统一的权威表述。通俗来看，策划是人类的智谋文化。策划是指人类为达到某种目的，利用自己的智慧制定策略或手段的过程。人类社会需要策划，世界、国家、社会组织、企业等社会团体和个人都离不开策划。策划广泛应用于政治、经济、军事、文学、艺术、宗教、生产、生活等领域之中，好的策划一定会获得巨大的社会效益和经济效益。

策划有以下几个特征：第一，策划是为了达到某一目标，这是策划的前进方向，也是策划的动力；第二，策划是综合运用人类的知识和经验的过程，知识和经验是策划的工具；第三，策划要采用创新性的谋划手段完成既定目标，这是策划的重要特征。

综合以上观点，策划就是在充分考虑现有资源和各种可能的条件下，确立一个可行的目标，借助事物发展的规律，发挥创造性思维，设计出能顺利实现既定目标的行动方案的过程。

我国自古以来涌现的著名策划案例多如牛毛，不可胜数。中国四大名著之一的《三国演义》中，刘备三顾茅庐的故事流传甚广。刘备初创，求贤若渴，礼贤下士，三顾茅庐。诸葛亮感动之余，为刘备献出了自己的建国方略，那就是《隆中对》。

经典案例

环境分析：自董卓已来，豪杰并起，跨州联郡者不可胜数。曹操比于袁绍，则名微而众寡，然操遂能克绍，以弱为强者，非惟天时，抑亦人谋也。今操已拥百万之众，挟天子而令诸侯，此诚不可与争锋。孙权据有江东，已历三世，国险而民附，贤能为之用，此可以为援而不可图也。

机会分析：荆州北据汉、沔，利尽南海，东连吴会，西通巴、蜀，此用武之国，而其主不能守，此殆天所以资将军，将军岂有意乎？益州险塞，沃野千里，天府之土，高祖是因之以成帝业。刘璋暗弱，张鲁在北，民殷国富而不知存恤，智能之士思得明君。

优势：将军既帝室之胄，信义著于四海，总揽英雄，思贤如渴。

行动方案：若跨有荆、益，保其岩阻，西和诸戎，南抚夷越，外结好孙权，内修政理；天下有变，则命一上将将荆州之军以向宛、洛，将军身率益州之众出于秦川，百姓孰敢不箪食壶浆以迎将军者乎？

目标：诚如是，则霸业可成，汉室可兴矣。

刘备在初期正是采用了《隆中对》的策划，实现了三分天下有其一的初期战略目标。对于后期的执行，我们暂且不做假设，但就策划本身而言，《隆中对》至少为我们提供了一个策划的基本思路：一切策划都要有一个明确的目标，要进行环境分析和敌我分析，找出自己的优势和劣势，在此基础上，充分整合各种内部与外部资源，制定科学合理的行动方案。

二、策划的基本要素

从事策划是一件非常复杂又高深的活动，面对环境的千变万化，拥有的资源条件千差万别，一定要抓住策划的基本要素。

（一）策划的目标——策划的起点与归宿

人的一切活动都是有目的的，明确的目的称为目标，目标是策划的起点与归宿。按照哈佛企业管理丛书编纂委员会的理解，策划是联结我们目前之地与我们要往之处的桥梁，要往之处就是策划的目标，也就是策划所希望达到的预期效果。策划目标规定策划涉及的范围和方向，凝聚策划的灵感，激励人们的行动，控制策划的实施，考核策划的成败。

人类活动形式的丰富性决定了活动的目标是一个复杂的系统，所以我们在选择目标、制定目标和为实现目标而采取行动的时候，常常遇到复杂的问题。策划活动也面对这些复杂的目标系统，需要根据具体情况做具体的分类和考虑，如策划活动有总目标、具体目标；有近期目标、中期目标、远期目标；有经济发展目标、文化发展目标、政治发展目标等。

策划的目标主导原则要求处理好两方面的矛盾：一方面是眼前利益与长远利益的矛盾，为保证长远利益有时得牺牲眼前利益；另一方面是总体目标与具体目标的矛盾，总体目标始终都不能放弃，具体目标则可根据具体情况随时调整。目标主导原则在策划方案的制定中非常重要，方案是实现目标的理论构架，方案以目标为指南。

（二）策划的资源——策划的基础

策划的资源是指策划人可控制和使用的人力、物力和财力，这是策划的硬件，是策划的基础。所谓巧妇难为无米之炊，任何策划都必须在一定资源的基础上进行，资源是策划的最大约束，这也是策划不能随性而为的根源所在。

策划就是对这些资源的整合运用，高明的策划统筹运用有限的资源，能最大限度地发挥所有资源要素的作用，产生最大的效果和效益；相反，缺乏智慧的策划就是对资源的极大浪费，再好的资源也难以发挥良好的效果。

战争中，所谓不战而屈人之兵，往往必须有雄厚的军事实力做后盾。一个企业要永续经营，必须有各类专业人才，有足够的流动资金，有厂房和设备，有必要的技术储备和知识储备。

（三）策划的创意——策划的灵魂

策划是人们思维、智慧的结晶。遇到新的环境和新的问题，非有创造性的思路不能解决问题。创意是策划的灵魂。所谓创意，就是在特定的环境条件和资源条件下，以意想不到的方法放大资源效力，实现要追求的目标。

所有的工作都会遇到策划的问题，它是一个动脑筋的过程。当遇到一个不能用常规的知识、方法解决的问题时，就需要创造性思维，使这些看似不可能解决的问题得以圆满解决。

拥有创造性思维的人具有极大的能量。毛泽东没有学过军事，但毛泽东仍然成为难得的军事家，其追随者称毛泽东"胸中自有雄兵百万"。在经营领域，福特用流水线生产汽车，极大地提高了汽车生产效率，降低了制造成本，使汽车进入每个家庭；耐克自己不生产鞋子，却经营着世界上最大的运动鞋品牌；李嘉诚首创卖楼花的经营方式，有效解决了房地产经营中的资金瓶颈。

（四）策划的信息——策划的前提

信息是策划的软件，是策划的前提。所谓"知己知彼，百战不殆"，信息在一切活动领域，尤其是竞争领域都十分重要。

策划是在现实所提供条件的基础上进行谋划。策划者要尽可能多地掌握各种现实情况，全面地了解形成客观实际的各种因素及信息，包括有利的与不利的因素，深入研究收集到的材料，寻找问题的实质和主要矛盾再进行策划，这样的策划针对性强，并且合理可行。

现代社会，随着经济领域的竞争加剧，情报工作的重要性日显突出。企业只有掌握消费者的需求变化，把握科技发展的趋势，了解竞争对手的发展方向，才能提出有效的经营策略，才能在竞争中立于不败之地。

三、策划的特征

（一）预测性

基本上所有策划都是着眼于未来事物，也就是说，策划是针对未来要发生的事做当前的决策。策划是人们在一定的思考以及调查的基础之上进行的科学预测，因此具有一定的前瞻性。预测未来就是策划者找出事物因果关系，进行超前研究，预测发展趋势，思考未来发展问题，衡量未来可采取之途径，做当前策划之依据。即策划是预先决定做什么、何时做、如何做、谁来做。

策划除了应具有预测意识外，还要使用正确的预测方法，提高预测结果的准确性。一切成功人士无不具有很强的预见能力。毛泽东在井冈山领导工农红军时处于最困难时期，仍然对革命成功抱有坚定信心，做出了"星星之火，可以燎原"的伟大预测。世界船王包玉刚正是预测到第二次世界大战后国际航运的繁荣，才果断决策，投身航运，成为一代船王。李嘉诚正是成功预测到我国香港房地产的发展，才投身房地产行业，最终成为亚洲首富。当然，策划既然是一种预测，就一定具有不确定性或者风险。

（二）创新性

创新与创意是策划的灵魂，当环境发生变化、新事物出现时，应用老方法已经无能为力，这时候就需要创新。策划就是策划者遵循科学的策划程序，从寻求策划主体的问题或缺陷入手，确立目标，从而谋划构思、寻找解决问题的有效途径。策划的关键在于创新，没有创新的策划，或许就是一个计划，或许就是一个报告，缺乏思想、缺乏灵魂。

创新仍然要结合实际，扎根于现实，这样才具有可行性、实用性、操作性。如果实现不了或不具操作性，这样的创新是没有意义的。

（三）竞争性

策划这一社会现象是社会竞争的产物。正如达尔文的《物种起源》所言，在竞争中适者生存、发展，不适者淘汰、消亡。策划的发展及其生命力是社会竞争所赋予的。竞争功能就是策划者以智谋协助策划主体赢得政治竞争、军事竞争、经济竞争、技术竞争和形象竞争等方面的主动地位，使其稳操胜券。

竞争具有博弈的特征，我们一定要认真研究竞争对手的情况和意图，有针对性地行动。同时，要对自己的行动方案保密，不要过早地暴露自己的意图。

当然，我们要辩证地看待竞争，因为竞争使我们警醒，使我们成长，使我们更加强大。同时，也要区别对待竞争对手，有的竞争对手还可能成为合作的对象，也就是竞争中的统一战线。

（四）系统性

系统论认为，世界上任何事物都可以看作是一个系统，系统分为内部结构和外部环境，系统内部各要素都有特定的功能，缺一不可，如果一个要素功能丧失，系统就会被破坏，这个原理被称为木桶理论。系统的好坏与外部环境有密切联系，甚至有的环境因素能为我所用。诸葛亮在《隆中对》中提出"西和诸戎，南抚夷越，外结好孙权，内修政理"正是这一思想的完美解释。现代企业面临的环境极为复杂，企业除了完善自己的人才、科技、资金、管理、战略等发展要素外，还必须认真研究消费趋势、消费需求、竞争对手等各种环境问题，才能永续发展。

低端的策划是点子，高端的策划是方案，方案就是针对复杂系统进行的全面策划。无论是广告策划、品牌策划，还是企业策划，策划人思考和面对的都是整个系统。策划所采用的方法论是从系统入手，将大系统分解为若干小系统，从不同的角度对问题提出全面的解决方案。

（五）决策性

管理者的主要工作是决策，决策的基础是策划。"诸利取其重，诸害取其轻"，其中的"取"就是决策。策划者为策划主体设计多种备选方案，使决策者进行选择和决断，从而保证决策的理智化、程序化和科学化。当然，面对事物发展的不确定性，策划者也需要制定不同的应对方案。

决策就是多方案选优，决策应当坚持满意原则，而不是完美原则，否则就会无所适从。领导者应当思维敏捷，善于抓住主要矛盾，当机立断，快速决策，这样才能抓住机会，抢占先机。

（六）可实施性

策划是创造性地解决问题，但创造不是天马行空，必须结合实际，扎根现实，使行动方案能够落地和实施。任何策划活动都要考虑其可行性，如国家法律是否允许，技术是否成熟可行，企业资金足够与否，人力资源够与不够，甚至天气、交通等方面是否适合都需要仔细考虑。

（七）专业性

中国有句俗话："隔行如隔山"。任何行业都有自己的发展规律，策划必须遵循事物的发展规律，体现专业性。现代科技发展迅猛，行业分工越来越细，策划人既要掌握事物发展的一般规律，掌握哲学、辩证法等普适性科学，还应当精通专业知识，成为行业专家，才能为一个行业解决问题，进行策划活动。

四、策划的分类

策划涉及的领域十分广泛，大到国家、社会、各种经济组织，小到企业、家庭、个人生活。根据不同的标准，策划可分为不同的种类。

（一）根据策划客体的性质划分

根据策划的客体的性质不同，可以分为三种：以国家为客体的国家策划；以企业、经济团体为客体的企业策划；以个人、家族成员为客体的个人策划。其中，国家策划可分为政治策划、社会策划、经济策划、军事策划和外交策划；企业策划可分为企业战略策划、企业形象策划、企业管理职能策划和企业营销职能策划等。

（二）根据对策划客体影响的时间长短划分

根据对策划客体影响的时间长短不同，可以分为三种：长期策划，三年以上的策划；中期策划，一年到三年的策划；短期策划，一年以内的策划。

（三）根据策划对象的范围划分

根据策划对象的范围不同，可以分为总体策划和专项策划。

（四）根据策划的性质划分

根据策划的性质不同，可以分为：改良型策划，即针对问题，改善现状的策划；开发型策划，即从现实可能性出发，开发出的面向未来的策划。

五、策划的基本原理

（一）整合原理

策划的关键在于整合各种内部资源，达到更理想的目标。如果要使资源整合得到有效结果，就必须符合协同创优的原则。策划学的协同创优原则是"协同学"在策划领域的应用。协同学是德国斯图加特大学理论物理学家哈肯教授于 1973 年创立的一门新兴的学科，它研究自然、社会等各个不同系统在一定的外部条件下，系统内部各子系统之间通过非线性的互相作用产生协同效应。策划活动也同样是使各种资源协同作用，创造新的效果。

策划往往是一个系统工程，不是一个人能够完成的，也不是一件单独的事情。在这个时候就需要整合，需要激发群众的力量，集中集体智慧，对内部资源进行最佳搭配和组合，才能产生最佳效果。从某种意义上讲，整合就是策划。

随着社会化大生产的形成，社会活动的日益复杂多样，活动规模、层面越来越大，相关事项也越来越多，策划活动的影响也越来越大，整合成为策划最核心的手段。

（二）借势原理

策划要符合时势，也就是对外部资源的有效利用。顺时势者事半功倍，逆时势者事倍功半，所谓时势造英雄就是这个道理。怎样才能顺应时势呢？这就要求策划者有敏感的思维和科学的分析。这一过程中，最重要的是审时度势，在时间跨度和空间区域上进行巧妙运筹。商务策划特别要注重以下六个方面：

（1）与策划有利害关系的组织或团体对策。

（2）与策划有关的政府对策。

（3）与策划有关的法律对策。

（4）策划中的资金对策。

（5）对大众传播媒体的关系对策。

（6）策划中的障碍因素及消除对策。

一个典型的例子是2001年，在北京紫禁城举办的"世界三大男高音演唱会"，当时涉及的单位和个人很多，一边要中国政府批准，一边要"三高"同意，地点是中国的紫禁城，还得请国家文物局批准，要与中央电视台联系直播事宜……主办者就是抓住"申奥"这个主题，"申奥"成功是中国人的民族情结，这一主题顺应民心，以这个主题先行，还有谁不支持？连三个歌唱家也非常愿意帮中国人圆梦。这一主题也吸引了许多赞助商。这个活动当时影响很大，众口称好，主办者就是利用借势原理而获得成功的。

（三）创新原理

创新，不仅强调"创"字，而且强调"新"字。创，就是创造、发现、寻找。新，就是新颖、新意、新奇。创新就是不雷同，我们在做策划的时候，一定要善于运用求异思维、发散思维，大胆设想，小心论证。

策划的本质是一种思维活动。思维是无定式的，但应该有方向，这样才能有助于问题的解决。策划活动中，应坚持三种思维方式：第一种是纵向思维，又叫正向思维，是对原来理论、思想、观点的深化；第二种是横向思维，是以原来的理论认识为主，向周边拓展；第三种是逆向思维，是从与原有思维相对应的角度寻找对策。策划中要几种思维模式共用，这是提高解决实际问题的一把钥匙。

（四）博弈原理

博弈又称对弈、对策。博弈原理是指每个对弈者在决定采取何种行动时，不但要根据自身的利益和目的行事，同时也要考虑决策行为对其他人的可能影响，以及其他人的行为对自己的可能影响，通过选择最佳行动计划，来寻求收益或效用的最大化。也就是说，要在估计对方采取什么策略的基础上选择自己的恰当策略。

人类的许多资源都是短缺的，人们为了获得这些赖以生存和发展的资源，就需要与天斗、与地斗、与人斗，这就产生了竞争。竞争就需要博弈，博弈就需要策划。竞争越激烈，策划活动就越频繁，策划思想就越丰富。我国战国时期各诸侯国争夺江山，政治竞争、军事竞争十分激烈，这个时期呈现出策划人才济济、策划活动频繁、奇谋妙计迭出、策划思想极大丰富的局面。

（五）简易原理

任何事物的发展都包含着多种矛盾，其中必有一种矛盾处于支配地位，对事物发展起决定作用，这种矛盾就叫作主要矛盾。正是由于矛盾有主次之分，我们在想问题、办事情的时候也应当有重点与非重点之分，要善于抓重点、抓关键，而不能平均用力，更不能因小失大。所谓牵牛要牵牛鼻子。邓小平在我国改革开放后曾说："发展才是硬道理"，只有经济发展，才能不断满足人民日益增长的物质、文化需要，才能推动社会全面进步，为社会主义政治、文化建设打下坚实的基础。

简单性意味着操作简便，在策划中简单性的运用也正体现了策划者的高明之处，简单是一种美，简单更是一种力量。我们可以从以下方面寻找灵感：①辨认出决定胜败的关键点；②摸清竞争对手的长处与弱点；③集中兵力于对方的弱点；④关键时刻投入决定性力量。

（六）系统原理

系统论认为，世界上的任何事物都可以看作是一个系统，所有系统都是由若干个子系统组成的，每个子系统都具有特定的功能，子系统之间有一定的结构关系，它们互相作用，使系统具备了特定的功能。所有系统都有外部环境，系统与外部环境之间进行信息、物质的交换。策划活动针对一个系统，我们要认识该系统的构成要素、这些要素的功能及其之间的相互关系，思考如何完善它们，如何对它们进行重新组合，从而产生最优效果；该系统的外部环境怎样，如何有效利用外部资源，同时规避外部风险。

经典案例

北宋丁谓"一举三得"重建皇宫方案

宋真宗时期，皇城失火，皇宫被焚，宋真宗命丞相丁谓短期内重修皇宫。这是一个复杂的工程，不仅要设计施工、运输材料，还要清理废墟，任务十分艰巨。丁谓首先在皇宫前开沟渠，然后利用开沟渠取出的土烧砖，再把京城附近的汴水引入沟渠中，使得船只可以运送建筑材料直达工地。工程完工后，又将废弃物填入沟渠中，复原大街，这就很好地解决了取土烧砖、材料运输、清理废墟三个难题，"一举三得"，一年后，工程如期完成。这个工程建设的过程与现代系统管理思想极其吻合。

第二节　营销策划概述

策划是现代社会最常见的经济活动之一，是指对各项事业或活动做出决策前的谋划、构思和设计活动。市场营销策划是策划活动的一个方面，是企业为占领市场、取得收益而进行的规划与安排。市场营销策划是现代企业提高市场竞争力的重要举措。

一、营销的含义和本质

（一）营销的含义

▶ 1. 菲利普·科特勒的定义

市场营销是通过创造和交换产品及价值，从而使个人或群体满足欲望和需要的社会过程与管理过程。

▶ 2. 美国市场营销协会(AMA)2004 年的定义

市场营销既是一种组织职能,也是为了组织自身及利益相关者的利益而创造、传播、传递价值给客户,并进行客户关系管理的一系列过程。

▶ 3. 格隆罗斯的定义

所谓市场营销,就是在变化的市场环境中,旨在满足消费需要、实现企业目标的商务活动过程,包括市场调研、选择目标市场、产品开发、产品促销等一系列与市场有关的企业业务经营活动。

(二)营销的本质

▶ 1. 顾客购买的是"某种需求的满足"

营销的本质是满足人类的需求。日本企业界给市场营销下的定义为:"市场营销是在满足消费者利益的基础上,研究如何适应市场需求而提供商品或服务的整个企业活动。"这个概念体现了市场营销活动的核心和本质。企业产品的畅销,归根到底是生产了对的东西,这个对的东西就是消费者需要的东西,它能解决消费者的问题。

这种需求体现了消费者的核心价值,是商品定位的基础,商品定位是新产品开发的依据。问题的难点在于,基于该定位的产品市场规模是否足够大,企业能否依靠其发展壮大。或者在市场不足时,企业是否能够高效率、低成本地生产这种个性化产品。

▶ 2. 由于竞争的存在,顾客倾向于获取最大价值

事实上,目前市场上畅销的产品无疑都基本满足了消费者的"某种需求",营销因竞争而变得更加残酷,在产品同质化越来越严重的情况下,谁为客户提供的价值更大,谁就能最终赢得客户。提高商品的价值可以从两个方面入手:一是降低顾客的成本;二是提高商品效用。

▶ 3. 从现代竞争角度来看,客户关系管理是制胜法宝

关系营销理论认为,谁占有顾客,谁就拥有市场。随着竞争的加剧,追踪客户、研究客户、联系客户变得越来越重要。营销过程其实就是积累优质客户的过程,这就是关系营销的基本理念。

经典案例

王永庆如何推销大米

王永庆做大米生意的时候,生意开始是很惨淡的,但他很快走出最关键的一步。他认为做大米生意不仅仅是把米卖出去,赚取其中的利润差价,最重要的是如何去深化与客户的联系。他发现,来买大米的那些老头、老太太,他们体力不支,所以他就主动提出来,能不能把大米送到他们家里去,我们现在把这个叫作配送,现在的营销概念叫作占有顾客的米缸。他去了以后,把陈米倒出来,把缸擦干净,陈米倒在新米上面,我们叫作增值服务。然后拿出一个小本,记录这个家里有几口人,每天大概吃多少饭,等到这些大米吃完

之前，他就能送到，我们叫作客户档案。只要把这些客户的米缸占住了，坚持做下去，客户久而久之就不知道大米是从哪里来的，只知道是从缸里来的，这就是把占领客户"最后一公里"作为主要的营销策略。

▶ 4. 从企业经营角度来看，市场营销既是一个系统，又是一个过程

市场营销是一个系统。企业要把各个方面的工作做好，产品研发部门要设计出消费者需要的产品，生产部门要生产出高质量产品，人力资源部门要招聘合格的员工，营销部门要找到客户并说服他们购买产品，等等，这些基础工作一个都不能少。

市场营销又是一个过程。营销部门一定要持续加强管理，把基础工作一步一步做好，企业才能持续经营和发展，如持续的市场调研、不间断的产品研发、长期的客户维护、永恒的品牌塑造等。

二、市场营销策划的含义

市场营销策划是策划的一个分支，是指在对企业内外部环境进行准确分析，并有效运用经营资源的前提下，对一定阶段内企业营销活动的行动方针、目标、战略以及实施方案与具体措施进行设计和计划。市场营销策划借助创造性思维，有效地利用企业资源和社会资源，制定可行的营销活动方案，从而改变企业现状，达到理想目标。

市场营销策划既可以是关系企业全局的营销战略策划，也可以是对某一个具体营销项目的战术策划。市场营销策划上承整个企业的发展战略和竞争战略，下接具体部门的实施细节，是企业整体战略与营销部门实施细节的一个桥梁。市场营销策划是企业的一种职能性策划，主要由企业的营销部门组织实施，是在创新思维的基础上制定的市场营销行动方案。

三、市场营销策划的原理

(一) SWOT 分析法

SWOT 分析法又称态势分析法或优劣势分析法，用来确定企业自身竞争的优势(strengths)、劣势(weaknesses)、机会(opportunities)和威胁(threats)，从而将公司的战略与公司内部资源、外部环境有机地结合起来。SWOT 分析法的模型如图 1-1 所示。

环境发展趋势分为两大类：环境威胁和环境机会。环境威胁是指环境中一种不利的发展趋势所形成的挑战，如果不采取果断的战略行为，这种不利趋势将导致公司的竞争地位受到削弱。环境机会是指对公司行为富有吸引力的领域，在这一领域中，该公司将拥有竞争优势。

优势是组织机构的内部因素，具体包括有利的竞争态势、充足的财政来源、良好的企业形象、技术力量、规模经济、产品质量、市场份额、成本优势、广告攻势等。

劣势也是组织机构的内部因素，具体包括设备老化、管理混乱、缺少关键技术、研究开发落后、资金短缺、经营不善、产品积压、竞争力差等。

内部分析 外部分析	优势S	劣势W
机会O	SO战略 发扬优势 利用机会	WO战略 克服劣势 利用机会
威胁T	ST战略 利用优势 回避威胁	WT战略 减少劣势 回避威胁

图 1-1　SWOT 分析法

对环境的分析也可以有不同的角度。例如，一种简明扼要的方法就是宏观环境（PEST）分析；另外一种比较常见的方法就是波特的五力分析。

SWOT 分析有四种不同类型的组合：优势-机会组合、劣势-机会组合、优势-威胁组合和劣势-威胁组合。

（二）市场细分理论

市场细分的概念最早是美国营销学家温德尔·史密斯（Wended Smith）在 1956 年提出的，此后，美国营销学家菲利浦·科特勒进一步发展和完善了温德尔·史密斯的理论并最终形成了成熟的市场细分理论（STP）：市场细分（segmentation）、目标市场选择（targeting）和市场定位（positioning），它是战略营销的核心内容。

市场细分是指根据顾客需求上的差异把某个产品或服务的市场逐一细分的过程。目标市场是指企业从细分后的市场中选择出来的决定进入的细分市场，也是对企业最有利的市场组成部分。市场定位就是为自己的产品树立特定的形象，使之与众不同，在消费者的心目中占据这个"重要位置"。

（三）4P 营销理论

4P 营销理论被归结为四个基本策略的组合，即产品（product）、价格（price）、渠道（place）、促销（promotion）。

4P 营销理论产生于 20 世纪 60 年代的美国。1953 年，尼尔·博登（Neil Borden）在美国市场营销学会的就职演说中首次使用了"市场营销组合"（marketing mix）这一术语，他将企业的营销活动的相关因素归结为 12 个方面。直至 1960 年杰罗姆·麦卡锡（Jerome McCarthy）提出著名的 4P 营销理论。

1967 年，菲利浦·科特勒在其畅销书《营销管理：分析、规划与控制》第一版中进一步确认了以 4P 营销理论为核心的营销组合方法，具体内容如下。

（1）产品：注重开发的功能，要求产品有独特的卖点，把产品的功能诉求放在第一位。

（2）价格：根据不同的市场定位，制定不同的价格策略，产品的定价依据是企业的品牌战略，注重品牌的含金量。

（3）渠道：企业并不直接面对消费者，而是注重经销商的培育和销售网络的建立，企业与消费者的联系是通过分销商来进行的。

（4）促销：企业注重通过销售行为的改变来刺激消费者，以短期的行为（如让利、买一送一、营销现场气氛等）促进消费的增长，吸引其他品牌的消费者或导致提前消费来促进销售的增长。

（四）服务营销 7P 理论

与有形产品的营销一样，在确定了合适的目标市场后，服务营销工作的重点同样是采用正确的营销组合策略，满足目标市场顾客的需求，占领目标市场。但是，服务市场具有一定的特殊性，从而决定了服务营销组合策略的特殊性。在制定服务营销组合策略的过程中，学者们在传统的 4P 理论的基础上又增加了 3P，分别是人员（participant）、有形展示（physical evidence）和过程管理（process management）。

▶ 1. 人员

人员在营销组合里，意指人为元素，扮演传递与接受服务的角色。换言之，也就是公司的服务人员与顾客。在现代营销实践中，公司的服务人员极为关键，他（她）们可以完全影响顾客对服务质量的认知与喜好。尤其是服务业，如果人员素质参差不齐，服务表现就无法达到一致。人员也包括未购买及已购买服务的顾客。营销人员不仅要处理公司与已购顾客之间的互动关系，还要兼顾未购顾客的行为与态度。

▶ 2. 有形展示

有形展示可以解释为"商品与服务本身的可视性因素"。有形展示的重要性在于顾客能从中得到可触及的线索，去体会你所提供的服务质量。因此，最好的服务是将无法触及的东西变成有形的服务。

▶ 3. 过程管理

过程管理的过程是指"顾客获得服务所必经的过程"。假如顾客在获得服务前必须排队等待，那么这项服务传递到顾客手中的"时间的耗费"将成为一项重要的过程管理要素。

（五）4C 营销理论

4C 营销理论是由美国营销专家劳特朋教授在 1990 年提出的，与传统的 4P 营销理论相比，它以消费者需求为导向，重新设定了市场营销组合的四个基本要素，即消费者（consumer）、成本（cost）、便利（convenience）和沟通（communication）。

▶ 1. 瞄准消费者需求

企业必须首先了解和研究顾客，根据顾客的需求来提供产品。同时，企业提供的不仅仅是产品和服务，更重要的是由此产生的客户价值。

▶ 2. 消费者所愿意支付的成本

成本不单是企业的生产成本，或者说 4P 营销理论中的价格，它还包括顾客的购买成本，同时也意味着产品定价的理想情况应该是既低于顾客的心理价格，亦能够让企业有所盈利。此外，顾客购买成本不仅包括其货币支出，还包括其为此耗费的时间、体力和精力，以及购买风险。

▶ 3. 消费者的便利性

便利即为顾客提供最大的购物和使用便利。4C营销理论强调企业在制定分销策略时，要更多地考虑顾客的方便，而不是企业自己方便。要通过好的售前、售中和售后服务来让顾客在购物的同时，也享受到便利。便利是客户价值不可或缺的一部分。

▶ 4. 与消费者沟通

沟通被用于取代4P营销理论中对应的促销。4C营销理论认为，企业应通过与顾客进行积极有效的双向沟通，建立基于共同利益的新型企业/顾客关系。这不再是企业单向的促销和劝导顾客，而是在双方的沟通中找到能同时实现各自目标的路径。

这一营销理念也深刻地反映在企业营销活动中。在4C营销理论的指导下，越来越多的企业更加关注市场和消费者，与顾客建立一种更为密切的、动态的关系。

四、市场营销策划的内容

市场营销策划的内容相当丰富，根据营销策划起作用时间的长短可分为营销战略策划和营销战术策划(见表1-1)。一项营销策划可以侧重于营销战略，也可以侧重于营销战术，营销战略和营销战术密不可分。侧重于营销战略的策划必须以能够操作的营销战术为实现的手段，而侧重于营销战术的策划则需要营销战略提供策划的方向。没有营销战术的营销战略策划是难以操作的，而没有营销战略的营销战术策划则是盲目的。

表 1-1 企业市场营销策划的内容

策划项目	策划问题	策划内容
企业战略	1. 企业的发展方向是什么？ 2. 主营业务是什么？	企业的任务、目标、业务组合、发展战略
营销战略	1. 企业的顾客是谁？他们的需求是什么？ 2. 企业的竞争对手是谁？ 3. 企业可以在营销的哪些方面获取竞争优势？ 4. 市场营销应该怎样帮助企业获取可持续的竞争优势？	企业的营销目标、营销任务、目标市场、市场定位
营销战术	1. 企业采用什么手段实现企业的营销目标和任务？ 2. 企业应该怎样突出营销重点、贯彻营销战略？	营销组合、营销具体项目策划

(一)营销战略策划

营销战略策划注重企业的营销活动与企业总体战略之间的联系，其内容是根据企业的战略发展方向、战略发展目标、战略重点与核心竞争力设计企业的营销战略。具体而言，包括以下几个方面的内容。

▶ 1. 营销调研策划

知己知彼，百战不殆。营销调研策划是营销管理策划的起点和基础，是制定市场营销管理决策的重要依据。倘若没有扎实的营销调研，写出的策划文案也只能是空中楼阁。营销调研不仅要明确调研的内容，选择科学、合理的调研方法，还要对调查结果进行全面、客观的分析。

▶ 2. 营销环境分析

企业要对宏观环境、行业市场、产品、消费、竞争等进行分析，并制定对策。

▶ 3. STP 的策划

定位是 20 世纪 70 年代由美国的两位营销专家艾·里斯（Ai Rise）和杰克·特劳特（Jack Trout）提出的概念，即把产品定位在你未来潜在的顾客心中，或者说是用广告为产品在消费者的心中找出一个位置。目前，定位在国外已被认为是进行广告策划的最基本的方法之一。后来，现代营销学之父菲利普·科特勒把"定位"这一概念引入营销领域，成为指导整个营销活动的战略选择。

STP 即市场细分、确定目标市场和市场定位。STP 的策划就是要根据企业的总体战略、营销目标和营销重点进行市场细分、确定目标市场，并为企业及其产品定位。

菲利普·科特勒认为："每个公司必须从其现状向前看，制定一个长期战略，以适应各种不断变化的环境。"市场经济社会中，企业之间的竞争越来越激烈，竞争对手也呈多元化，企业要想在竞争中站稳脚跟并立于不败之地，必须进行切合企业自身特点的营销战略策划与对手抗衡，并赢得客户、赢得市场。所以，进行营销战略策划对于企业适应变化的营销环境、取得竞争优势具有重要意义。

▶ 4. 竞争战略策划

市场经济鼓励自由竞争，企业在满足消费者需求的过程中，一定要关注竞争对手。企业必须研究分析竞争对手的优势、劣势、经营战略、营销策略与竞争手段等，有针对性地制定自己的竞争战略，才能在竞争中立于不败之地。通常，企业所选择的竞争战略有成本领先战略、差别化战略和焦点战略等。

（二）营销战术策划

营销战术策划注重企业营销活动的可操作性，是为实现企业的营销战略所进行的战术、措施、项目与程序的策划。它包括下述四个方面的内容。

▶ 1. 产品策划

作为营销组合的第一位的产品因素，其策划对企业成败有决定性作用。它主要是解决企业能否推出满足消费者需求的产品，设计足以支撑企业发展壮大的产品组合，建立企业长久发展的品牌体系。产品策划包括产品的开发、设计、商标、包装、产品组合设计、品牌、管理等一系列的策划。企业搞好了产品策划，就等于成功了一半。

▶ 2. 价格策划

价格是企业和消费者价值的集中体现，成功的价格策划能激发消费者的购买欲望，并为企业带来利润。

▶ 3. 渠道策划

产品从生产者到消费者的过程是通过分销渠道实现的。成功的分销渠道策划是实现企业经营目标的保证。

▶ 4. 促销策划

促销是指企业采取一系列营销手段挖掘客户，维护客户，激发顾客的购买欲望，实现企业的长期和短期经营目标。它包括公关策划、广告策划、促销策划和推销策划等方面。

经典案例

"三得利"的营销策划

"三得利"(SUNTORY)创建于日本，是历史悠久的著名啤酒品牌。1996年，"三得利"公司凭借其多年积累的酿造经验和技术，在我国上海成立了合资公司，展开了针对中国市场的本土战略。通过分析上海家庭市场的特点，"三得利"公司制定了一套家庭市场营销战略，即为本土市场提出一个合适的产品概念，再以一套合适的营销和沟通战略与之配合。

营销战略的实施当然还需要营销战术的运用。"三得利"采用的营销战术是：本土化、品质管理以及独特的广告宣传。

1. 本土化

在上海，啤酒的口味能否被本地的消费者接受，是一个十分重要的问题。市场调查报告显示，在购买啤酒时，消费者的自主意识这一因素已远远超过来自广告和促销的影响。1996年初和1997年5月，"三得利"委托华南市场调查公司做了三次大型"口味调查"活动，发现上海本地消费者偏好清淡、爽口的口味，于是"三得利"毫不犹豫地确定了"清爽口味"的产品概念。

2. 品质管理

除口味和价格外，啤酒的水质也是不可忽视的竞争因素。"三得利"决定，酿造用水全部使用从地下238米深处采集的天然矿泉水，这一地层是沉积了上百万年的长江古河道，渗出的水含有多种对人体有益的矿物质。采用天然矿泉水作为原料，虽然成本提高了，但换来了"纯天然泉水酿造"的卖点，也赢得了"三得利"良好的口碑效应。

3. 独特的广告宣传

"满足渴望在心中，唯有你真诚的笑容和我们清纯爽口的SUNTORY。"随着美妙的旋律徜徉在沙滩、蓝天、碧水和黄金海岸之间，呈现给观众的分别是"三得利"97版(沙滩男子汉)、"三得利"98春夏版(泊舟男子汉)、"三得利"98秋冬版(黄金海岸)三个版本的电视广告片。清爽的画面、鲜明的色彩，特别是单刀直入的诉求——"想喝就喝三得利"，简洁明了，颇有感染力。

广告做得好，零售商当然乐意进货，也愿意张贴海报并使用"三得利"的价目牌，久而久之，"三得利"公司就形成了独特、深入的销售和沟通渠道。

以往，啤酒促销战通常在春夏之交就全面打响，到夏季则达到高潮，秋冬时便落下帷幕，市场一片萧条。"三得利"公司却敢尝禁果，在进入市场的第一年，便别出心裁地开展了轰轰烈烈的"秋冬促销"活动。这不仅使啤酒销售在秋冬季节得以延续，更成为啤酒营销策略中新的典范。事实上，正是无人敢于做这种尝试，才给"三得利"留下了宣传的空间。

"秋冬促销"不仅结束了啤酒惯常的"夏季饮料"定位，真正赋予其"酒"的意义，而且也为啤酒厂商更好地与消费者沟通另辟蹊径。

资料来源：徐哲一，武一川．策划管理10堂课[M]．广州：广东经济出版社，2004．

第三节 营销策划新思维

一、价值营销

早在 1954 年，德鲁克就指出，顾客购买和消费的绝不是产品，而是价值。菲利普·科特勒是从顾客让渡价值和顾客满意的角度来阐述顾客价值的，其研究的前提是顾客将从那些他们认为提供最高认知价值的公司购买产品。所谓顾客让渡价值，是指顾客总价值与顾客总成本之差。

顾客总价值就是顾客从某一特定产品或服务中获得的一系列利益，它包括产品价值、服务价值、人员价值和形象价值等。顾客总成本是指顾客为了购买产品或服务而付出的一系列成本，包括货币成本、时间成本、精神成本和体力成本。顾客是价值最大化的追求者，在购买产品时，总希望用最低的成本获得最大的收益，以使自己的需要得到最大限度的满足。因此，要增强企业的竞争力，提高顾客让渡价值，可以从两个方面入手：一是降低顾客总成本；二是提高商品给消费者带来的利益满足，即提高顾客总价值。

（一）降低顾客总成本策略

顾客总成本不仅包括货币成本，而且还包括时间成本、精神成本、体力成本等非货币成本。一般情况下，顾客购买产品时首先要考虑货币成本的大小，因此货币成本是构成顾客总成本大小的主要因素和基本因素。在货币成本相同的情况下，顾客在购买时还要考虑所花费的时间、精神、体力等，因此这些支出也是构成顾客总成本的重要因素。

▶ 1. 货币成本

货币成本包括消费者购买商品的价格和产品使用过程中的费用。货币成本的高低是企业经营管理水平的综合反映。当然，企业有许多经营管理途径实现货币成本的降低，如提高设备效率、提高人员素质、提高组织管理水平、依靠科技进步等。事实上，依靠科技进步取得成本优势是企业最常用、最有效的手段之一。许多科技创新的产品，虽然售价高出同类产品很多，但消费者仍然钟情，就是因为它是明高实低。以热水器为例，太阳能热水器、电热水器、燃气热水器都给顾客带来热水器的功能性顾客价值，但为什么太阳能热水器的价格就高出电热水器和燃气热水器的 2～3 倍？因为太阳能热水器使用了消费者不需要付费的能源——太阳能，为顾客大大节约了使用成本。而电热水器和燃气热水器使用时都要付费——电费或燃气费，并且电费和燃气费都有上涨的趋势。

▶ **2. 非货币成本**

非货币性成本包括时间成本、精神成本和体力成本，它们紧密相关，是指顾客在购买产品时所耗费的时间、精神和体力。事实上，这也是企业不得不考虑的因素，如企业针对目标顾客的产品信息的传播，实际上就是减少顾客收集信息的时间和精力。超市、便利店等中间商没有制造产品，但为什么他们仍然能取得利润？实际上，超市也好，便利店也好，他们都选择了交通便利的位置，方便顾客购买，节省了顾客的时间和精力，等于减少了顾客的购买成本。

（二）提高顾客总价值策略

产品价值由产品功能、特性、技术含量、品质、品牌等组成。产品价值始终是顾客价值构成的第一要素。服务价值是指伴随产品实体的出售，企业向顾客提供的各种附加服务，服务价值是构成顾客总价值的重要因素之一。对于顾客来说，人员价值主要表现为服务态度、专业知识、服务技能等，企业员工直接决定着企业为顾客提供的产品与服务的质量，人员价值对企业、对顾客的影响作用是巨大的。形象价值是指企业及其产品在社会公众中形成的总体形象所产生的价值，包括企业的产品、技术、包装、商标等构成的形象所产生的价值，公司及其员工的经营行为、服务态度、工作作风等行为形象所产生的价值。形象价值与产品价值、服务价值、人员价值密切相关，在很大程度上是上述三个方面价值综合作用的反映和结果。因此，企业应高度重视自身形象塑造，为企业进而为顾客带来更大的价值。

马斯洛的需求层次理论将人的需求分为两大层次：低层次的需求追求个人生理的和物质的满足；高层次的需求追求心理和精神的满足。随着经济的发展和消费水平的提高，消费者的消费心理也在不断变化。当今消费者购买商品时，不再只是注重功能性，更看重产品给消费者精神和心理的满足。关注时尚、追求流行，崇尚个性、喜欢标新立异、讲究品位、注重情感，渴望自我表现成为一种消费趋势，这就为企业营销创新提供了理论依据。

在此，就如何提升产品心理价值提几点建议。

▶ **1. 独特的产品设计与包装**

当代是一个追求美、欣赏美的时代，在同类产品中，那些设计独特，具有较高艺术价值和欣赏价值的产品往往受到人们的青睐。独特的设计能给产品注入新的活力，为产品创造高附加价值和高效益，许多产品因其外形与包装极大地提升了其产品的价值。例如，紫砂壶、酒瓶因其漂亮的外形成为人们收藏的对象；而服装的款式成为消费者选择的最重要因素。

▶ 2. 体验价值

感官刺激总能给人留下深刻的印象。著名的韦勒定理指出："不要卖牛排，要卖烧烤牛排的'嗞嗞'声。"这就是著名的"牛排哲学"。当牛排上桌时，那"嗞嗞"的油爆声，着实让人垂涎欲滴。美好的东西总能给人留下难以忘怀的深刻印象，但仅靠文字和图像难以完全做到这一点。就如劳伦斯·维森特所说："仅仅靠文字和图像并不能激活个性化叙事，而那些对感官最敏锐的刺激则可以做到这一点：正在盛开的花朵所散发出的许久不散的芬芳，杯中葡萄酒的美味，午夜低音歌手弹奏的爵士乐，诸如此类。"

体验除了感官刺激，还能改变人的认知、引发人的思考、触动人的心理、陶冶人的情操。体验营销已经引起企业界的高度重视。

▶ 3. 文化价值

在现代各种商品价值构成中，不仅包括商品的物质效用价值，还包括文化精神价值，而且后者占的比重日益增加。这是因为，当人们物质生活得到相对满足以后，必然追求精神生活的满足。在服务方面不再只追求有形的物质，还要追求心理的愉悦、精神的满足、美的感受等。例如，江苏红豆集团的"红豆"品牌以"此物最相思"的魅力，成为家庭成员之间表达爱意的首选品牌之一；"金六福"酒致力于传播中国"福"文化，成为深受消费者喜爱的品牌。

▶ 4. 情感价值

中国人消费方式的变化经历了三个阶段：第一阶段是改革开放前的"生存时代"，注重温饱问题；第二个阶段是改革开放后的"生活时代"，注重物质的丰富和生活质量的提高；第三个阶段是经济进入平稳发展期的"享受时代"，人们开始追求更能满足自己归属与相爱、尊重与地位乃至自我实现需要的感性产品消费。

在感性消费时代，消费者所看重的已不是商品数量的多少、质量的好坏及价格的高低，而是一种感情上的满足和心理上的认同。"喜欢的就是最好的"，钻石与水相比，水是维持生命不可缺少的物质，钻石既不能吃也不能喝，为什么能卖高价？这个疑问被称为"亚当·斯密之谜"，是由经济学鼻祖亚当·斯密首先提出的。1947年，戴比尔斯钻石公司与美国海宝公司联合推出广告："钻石恒久远，一颗永流传。"从此，爱情就与钻石联系起来。钻石带给人们的是社会心理价值。白酒历来是人们情感交流的工具，用于表达亲情、友情等，体现热情与尊重。正因为如此，白酒企业无不在寄"情"和打造文化韵味上下功夫："喝杯青酒，交个朋友""孔府家酒，叫人想家""智慧人生，品味舍得""金六福酒，中国人的福酒"等，这些产品都不同程度地受到消费者的追捧。

二、体验营销

（一）体验营销的含义

体验营销是指通过看（see）、听（hear）、用（use）、参与（participate）的手段，充分刺激和调动消费者的感官（sense）、情感（feel）、思考（think）、行动（act）、联想（relate）等感性因素和理性因素，以促成销售的一种营销方法。

（二）体验营销的特征

体验营销的特征包括顾客参与、体验需求、个性特征，体验营销活动中都有一个体验"主题"，体验营销更注重顾客在消费过程中的体验。

（三）体验营销的形式

《体验式营销》一书的作者伯恩德·H.施密特将不同的体验形式称为战略体验模块，并将其分为以下五种类型。

▶ 1. 知觉体验

知觉体验是指感官体验，将视觉、听觉、触觉、味觉与嗅觉等知觉器官应用在体验营销上。感官体验可区分为公司与产品（识别）、引发消费者购买动机和增加产品的附加价值等。

▶ 2. 思维体验

思维体验是指以创意的方式引起消费者的好奇、兴趣，对问题进行集中或分散的思考，为消费者创造认知和解决问题的体验。

▶ 3. 行为体验

行为体验是指通过增加消费者的身体体验，指出他们做事的替代方法、替代的生活形态与互动，丰富消费者的生活，从而使消费者被激发或自发地改变生活形态。

▶ 4. 情感体验

情感体验是指体现消费者内在的感情与情绪，使消费者在消费中感受到各种情感，如亲情、友情和爱情等。

▶ 5. 相关体验

相关体验是指通过实现自我改进的个人渴望，使别人对自己产生好感。它使消费者与较广泛的社会系统产生关联，从而建立对某种品牌的偏好。

（四）体验营销策划的基本思路

▶ 1. 通过产品包装、品牌设计能诱发消费者的情感体验

在体验经济时代，把商品的功能性（品质）、情感性（个性）甚至社会性（身份地位）融入产品设计之中是未来营销的趋势。消费者的理解和喜好有自己的倾向，它内在于消费心理，而表现于消费者的无意识和大量日常感观中，这就需要在产品设计创意中表达出来。

精心策划的品牌、包装设计对激发消费者情感的作用是不可低估的，如"永芳"等化妆品，它带给女性消费者的是希望和憧憬。精美的包装，尤其是包装色彩的运用，更具有情感的魅力，如"尼康"的金黑，有高级、可靠的感觉；"美能达"的蓝白，有精密、质量高的感觉；"柯达"的黄和红，有辉煌、热烈的感觉。2003年，可口可乐公司旗下的"雪碧"包装再次"变脸"并取得成功，原来的"雪碧"视觉标识"水纹"于1993年在全球使用，2000年在中国市场调整为纯绿色，"水纹"被新水纹"S"替代，恰好是"Sprite"的第一个字母，与原有设计相比，设计更换后的市场调查显示，绿色S形气泡在消费者看来更时尚、更醒目、更具清爽感觉。

▶ **2. 加强产品开发过程中企业与消费者的互动**

消费者个性化需求将逐渐在产品设计中扮演重要角色，如美国未来学家托夫勒所言，使生产者与消费者密切配合的"产消一体形态"将大放异彩。可喜的是，随着现代信息技术在生产经营中的广泛应用，企业大规模的定制化个性营销成为现实。在美国，购买通用汽车的顾客可以走进该公司的经销商店，坐在计算机终端前，选择汽车的颜色、发动机、座位设备等，在经销人员的帮助下进行汽车的外貌设计。他们的订单将通过网络送往汽车厂，在那里将按消费者要求生产汽车。

为顾客提供量身定制的产品将会给顾客提供一种积极的体验，把目标顾客吸引到产品设计与开发中来，不但增加了顾客拥有该产品的感觉，而且使销售变得更为容易，很难想象一个人会不喜欢自己亲自参与设计的劳动成果。

▶ **3. 围绕一个主题构建消费意境**

主题是体验的基础，主题集中而明确，体验才能深刻。而体验必须通过一系列的要素来实现。从心理学角度来看，新奇、动感、触摸、品尝、高雅的音乐及和谐的色彩等都有利于加深顾客印象，主题的开发可根据这些要素巧妙地加以运用。

主题的构思有赖于各种要素的有机匹配、各种要素的新颖设计，并且要素之间的组合要恰到好处，才有利于加深顾客体验并突出主题。如热带雨林餐厅的经营者围绕经营主题开发了一系列令人难以忘怀的活动项目，为了强化对雾的感觉，热带雨林餐厅的经营者通过有效刺激顾客的五官加深印象。你首先会听到"咝咝"的声音，而后见到雾从岩石上升起，经过皮肤时有凉爽轻柔的感觉，最后闻到热带雨林特有的清新气味，相信没有哪位顾客不会被这种景象所迷倒。

▶ **4. 通过终端卖场有效的感官刺激增强消费者体验**

今天的消费者已被尊称为"生活者"或"生活设计者"，消费者总会以其敏锐的五官感觉为手段参与购买决策，如何使消费者的"购物"成为一种乐趣，是摆在商家面前的重要课题。

终端卖场应当根据产品对消费者的感官刺激不同而做出设计与调整，把某一类产品归属在某一种感官下。例如，衣服是一种视觉性与触觉性产品，营销人员应规划整体的环境设计、产品的陈列、包装颜色、组合搭配来满足消费者的需求；化妆品需要深度体验，偏向于试用的触感效果，因此，要以美容指导员亲切的恳谈、优雅的待客礼仪、专业的指导来劝诱消费者享受试用过程，以建立起依赖感；香水既是视觉性产品（外包装设计），又是嗅觉性产品，在让消费者试用时，就要抓住顾客的个性，把符合其个性需求和感觉的产品推荐给顾客；音响或唱片之类的产品，"听觉感受"与"现场气氛"十分重要，好的唱片也要有好的音响加以配合，以使顾客凭着感觉来购买他所喜欢的东西。

三、4R 营销理论

（一）4R 营销理论的提出

2001 年，艾略特·艾登伯格（Elliott Ettenberg）在《4R 营销》一书中提出 4R 营销理论。唐·舒尔茨（Don E. Schuhz）在 4C 营销理论的基础上完善了 4R 营销理论。

（二）4R 营销理论的内容

4R 营销理论的四要素如下。

（1）关联（relevance），即认为企业与顾客是一个命运共同体。建立并发展与顾客之间的长期关系是企业经营的核心理念和最重要的内容。

（2）反应（reaction），在相互影响的市场中，对经营者来说最现实的问题不在于如何控制、制订和实施计划，而在于如何站在顾客的角度及时地倾听顾客的希望、渴望和需求，并及时答复和迅速做出反应。

（3）关系（relationship），在企业与客户的关系发生了本质性变化的市场环境中，抢占市场的关键已转变为与顾客建立长期而稳固的关系。与此相适应产生了 5 个转向：①从一次性交易转向强调建立长期友好合作关系；②从着眼于短期利益转向重视长期利益；③从顾客被动适应企业单一销售转向顾客主动参与到生产过程中来；④从相互的利益冲突转向共同的和谐发展；⑤从管理营销组合转向管理企业与顾客的互动关系。

（4）报酬（reward），任何交易与合作关系的巩固和发展都是经济利益问题。因此，一定的合理回报既是正确处理营销活动中各种矛盾的出发点，也是营销的落脚点。

（三）4R 营销理论的特点

▶ 1. 4R 营销理论以竞争为导向，在新的层次上提出了营销新思路

根据市场日趋激烈的竞争形势，4R 营销理论着眼于企业与顾客建立互动与双赢的关系，不仅积极地满足顾客的需求，而且主动地创造需求，通过关联、关系、反应等形式建立与它独特的关系，把企业与顾客联系在一起，形成了独特的竞争优势。

▶ 2. 4R 营销理论真正体现并落实了关系营销的思想

4R 营销理论提出了如何建立关系、长期拥有客户、保证长期利益的具体操作方式，这是关系营销史上的一个很大的进步。

▶ 3. 4R 营销理论是实现互动的保证

4R 营销理论的反应机制为建立企业与顾客关联、互动与双赢的关系提供了基础和保

证，同时也延伸和升华了营销便利性。

▶ 4. 4R 营销理论的回报使企业兼顾利润和成本两方面的内容

为了追求利润，企业必然实施低成本战略，充分考虑顾客愿意支付的成本，实现成本的最小化，并在此基础上获得更多的顾客份额，形成规模效益。这样一来，企业为顾客提供的产品和追求回报就会最终融合，相互促进，从而达到双赢的目的。

（四）4R 营销理论的实施要点

▶ 1. 紧密联系顾客

企业必须通过某些有效的方式在业务、需求等方面与顾客建立关联，形成一种互助、互求、互需的关系，把顾客与企业联系在一起，减少顾客的流失，以此来提高顾客的忠诚度，赢得长期而稳定的市场。

▶ 2. 提高对市场的反应速度

多数公司倾向于说给顾客听，却往往忽略了倾听的重要性。在相互渗透、相互影响的市场中，对企业来说最现实的问题不在于如何制订、实施计划和控制，而在于如何及时地倾听顾客的希望、渴望和需求，并及时做出反应来满足顾客的需求，这样才利于市场的发展。

▶ 3. 重视与顾客的互动关系

4R 营销理论认为，如今抢占市场的关键已转变为与顾客建立长期而稳固的关系，把交易转变成一种责任，建立起与顾客的互动关系，而沟通是建立这种互动关系的重要手段。

▶ 4. 回报是营销的源泉

因为营销目标必须注重产出，注重企业在营销活动中的回报，而达成回报是动力的源泉，所以企业要满足客户需求，为客户提供有价值的服务，不能做无用的事情。一方面，回报是维持市场关系的必要条件；另一方面，追求回报是营销发展的动力，营销的最终价值在于其是否给企业带来短期或长期的收入。

第 四 节　网络营销新理念

一、网络营销的含义与特征

（一）网络营销的含义

网络营销是指工商企业在互联网的环境下，借助数字化多媒体技术来更有效地满足顾客的需求和愿望，从而实现企业营销目标的一种市场营销方式。网络营销是科技进步、顾客价值变革、市场竞争等综合因素促成的，是信息化社会的必然产物。

根据网络营销的发展阶段和影响程度，网络营销本质上可以划分为两个层次。首先，人们把网络营销看作是一种技术方案，信息技术手段则为网络营销的实施提供了技术支持，它影响企业营销活动的各个方面。企业需要结合自身的实际情况，对市场进行需求分析，做好网络营销策划，包括企业网站的建设、企业信息发布、选择网络营销方式和产品推广手段等。

从更深层次来看，网络营销是一种意识，也是一种思维模式。企业应当建立用户思维，从用户的角度了解网络环境下的用户需求。李克强总理指出："互联网不仅是工作、学习的工具，也是一种生活的方式，人们的很多思维习惯都因为网络而有所改变。"在互联网环境下，人们的价值观也发生变化，在营销活动中贯彻以"平等、参与、分享"为本质的互联网精神，可以最大限度地满足消费者的价值追求。

（二）网络营销的特征

▶ 1. 广域性

新经济时代的最大特点就是世界经济多极化、区域化、一体化和国际贸易自由化，而互联网为这种新经济提供了必要的技术条件和市场条件，并日益成为一个真正的全球"新兴市场"，任何公司想在激烈的市场竞争中保持优势，都必须借助互联网。这种跨越时空的营销方式可以使企业更节省时间，在更大空间进行营销，可以 24 小时随时随地地提供全球性的营销服务，从而使那些有竞争能力的企业实现"全球营销""跨国营销"的战略目标。

▶ 2. 交互式

互联网的技术手段为企业与顾客提供了一个信息交流平台，使他们随时随地地进行信息沟通。一方面，企业可以在网上设置在线橱窗展示商品，提供详细的商品目录和服务咨询等资料；可以向顾客做商务调查，收集市场情报；在与顾客双向信息交流的基础上，提供令顾客满意的商品和服务，真正以消费者利益为中心制订和实施营销战略计划。另一方面，顾客可以在企业的网站上浏览信息，能够在线提交订单，在留言本上留下意见，从FAQ(frequently asked questions)中找到问题的解决方案，或是通过聊天工具、BBS 等形式与企业人员进行在线的交流与沟通，获得满意的商品或服务。互联网为产品联合设计、商品信息发布以及各项技术服务提供最佳工具。

▶ 3. 整合性

网络营销通过网络完成营销的全过程，市场调研、商品信息发布、商品展示、下订单、收款、售后服务等一系列活动一气呵成，实现全过程的营销活动。另外，企业通过互联网统一规划和协调各种形式的营销活动，向消费者传达统一信息，以避免各自为战带来的消极影响。

▶ 4. 经济性

网上交易使总成本得到最大节约。无店铺、无库存的交易活动可节约租金和商品周转金；信息交换、信息资源的共享减少了顾客寻找、选购商品或服务的时间耗费，也可减少印刷、邮寄、发送信息的成本；商家与顾客的直接交流和交易省掉了中间商环节，消除了多次交换带来的费用和损耗。采购、交易、流通、传播、组织管理、咨询、服务等一系列的成本都得到节省。低成本的竞争成为网络营销企业最有利的竞争战略。

▶ 5. 定制式

通过信息提供与交互式交谈，顾客可以方便地在多种备选产品中进行挑选。在没有现成的 100％满足消费者需求的产品时，消费者倾向于参与到产品的设计过程中去，协助企业来生产满足自身需求的产品。在戴尔公司的网站上，顾客可以在网站的帮助下，挑选最适合自己的计算机系统。用户既可以选择戴尔的推荐配置，也可以根据自身的实际需求选择不同的部件，由戴尔完成机器的定制化生产。消费者的个性需求与网络营销企业提供的个性化营销方式结合，形成企业特有的定制式营销服务模式。

▶ 6. 高度竞争

网络极大地拓展了人们的思维空间，几乎所有人们想知道的信息都可以通过网络获得，这使企业通过信息的不对称性牟取高价的企图变得越发的不可能。同时，企业与企业之间的差别也越来越小，提供同一种商品或服务的企业可能有许多家，消费者通过网络可以方便地比较各家的产品，从中选择最佳的产品。企业无法轻易获得"无知溢价"，过去的暴利时代已经终结了，企业要想生存，就必须不停地开发新产品，满足细分市场上顾客的需求。

二、网络营销的功能

认识和理解网络营销的功能和作用是实现和利用网络营销功能和作用的基础和前提。网络营销主要具有六大功能。

(一) 信息发布功能

发布信息是网络营销的主要方法之一，也是网络营销的一种基本职能。无论哪种营销方式，都要将一定的信息传递给目标人群。网络营销所具有的强大信息发布功能，是古往今来任何一种营销方式所无法比拟的。

网络营销可以把信息发布到全球任何一个地点，既可以实现信息的广覆盖，又可以形成地毯式的信息发布链；既可以制造信息的轰动效应，又可以发布隐含信息。在互联网中，信息的扩散范围、停留时间、表现形式、延伸效果、公关能力、穿透能力都是最佳的。更加值得提出的是，在网络营销中，网上信息发布以后，可以主动地跟踪，获得回复，可以进行回复后的再交流和再沟通，因此，信息发布的效果明显。

(二) 商情调查功能

网络营销中的商情调查是现代商战中对市场态势和竞争对手情况的一种电子侦察。

在激烈的市场竞争条件下，主动地了解商情，研究趋势，分析顾客心理，窥探竞争对手动态是确定竞争战略的基础和前提。通过在线调查或者电子询问调查表等方式，不仅可以省去了大量的人力、物力，而且可以在线生成网上市场调研的分析报告、趋势分析图表和综合调查报告。其效率之高、成本之低、节奏之快、范围之大，都是以往其他任何调查形式所做不到的。这就为广大商家提供了对于市场需求的快速反应能力，为企业的科学决策奠定了坚实的基础。

（三）销售渠道开拓功能

网络具有极强的进击力和穿透力。传统经济时代的经济壁垒、地区封锁、人为屏障、交通阻隔、资金限制、语言障碍、信息封闭等，都阻挡不住网络营销信息的传播和扩散。新技术的诱惑力，新产品的展示力，图文并茂、声像俱显的昭示力，网上路演的亲和力，地毯式发布和爆炸式增长的覆盖力，将整合为一种综合的信息进击能力。网络营销能够快速疏通种种渠道，实现和完成市场的开拓使命。

（四）品牌价值扩展和延伸功能

美国广告专家莱利预言：未来的营销是品牌的战争。拥有市场比拥有工厂更重要。拥有市场的唯一办法就是拥有占市场主导地位的品牌。

随着互联网的出现，不仅给品牌带来了新的生机和活力，而且推动和促进了品牌的拓展和扩散。实践证明，互联网不仅拥有品牌、承认品牌，而且对于重塑品牌形象、提升品牌的核心竞争力、打造品牌资产具有其他媒体不可替代的效果和作用。

（五）特色服务功能

网络营销提供的不是一般的服务功能，而是一种特色服务功能。服务的内涵和外延都得到了扩展和延伸；顾客不仅可以获得形式最简单的 FAQ、邮件列表以及 BBS、聊天室等各种即时信息服务，还可以获取在线收听、收视、订购、交款等选择性服务。从全天候的信息跟踪、信息定制到智能化的信息转移、手机接听服务，以及网上选购、送货到家的上门服务等，不仅极大地提高顾客的满意度，而且使客户成为商家的一种重要的战略资源。

（六）客户关系管理功能

客户关系管理源于以客户为中心的管理思想，是一种旨在改善企业与客户之间关系的新型管理模式。

在传统的经济模式下，由于认识不足或受自身条件的局限，企业在管理客户资源方面存在较为严重的缺陷。针对上述情况，在网络营销中，通过客户关系管理，将客户资源管理、销售管理、市场管理、服务管理、决策管理融于一体，将原本疏于管理、各自为战的销售、市场、售前和售后服务与业务统筹协调起来。既可跟踪订单，帮助企业有序地监控订单的执行过程，规范销售行为，了解新、老客户的需求，提高客户资源的整体价值，又可以避免销售隔阂，帮助企业调整营销策略，收集、整理、分析客户反馈信息，全面提升企业的核心竞争能力。客户关系管理系统还具有强大的统计分析功能，可以为我们提供决策建议，以避免决策的失误，为企业带来可观的经济效益。

三、移动互联网环境下的营销

(一) 移动互联网环境下的营销环境：移动化、碎片化、场景化

如今的营销环境基本上可以用三个词来概括：移动化、碎片化、场景化。随着智能手机的普及，人们花在智能手机上的时间越来越长，生活方式的移动化已经成为常态。移动消费也日益成为人们的一种生活方式，广大消费者已经不再局限于在每周、每月的固定时间里，在固定的购物场所进行消费，而是转变为随心所欲的全天候、多渠道的消费，消费者可以在任何时间、任何地点，通过任何方式购买他们所喜欢的商品。碎片化的特征就更明显了，如今，人人都是自媒体，个个都是消息源，大家的注意力被分散在各个媒体。至此，加剧了用户的三个碎片化趋势：消费地点的碎片化、消费时间的碎片化、消费需求的碎片化。

人的消费行为经常受环境影响。很多时候营销要触动消费者，一定要有匹配的情景，而新技术的发展让随时捕获这种情景变得容易。因此，营销如何"场景化"，使消费行为与场景相匹配，成为所有企业需要认真对待的策略。产品要能够制造出让消费者关注的内容和话题，并通过不同的媒介制造出短时间内的话题场景，才能引爆品牌。

(二) 移动互联网环境下的消费主体：个性化、社交化、娱乐化

随着时代的发展，出生在网络环境下的"80后""90后"新一代逐步成为消费主体，他们的消费行为呈现出与以往截然不同的特点，概括起来同样有三个关键词：个性化、社交化、娱乐化。

"80后""90后"作为正在不断崛起的消费群体，他们的消费观念、消费权力、消费意识、消费话语正在深刻影响整个商业环境。目前，社会普遍认为"80后""90后"的心理特点就是追求自我张扬，有与众不同的个性，他们重视产品消费体验中是否能给自己带来心灵、情感上的最大满足，并获得差异性、个性化、多样化的体验。于是，参与感成为小米手机大获全胜的成功秘诀。

"80后""90后"这一群体接受了市场经济、全球化、互联网进程的洗礼，他们的人生观、价值观和世界观，以及由此衍生出的消费观，呈现出与其父辈迥然不同的特征。腾讯QQ发布的《中国90后青年调查报告2014》显示，"90后"是孤独与集体孤独的一代，他们有强烈的社交需求，孤独的他们习惯沉溺于虚拟社交圈，导致各种社交媒体工具流行。

调查数据表明："玩"是"80后"生活的主体，"玩"的开支可达他们日常消费的1/3，而娱乐的价值就是教会他们"怎样玩"以及通过何种载体让他们觉得"好玩"；"90后"宣称"我每天可以吃得有限，穿得有限，花得有限，但是开心必须无限"。这种娱乐可以是对娱乐八卦的热爱、对生活压力的宣泄、对自己生活的搞怪，也可以是对社会现象的吐槽、对社会管理政策的调侃。

经典案例

《小时代》的粉丝经济

郭敬明的《小时代》着实让社交网络沸腾了一把。其实，《小时代》投放后，其口碑并不算很好，其在豆瓣上的评分甚至低于 5 分，但郭敬明、杨幂等一批娱乐名人的效应还是吸引了大批年轻粉丝。"数托邦"分析发现，观看《小时代》的观众平均年龄为 20.3 岁，这批典型的"90 后"成为《小时代》票房的最大贡献者，也成为《小时代》在社交网络上传播的最大贡献者。

（三）移动互联网时代的商业特征

▶ 1. 去中心化

在以个人计算机为基础的传统互联网中，网络结构存在很强的"中心"，而移动互联网具有去中心化的特质，每一个终端都是中心节点。移动互联网的技术结构决定了其内在的精神是去中心化的、分布式的、民主的、平等的、互动的。去中心化的趋势和力量日益改变着社会生活，也在多个方面改变着现有的商业规则，包括商业模式创新、产品发展战略、营销传播战略。

▶ 2. 平台化

平台化是指互联网企业本身所构建起来的、开放的、共享的网络帝国，当平台能够满足最终用户需求的时候，它的商业价值就体现出来了。互联网的平台化思维体现了开放、共享、共赢，因此，采用平台模式的企业最有可能成为产业巨头，一批互联网公司借助这一平台壮大崛起。在全球最大的 100 家企业里，有 60 家企业的主要收入来自平台商业模式，包括苹果、谷歌等。平台模式的精髓在于打造一个多主体共赢、互利的生态圈。

▶ 3. 社群化

在线社群是一群有着共同兴趣爱好和需求的人在网上聚集而形成的群体，是一个拥有某种共同的价值规范和目标的实体，其中每一个成员都把共同的目标当作自己的目标。企业通过建立一个活跃的社群，不需要针对目标群体进行细分，更不需要判断谁是潜在用户，在同一个社群内聚合的都将是企业的真实用户和潜在用户。未来的商业一定离不开社区，无论是社区营销还是粉丝营销，本质都是社群经济。

▶ 4. 数据化

企业营销以用户为中心，首先，必须清晰地掌握用户的喜好、行为习惯等特点，了解用户的真实需求与潜在需求，大数据让这一切成为可能。大数据是数据化趋势下的必然产物，数据化最核心的理念是"一切都被记录，一切都被数字化"，事实上，沃尔玛、亚马逊、特易购这样的商业巨头早就在运用大数据技术了。大数据可以驱动市场营销创新、驱动产品和服务创新、驱动管理和决策的创新、驱动商业模式的创新。

（四）移动互联网环境下的营销思维

▶ 1. 用户思维：打破企业与消费者的疆界，实现商业民主化

在这个由社交媒体驱动的互联网时代，企业已经不能封闭度日了，它们必须充分关注自己的用户。消费者掌握了主动权，就愿意参与其中，与企业共同实现商业的民主化。也就是说，大大小小的企业都必须充分关注自己的用户，让他们开心，并且要让他们一直都很开心。

▶ 2. 简约思维：从产品到服务，力求专注与简单

了解人类的本性对于让顾客达到满意是至关重要的。在一个产品极大丰富、广告铺天盖地和信息超载的环境中，简单成为生活的稀缺资源，使生活简单就是竞争优势。简单能提升精准度，简单能提升速度，简单能提升竞争力。

▶ 3. 迭代思维：快速适应，力求做到精益求精

一个具有快速适应能力的企业能够满足消费者千变万化的需求。在移动互联网时代，消费者不会停滞不前，企业也不能固守已有的产品和服务，要能够快速适应变化，构建敏捷、灵活、创新的机制。

▶ 4. 流量思维：流量是消费的前提

互联网经济的核心是流量经济，流量是消费的前提。获取流量的关键在于免费，通过免费获取流量才能进一步产生效益。互联网产品成本降低，导致免费成为可能，免费不是目的，吸引关注获取流量才是关键，有了流量就有了收入。

▶ 5. 平台思维：打造多方共赢的生态圈

互联网的平台思维体现了开放、共享、共赢，这就意味着要把企业打造成一个开放的、多方共赢互利的生态圈。企业的平台不仅要成为企业与消费者、供应商等联系的平台，还要成为员工发挥最大潜能的平台，甚至是一片属于他们自己的微创新、微创业的天地。

▶ 6. 跨界思维：互联网使跨界融合成为可能

互联网具有强大的信息集成能力，这使得跨界经营成为可能，利用互联网进行跨界整合，布局整体，大胆创新，才有机会在竞争激烈的市场中获得生机。当互联网跨界到商业地产，就有了淘宝、天猫；当互联网跨界到炒货店，就有了"三只松鼠"……

▶ 7. 社会化思维：社会化商业时代的到来

随着移动社交的普及，社交媒体也成为企业与消费者之间沟通交流的平台。信息正以前所未有的速度传播，这将改变企业生产、销售、营销等整个形态。企业要充分利用社会化媒体，分享和构建更加透明、更加开放、更加诚实的企业。

▶ 8. 大数据思维

大数据思维就是企业通过互联网和云计算建立数据库，并对数据库内的海量数据进行分析预算，得出用户的身份信息、行为信息和关系信息，为企业做进一步的营销提供数据基础。

经典案例

雕爷牛腩的互联网思维运营模式

1. 一家有互联网基因的餐厅

2013年5月20日，雕爷牛腩正式营业，这是一家"轻奢餐"餐厅，名字听着就挺特别。开业仅3个月，很多人慕名而来，每天门庭若市，吃饭都要排很久的队。

在北京，雕爷牛腩目前只有两家分店，店面都不大，十来张桌子，装修简单，但有特点。他们主打两道菜，咖喱牛腩饭和金汤牛腩面，每道菜一百多元钱，味道还不错，但味道不是重点，我们更愿意说它的服务。

店里的服务人员形象好，很职业，耐心地一样一样介绍。"轻"和"奢"，在菜单上就能体现出来，菜品总共就十几种，两道主打菜，再加点商务简餐，雕爷不想给顾客太多选择。点餐之后，讲究的小菜和饮料就来了，很特别的四碟小菜，加四种茶水和三种女性茶饮，可免费不限量续添。

与其说是开餐厅，不如说雕爷牛腩是在做一项伟大的实验——用互联网的思维和玩法，做一家与众不同的餐厅。互联网什么玩法呢？互联网产品思维就是围绕用户需求，将产品体验做到极致，然后用互联网方式推广。

2. 用互联网思维做产品

在菜品和餐具上，尤其是细节方面，雕爷花了大心思，也花了大价钱。这些细节充分体现出互联网精神，围绕用户需求，把产品体验做到极致。

我们不妨看下雕爷牛腩的产品和细节是怎么做的。

菜品：主打菜中牛腩的秘制配方，雕爷花了500万元，从周星驰电影《食神》中的原型——香港食神戴龙那儿买断。戴龙经常为李嘉诚、何鸿等港澳名流提供家宴料理，是我国香港回归当晚的国宴行政总厨。

茶水：很贴心，甚至，贴心得有点多余和浪费。提供西湖龙井、冻顶乌龙、茉莉香片、云南普洱四种茶水，味道从清到重，颜色从淡到浓，工艺从不发酵到半发酵再到全发酵。女性顾客可享用洛神玫瑰、薰衣草红茶、洋甘菊金莲花花茶，这些花茶有美目、纤体和排毒之功效。

米饭有三种：日本越光稻、泰国香米、蟹田糙米，纯生态的。这些品种更符合一般人口味，饭碗很小，免费无限吃。

筷子：每双筷子都是定制、全新的，用的是缅甸鸡翅木，上面用激光蚀刻"雕爷牛腩"。吃完饭，筷子和牙签放入一个精致的纸套，可以带回家留念。这可是口碑传播的好素材。

碗：牛腩面碗，竟然是有发明专利的，上方很厚重、粗糙，端着手感好，对着嘴喝汤的三分之一碗边则很薄、很光滑。在8点20分位置，开了个斜槽，方便卡住汤勺。

其他：炖牛腩的锅，也申请了发明专利，外号"铁扇公主"。刀、吃甜点的小壶、托盘、勺子，都很讲究，不一一说了。

总之，细节做得相当精致，有品位，每一样都有讲究、有故事。花的心思和成本必然很高，但回报也相当值。一是可识别的独特符号很多，打造细节竞争力；二是很人性化，体验好；三是超出预期的地方多，口碑传播好。雕爷这么做，就是本着一个核心想法：只要超出顾客预期的满意度，提供高频次、反复消费的优质产品和服务，你一定会赚钱。

3．最互联网式的营销手法

为什么刚开业就这么火？为什么没开业时，明星们都跑去吃？据说，韩寒带老婆去试吃，因为没有预约而被拒之门外。这就要说到雕爷牛腩的营销手法——封测，大家注意了，这种做法，网络游戏最常见，在互联网上不算新鲜，但用于餐厅怎么玩呢？

作为互联网人，雕爷很清楚网络游戏界最常玩的封测，他弄餐厅，也搞搞封测，没想到效果还真不错。简单地说，在5月20日正式开业前，雕爷搞了半年的封测，邀请明星大腕们来试吃，包括苍井空都来捧场。各种成本，花掉雕爷近千万，但也得到了无数的口碑传播，尤其是明星们的热捧，在互联网上火得一塌糊涂。

事实上，封测直接触发了"迷恋七个触发器"里面的"神秘感"。一个餐厅，能有什么了不起的呢？但你吃不到时，就会格外想见识下。雕爷的第一个目的就是利用这半年的封测期，调整菜品，训练服务；第二个目的是借机宣传，反正封测，一堆名人、达人、美食专家以及小明星们，为何不请来吃呢？明星们就是小白鼠，消化掉雕爷尚不完美的菜品和服务，还经常发微博为雕爷做广告。经过封测，雕爷牛腩一开业，花钱来吃饭的消费者直接见到的就是锻炼了半年的、经过了磨合期的、相对成熟的餐厅。

4．餐厅的互联网逻辑

(1) 简洁：同时只供应12道菜，追求极致精神。

(2) 引爆：以网络营销为主，微博引流兼客服，微信做客户关系管理。

(3) 粉丝：形成粉丝文化，越有人骂，"死忠"就越坚强。

(4) 改进：专门团队每天舆情监测，针对问题，持续优化和改进。

资料来源：三亿文库。

思考题

1．什么是策划？如何理解策划的四大基本要素？

2．简述策划的基本原理。

3．营销策划的内容有哪些？

4．简述4R营销理论的内容与实施要点。

5．网络营销的功能有哪些？

6．移动互联网环境下，市场营销的发展趋势是什么？

第二章
营销策划创意

第 一 节　营销策划创意概述

一、创意的含义和特征

(一) 创意的含义

创意是指通过现有的思维模式对现实事物加以认知和理解，并提出有别于常规或传统的见解。创意是一种突破，是在产品、营销、管理、体制、机制等方面的变革。创意有时是指人们在经济、文化活动中产生的新思想、新点子，有时是指一种创造新事物、新形象的思维方式和行为。前者是名词性的应用，后者是动词性的应用。杰克·韦尔奇说："未来，知识将不是最重要的，最重要的将是振聋发聩的创意。"

创意的核心是创造性思维。创意是逻辑思维、形象思维、逆向思维、发散思维、系统思维、模糊思维和直觉、灵感等多种认知方式综合运用的结果。

创意来源于生活的积累，创意的产生要求创作者深入观察生活、积累资料，全面涉猎多学科知识，提高知识素养，哲学知识、自然科学知识、社会科学知识、思维和心理学知识都能在创意活动中发挥作用。

(二) 创意的特征

创意作为一种辩证性思维，具有不同于其他思维的特征。

▶ 1. 积极的求异性

创意思维实为求异思维。求异性贯穿整个创新的过程之中，表现为人们对已有事物和现象的怀疑、分析和判断的态度。企业经营策划活动就是一种创意活动，只有在积极的求异思维的基础上才能独树一帜，产生前所未有的成果。

▶ 2. 睿智的灵感

灵感是人们接受外界的触动而闪现出的智慧之光，它是人们在平时知识积累的基础上，在特殊情况下受到触动而迸发出来的创造力。灵感是随意迸发的，不是刻意祈求的。但灵感又必然是思维积累的结果，唯有丰富的知识材料的积累才有灵感迸发的基础，灵感产生于有准备的头脑。

▶ 3. 敏锐的洞察力

洞察力是指深入事物或问题的能力。洞察力是在观察事物的基础上，运用分析和判断的能力，发现事物之间的相互关系的能力。敏锐的洞察力是创造者提出构想和成功解决问题方案的基础。商业社会要想谋求发展，必须要有极强的发现新兴事物、发现现有事物发展方向的个人能力，否则只能跟在别人之后，很难有大的发展。

▶ 4. 丰富的想象力

想象力是人在已有形象的基础上，在头脑中创造出新形象的能力。因为有想象力，我们才能创造发明。如果没有想象力我们人类将不会有任何发展与进步。想象力是发展知识的源泉，也是推动创意发展的源泉。

二、营销策划创意的含义

营销策划创意就是在制定营销策划方案的过程中，广泛运用创造性思维与创造性技法，围绕营销策划目标，科学运用一切可利用的资源，提出卓有成效的营销策划方案的过程。

策划是指包含调查、分析、谋划、评价、反馈等系列复杂活动的综合过程，毫无疑问，创意是策划的核心。企业市场营销策划的好坏，直接关系企业营销活动的成败和结果。可以说，营销策划创意是营销策划策略的一个重要组成部分。

三、营销策划创意思维

(一) 创造性思维与创造性技法

▶ 1. 思维

思维是人脑对客观事物本质属性和内在联系的概括和间接反映。它能动地反映客观世界，又能动地反作用于客观世界。思维通常指两个方面，一是理性认识，即"思想"；二是理性认识的过程，即"思考"。

按思维内容的抽象性，可划分为具体形象思维和抽象逻辑思维；按思维内容的智力性，可划分为再现性思维与创造性思维；按思维过程的目标指向，可划分为发散思维（即求异思维、逆向思维）和聚合思维（即集中思维、求同思维）等。

▶ 2. 创造性思维

以新颖、独特的思维活动揭示客观事物本质及内在联系，并指引人去获得对问题的新的解释，从而产生前所未有的思维成果称为创意思维，也称创造性思维。创造性思维不是指单一的思维形式，而是以已有的思维形式为基础，在创造活动中表现出来的具有独创的、产生新成果的高级、复杂的思维活动，是整个创造活动的实质和核心。

▶ 3. 创造性技法

创造性技法是人们在实践中总结出来的、开展创造活动普遍适用的、程序化、规范化的方法与技巧，是创造过程中有效的创造性思维方式的模式化概括和总结。创造性技法具有科学性、程序化、实用性的特点。

（二）创造性技法分类

创造性技法又称创意技法。据统计，科学家们至今已提出的创意技法有几百种。面对几百种创意技法，如何进行系统化的分类是一个很大的难题。这是因为：第一，绝大多数方法都是研究者根据其实践经验和研究总结出来的，缺乏统一的理论指导；第二，各种方法之间并不存在线性递进的逻辑关系，较难形成统一的体系；第三，创意思维是一种高度复杂的心理活动，其规律还未得到充分深刻的揭示，实际上，各种方法在内容上彼此交叉重叠，既相互依赖，又自成一统，所以只能大致给出一种分类思路。以下列举三种分类方法。

▶ 1. 按创意思维分类

胡伦贵等在《人的终极能量开发》一书中，按创意思维的方式，把创意技法归纳为以下三类。

（1）发散思维法，包括横向思维法、纵向思维法、逆向思维法、侧向思维法、分合思维法、颠倒思维法、质疑思维法、信息交合法、头脑风暴法等。

（2）聚合思维法，包括求同法、求异法、同异并用法、共变法、剩余法、完全归纳法、简单枚举归纳法、科学归纳法和分析综合法等。

（3）想象思维法，包括原型启发法、类比法、联想法、假说法和梦幻法等。

▶ 2. LZ 分类法

刘仲林在《美与创造》中提出 LZ 分类法。他把创意技法划分为"四大家族"，即四大系列。

（1）联想系列（联想族）技法——头脑风暴法。联想系列技法是以丰富的联想为主导的创意技法系列，其特点是创造一切条件，打开想象大门；提倡海阔天空，抛弃陈规戒律；

由此及彼传导，发散空间无穷。虽然从技法层次上来看属于初级层次，但它是打开因循守旧堡垒的第一个突破口，因此极为重要。头脑风暴法是联想系列技法的典型代表。它所规定的自由思考、禁止批判、谋求数量和结合改善等原则，都是为丰富的想象创造条件。

(2) 类比系列(类比族)技法——提喻法。类比系列技法是以两个不同事物的类比作为主导的创意技法系列，其特点是以大量的联想为基础，以不同事物之间的相同或类似点为纽带，充分调动想象、直觉、灵感等功能，巧妙地借助其他事物找出创意的突破口。与联想系列技法相比，类比系列技法更具体，是一个更高层次的技法。提喻法是类比系列技法的典型代表。类比包括拟人类比、仿生类比、直接类比、象征类比和幻想类比等。

(3) 组合系列(组合族)技法——焦点法。组合系列技法是一个以若干不同事物的组合为主导的创意方法系列，其特点是把似乎不相关的事物有机地合为一体，并产生新奇的事物。组合是想象的本质特征。与类比系列技法相比，组合系列技法没有停留在相似点的类比上，而是更进一步把两者组合起来，因此技法层次更高，它也是以联想为基础的。焦点法是组合系列技法的典型代表。它以一个事物为出发点(即焦点)，联想其他事物并与之组合，形成新创意。例如，玻璃纤维和塑料结合，可以制成耐高温、高强度的玻璃钢。很多复合材料都是利用这种技法制成的。

(4) 臻美系列(臻美族)技法——缺点列举法、希望点列举法。臻美系列技法是以达到理想化的完美性为目标的创意技法系列，其特点是把创意对象的完美、和谐、新奇放在首位，用各种技法将其实现，在创意中充分调动想象、直觉、灵感、审美等因子。完美性意味着对创意作品的全面审视和开发，因而属于创意技法的最高层次。联想、类比、组合是臻美的可靠基础，而臻美则是它们的发展方向。缺点列举法、希望点列举法都是有代表性的臻美系列技法。找出作品或产品的缺点，提出改进的希望，使其更完美、更有吸引力。作品或产品的完美是无止境的，臻美也是一个不断努力的过程。

在四大创意技法系列中，联想是基础，类比、组合是进一步发展，属于中间层次，而臻美是最高境界、最高层次。从汉语拼音的角度来说，联想、类比的第一个字母均为 L，组合、臻美的第一个字母皆为 Z，故将上述技法分类称为 LZ 分类法。

▶ **3. 按创意功效分类**

创意技法繁多，每一种都有其最适宜发挥功效的特定对象和环境。其中常用的有 60 多种，根据它们在创新思维的过程中发挥功效的侧重面，大致可分为以下 10 种类型。

(1) 研究类创意技法。侧重于科学研究与发现，运用范围最广，如观察法、实验法、模拟法、假说法、归纳法和演绎法等。适用于策划过程的制定方案阶段、寻求问题阶段、论证方案阶段。

(2) 激励类创意技法。侧重于激发新奇构想，开拓思路，如智力激励系列方法，以头脑风暴法、哥顿法等为典型。适用于策划过程的产生动因阶段、寻求问题阶段。

(3) 取向类创意技法。侧重于围绕策划目标提出一系列相关问题或取向点，从而全面、准确地把握目标，如核检表法、特点列举法、希望点列举法、缺点列举法等。适用于策划过程的确定目标阶段、寻求问题阶段。

（4）组合类创意技法。侧重于根据目标原则，将两个或以上的因素巧妙组合，从而获得具有整体功能的新成果，如形态分析法、信息交合法、组合法等。适用于策划过程的制定方案阶段、寻求问题阶段、论证方案阶段、产生动因阶段。

（5）类比类创意技法。侧重于运用类比促使激励而联想，从而使过程系统化，适用于处理复杂问题，如比较法、分类法、等价交换法等。适用于策划过程的制定方案阶段、寻求问题阶段、确定目标阶段、论证方案阶段。

（6）联想类创意技法。几乎所有的创意技法都离不开联想，此类技法侧重于以联想思维作为主要步骤，沟通创新思路，从而产生新的设想和构思点，如强制联想法、类比联想法、创新对比联想法、因果联想法等。适用于策划过程的制定方案阶段、寻求问题阶段、论证方案阶段。

（7）设计类创意技法。侧重于新产品的开发设计，是其他创意技法的外在表现阶段，如设计类比法、设计清单法、模块化设计法、计算机辅助设计法、模拟设计法、功能设计法等。适用于策划过程的制定方案阶段、论证方案阶段。

（8）设问类创意技法。侧重于围绕创新对象或老产品提出各种问题、设想和改进方案，从而获得创新成果构想和创新产品，如稽核问题表法、放大缩小法、颠倒逆向法、拉伸折叠法、科学艺术法等。适用于策划过程的产生动因阶段、寻求问题阶段、制定方案阶段。

（9）综合类创意技法。侧重于把创意对象的各种信息和要素统一起来进行综合观察和研究，从而在整体上引发创新成果，即所谓"综合就是创造"，如论证法、水平思考法、力行思考法、重点扩展法、移植法、分析法、综合法等。适用于策划过程的制定方案阶段、论证方案阶段、寻求问题阶段、确定目标阶段。

（10）系统类创意技法。侧重于把创意对象作为一个系统进行分析，从整体上研究其发展变化规律，处理各种系统问题，强调对创意研究的整体性、综合性，是介于哲学方法与专门方法之间的方法，如系统论法、控制论、信息论、耗散结构论法、突变论法、协同论法等。适用于策划过程的制定方案阶段、论证方案阶段、寻求问题阶段、确定目标阶段。

各类创意技法在策划活动过程中的应用还应有一个功效互补的问题，以谋求达到效果最佳的总体策划。

四、营销策划创意方法

本节主要介绍常见的营销策划创意方法。

（一）联想法

联想是由一个事物想到另一个事物的心理过程。联想是创意思维的基础。奥斯本说："研究问题产生设想的全部过程，主要是要求我们针对各种想法进行联想和组合的能力。"

联想在创意设计过程中起着催化剂和导火索的作用,许多奇妙的新观念和新主意,常常由联想的火花点燃。事实上,任何创意活动都离不开联想,联想又是孕育创意幼芽的温床,是其他创意设计方法的基础。

联想的概念及其规律始于古希腊的柏拉图和亚里士多德,他们提出了联想三大定律:相似律、对比律和接近律,由此产生了常见的三种主要的联想方法。

(1)接近联想。接近联想是由于事物空间和时间特征的接近而形成的联想,如星星和月亮、李白和杜甫、收音机和录音机、录像机和放像机等。

(2)相似联想。相似联想是由于事物间的相似点而形成的联想,也称类似联想。例如,从江河想到湖海,从树木想到森林,从火柴想到打火机,从缝衣想到缝纫机,从洗衣想到洗衣机,人造湖海、人造森林、打火机、缝纫机、洗衣机等,就是通过相似联想而制造出来的新的事物。

(3)对比联想。对比联想是由具有相反特征的事物或相互对立的事物间形成的联想。我国有一句古话:"相反相成",就是这个意思。在日常生活中,人们常常从白想到黑,从水想到火,从冷想到热,从上想到下,从大想到小,从方想到圆,从对称想到非对称,从真善美想到假恶丑等,都是习以为常的对比联想。

(二)头脑风暴法

▶ 1. 头脑风暴法的含义

头脑风暴法(BS法)于20世纪50年代在美国推广应用,之后,许多大学相继开设头脑风暴法课程。其后,传入西欧、日本、中国等,并有许多演变和发展,成为创意方法中最重要的方法之一。该方法的核心是高度充分的自由联想。这种方法一般是举行一种特殊的小型会议,使与会者毫无顾忌地提出各种想法,彼此激励,相互启发,引起联想,导致创意设想的连锁反应,产生众多的创意。

▶ 2. 头脑风暴法的实施要点

头脑风暴法的具体实施要点如下。

(1)召集5~12人的小型特殊会议,人多了不能充分发表意见。

(2)会议有1名主持人,1~2名记录员。会议开始,主持人简要说明会议议题,要解决的问题和目标;宣布会议遵循的原则和注意事项;鼓励人人发言和各种新构想;注意保持会议主题方向,发言要简明,气氛活跃。

(3)会议一般不超过1小时,以半小时最佳。时间过长,头脑易疲劳。

(4)会议地点应选在安静不受干扰的场所。切断电话,谢绝会客。

(5)会议要提前通知与会者,使他们明确主题,有所准备。

(6)禁止批评或评判。即使是对幼稚的、错误的、荒诞的想法,也不得批评。如果有人不遵守这一条,会受到主持人的警告。

(7)自由畅想,思维越狂放,构想越新奇越好,有时看似荒唐的设想却是打开创意大门的钥匙。

（8）多多益善，新设想越多越好，设想越多，可行办法出现的概率就越大。

（9）借题发挥，可以利用他人想法，提出更新、更奇、更妙的构想。

▶ **3. 实施头脑风暴法的注意事项**

实施头脑风暴法应注意的事项如下。

（1）讨论题要具体、明确，不宜过大或过小，也不宜限制性太强。会议之始，主持人可先提出简单问题做演习，会议题目应着眼于能收集大量的设想。

（2）会议要有节奏，巧妙运用"行—停"的技巧：3分钟提出设想，5分钟进行考虑，再3分钟提出设想，反复交替，形成良好、高效的节奏。

（3）按顺序"一个接一个"轮流发表构想。如轮到的人当时无新构想，可以跳到下一个人。如此循环下，新想法便一一出现。

（4）会上不允许私下交谈，以免干扰别人的思维活动。

（5）应有不同部门、不同领域的人参加，以便集思广益。

（6）参加会议者应有男有女，以额外增强竞争意识和好胜心。

（7）营造轻松自然、自由愉快的气氛。

（8）会后要及时归纳分类，再组织一次小组会进行评价和筛选，以形成最佳的创意。

（三）类比法

类比是选择两个对象或事物（同类或异类）对它们某些相同或相似性进行考察比较。类比推理就是根据两个对象之间在某些方面的相同或相似，推论出它们在其他方面也可能相同或相似的一种方法。

类比法是富有创造性的创意方法，有利于人的自我突破，其核心是从异中求同，或同中见异，从而产生新知，得到创造性成果。下面是常见的类比创意方法。

▶ **1. 直接类比法**

直接类比法就是从自然界或者已有成果中直接寻找出与创意对象相类似的东西或事物，进行类比创意，从而设计出新的产品。

这种类比的例子古今中外比比皆是。鲁班发明锯，就是从带齿的草叶把人手划破和长有齿的蝗虫板牙能咬断青草获得直接类比实现的。听诊器的发明也是典型的直接类比思维的产物：拉哀纳克医生很想发明一种能够诊断胸腔里健康状况的听诊设备，一天他到公园散步，看到两个小孩在玩跷跷板，一个小孩在一头轻轻地敲跷跷板，还有一个小孩在另一头贴耳听，虽然敲者用力很轻，可是听者却听得极清晰。他把要发明的听诊器与这一现象类比，终于获得听诊器的设计方案，听诊器就这样诞生了。

▶ **2. 间接类比法**

间接类比法就是用非同一类产品类比，产生创造。采用间接类比法可以扩大类比范围，如从非同类的行业得到启发，产生开拓性的创造力。例如，空气中存在的负离子可以使人延年益寿、消除疲劳，还可以辅助治疗多种疾病，但负离子只有在高山、森林、湖畔较多，后来通过间接类比法创造了水冲击法，产生负离子，再后来利用冲击原理，又成功创造了电子冲击法，这就是现在市场上销售的空气负离子发生器。

▶ 3. 因果类比法

两个事物的各个属性之间可能存在同一因果关系，因此，可以根据一个事物的因果关系推出另一个事物的因果关系，这种类比法就是因果类比法。例如，日本一个叫铃木的人用因果类比法联想到在水泥中加入一种发泡剂，使水泥变得既轻又具有隔热、隔音的性能，结果发明了一种气泡混凝土。

▶ 4. 仿生类比法

大千世界，无奇不有，人在创造活动中，将生物的某些特性运用到创意上，发明新的产品就叫仿生类比法。例如，人们仿鸟类展翅飞翔，制造出了具有机翼的飞机；同样，人们发现了鸟类可直接腾空起飞，不需要跑道，又发明了直升机。

(四) 提喻法

把类比法全面、系统地应用在创意、创造过程中，首推创造学家戈登创立的"提喻法"。其后，又有多人对此法进行了革新、发展，提出了几种以"类比"为核心的新方法。

提喻法（synectics）一词最早出自希腊语，意思是将不同的、看上去无关的因素联系起来。1944 年，在波士顿郊外的剑桥成立了一个以戈登为核心的创造理论和方法开发小组，称为 synectics 小组。戈登认为："从心理上洞察和分析以前伟大发明家的创造过程，可以看出唯有类比和类比推理才是对创造开发最重要的观念。"synectics 法的核心是类比，故一般译为提喻法，也有的译为综摄法、举隅法、集思法或群辩法。

提喻法是一种以类比为核心，以小组讨论为形式的创意方法。

(1) 小组由不同知识背景、不同气质的人组成，相互启发，集体攻关。它的成员体现了跨学科、超领域、广泛交叉渗透与综合的特点，这是类比创意设计方法得以大显身手的重要源泉。

(2) 实施该法有两个重要思维出发点：同质异化和异质同化。同质异化，即变熟悉为陌生，对已有的各种事物，通过类比，从新的或陌生的角度来观察、分析和处理，使看惯的东西成为看不惯，把熟知的东西变为陌生的东西，电子计时笔的发明就是一个典型的例子。电子表的主要功能是计时，而笔的长处在于书写，表面看来两者好像无关系，实际上却有潜在的联系。因为用笔写作时，往往会想到写了多长时间了，写到何时为止或何时开始写的等。创意者将两者长处综合在一起，将电子表装在笔杆中，电子计时笔就诞生了。

异质同化，即变陌生为熟悉，就是把给定的陌生东西与早已熟知的东西进行比较，将陌生之物纳入一个可接受的模式中，从而转换成熟悉的东西。血代的发明就是一例：一次老鼠掉进了氟化碳溶液中却没被淹死，这个奇怪现象引起了科学家的关注。经过分析，发现氟化碳能溶解和释放氧气和二氧化碳，这与血液里的红细胞能担负输送氧气和运载二氧化碳的原理很相似。于是，科学家便利用氟化碳制成了血代。

上述同质异化、异质同化的运作机制就是类比，类比机制是提喻法的灵魂。

（五）设问法

如果提问中带有"假如""如果""是否""还有"这样的词，就会启发思维、促使想象，使我们很快进入假想，通过各种假设式的变换，寻找到解决问题的途径。奥斯本的设问法正是依照这样的思路而提出的创意发明技法。设问法也称为检核表法，它是以一种提问题的方式，对现在的产品开发或发明，从不同角度加以审核、讨论，从而形成新的发明的方法。

设问法的主要类型有检核表法、5W2H 法等。

▶ **1. 检核表法**

检核表法是根据需要解决的问题，或者需要创造发明的对象，列出有关的问题，形成检核表，然后一个个来核对讨论，从中获得解决问题的方法和创造发明的设想。检核表法是能够大量开发创造性设想的一种创造技法，它引导人们根据建设项目的一条条思路来求解问题，以力求比较周密的思考。

目前，创造学家已创造出许多种具有各自特色的检核表法，其中最著名的是由奥斯本创造的检核表法，它应用范围广，容易学，深受人们的欢迎。奥斯本检核表法是针对某种特定要求制定的，引导主体在创造过程中对九个方面的问题进行思考，以便启迪思路，开拓思维想象的空间，促进人们产生新设想、新方案的方法。这九个问题是有无其他用途、能否借用、能否改变、能否扩大、能否缩小、能否代用、能否重新调整、能否颠倒、能否组合。奥斯本检核表法是一种产生创意的方法，由于它突出的效果，被誉为创造之母，人们用这种方法产生了很多杰出的创意以及大量的发明创造，如表 2-1 所示。

表 2-1　奥斯本检核表示例

序号	检核问题	创新思路	创新产品
1	有无其他用途	用于保健	磁化杯、消毒杯、含微量元素的杯子
2	能否借用	借助计算机技术	智能杯：会说话、会做简单提示
3	能否改变	颜色变化、形状变化	变色杯：能随温度而变色 仿形杯：按个人爱好特制
4	能否扩大	加厚、加大	双层杯：可放两种饮料 安全杯：底部加厚不易倒
5	能否缩小	微型化、方便化	迷你观赏杯、可折叠便携杯
6	能否代用	材料替代	以钢、铜、石、竹、木、纸、布、骨等材料制作
7	能否重新调整	调整其尺寸比例工艺流程	另类新潮杯
8	能否颠倒	倒置不漏水	旅行杯：随身携带不易漏水
9	能否组合	将容器、量具、炊具保鲜等功能组合	多功能杯

▶ 2.5W2H 法

5W2H 法是 5 个以"w"开头的英语单词和 2 个以"h"开头的英语单词进行设问，发现解决问题的线索，寻找发明思路，产生创意进行设计构思从而搞出新的发明项目的方法。

（1）为什么（why）。为什么不能有声音？为什么停用？为什么变成红色？

（2）做什么（what）。条件是什么？哪一部分工作要做？目的是什么？重点是什么？

（3）谁（who）。谁来办最方便？谁会生产？谁是客户？谁被忽略了？

（4）何时（when）。何时完成？何时安装？何时销售？何时是最佳营业时间？

（5）何地（where）。何地最适宜？何处生产最经济？从何处买？

（6）怎样（how）。怎样做省力？怎样做最快？怎样做效率最高？怎样改进？

（7）多少（how much）。多少好卖？输出功率是多少？效率有多高？尺寸为多少？重量为多少？

如果现行的做法和产品经过以上七个问题的审核已无懈可击，便可认为这一做法或产品可取；如果七个问题中有一个答复不能令人满意，则表示这方面有改进余地；如果哪方面的答复有独特的优点，就可以扩大产品在这方面的效用。

（六）列举法

列举法是一种借助对某一具体事物的特定对象，如特点、优缺点等，从逻辑上进行分析，并将其核心内容全面地一一罗列出来，用于启发创意设想，找到发明创意主题的创造技法。列举法主要包括以下几种。

▶ 1. 特性列举法

特性列举法就是将研究对象的全部特征一一列举出来，然后探讨能否改革，以获得发明成果的方法。

首先，要确定研究对象。特性列举属于对已有事物进行革新的方法，在确定研究对象后应分析了解其现状，熟悉其基本结构、工作原理及适用场合等，所选择的对象应具体、单一，宜小不宜大。当研究对象是一个大的课题时，应分成若干小课题进行。

其次，将研究对象的全部特性列举出来并按照词性归类整理。其中，名词特性是指零部件、原材料、加工方法等；形容词特性是指形状、色彩、重量等；动词特性主要指功能、作用、性质等。

再次，依据特性项目进行创造性思考。这一步的关键是充分调动创造性思维的参与，针对列举出的特性，大胆思考能否改变，能否用其他特性代替，从而引出新的创意设想和改革方案。

最后，评价、筛选方案。各种方案提出后应进行评价、筛选，使改进的产品能更符合社会的需要。例如，围绕水壶的特性就可以提出：冒出的蒸汽会烫手，蒸汽孔能否移至别处；焊接的地方是否能采用其他的办法来连接；除铝以外，是否还可以使用更廉价的材料代替等。

▶ **2. 缺点列举法**

缺点列举法就是发现已有事物的缺点，将其列举出来，通过分析选择，然后针对缺点找出改进方案。缺点列举的实质是一种否定思维，唯有对事物持否定态度，才能充分挖掘事物的缺陷，然后加以改进。因此要培养善于对周围事物寻找缺点、追求完美的创新意识。缺点列举一般可按以下步骤进行：首先，尽量列举研究对象的缺点。其次，将列举的缺点加以整理，或按缺点的性质归类，或按缺点的严重程度顺序，然后针对主要缺点，寻求改进的最佳方案。例如，以钢笔为主题，列出它的缺点和不足之处，如易漏水、不能写出几种颜色、出水不畅、灌墨不方便等，然后挑出主要缺点逐个研究并考虑切合实际的改革方案。

▶ **3. 希望点列举法**

与缺点列举法类似，缺点列举法从反面出发，希望点列举法从正面出发，从人们的需要和愿望出发而提出要求，寻求改进方案。希望点列举法在形式上与缺点列举法都是将思维收敛于某"点"，而后又发散思考，最后再聚焦于一种创意。但是，希望点列举法的思维基点比缺点列举法要宽，设计的目标要广。例如，有了电影后，人们希望在家能看电影，就产生了黑白电视机，后来又产生了彩色电视机，之后又产生了高清晰的立体声电视机，这都是不断满足人们要求和希望的过程。

（七）组合法

组合法就是将两种以上的技术思想或物质产品进行适当的组合，从而进行新的技术创新，也称组合创造法。

1979 年，诺贝尔生理学医学获奖者豪斯菲尔德只是一个没有读过大学的普通技术工作者，使其夺冠的成就仅仅是把已有 X 线的照相装置与电子计算机组合到一起，发明了"CT 扫描仪"。这一仪器在诊断脑内疾病和体内癌变方面具有特殊的效能，从而使医学界的理想成为现实，因而被誉为 20 世纪医学界最重大的发明之一。

组合法主要有以下几种形式。

（1）主体附加法，即在原有技术思想上补充新内容或在原有的物质产品上增加新附件，例如，为自行车加车铃、后视镜、灯光装置。

（2）同物组合法，即若干同一事物组合，如两面扇、双排订书机、双排车、多缸发动机、双头液化气灶、双顶鸳鸯伞。

（3）异类组合法，即两种以上不同领域的技术思想或不同功能的物质产品的组合，如带电筒的螺丝刀、带亮灯的钢笔、多功能笔。

（八）逆向思维法

逆向思维法是指按常规思维去解决问题而不见效时，即反其道而行之，进行逆向思维，以获得意想不到的效果的方法。

逆向思维改变了人们固定的思维方式和轨迹，提供全新的思维方式和切入点，这无疑拓宽了创意的渠道。例如，固定的八小时工作制改为非固定的弹性工作制；到商店购物改为送货上门；传统的汽车都用金属材料制造，而现代有些汽车则采用非金属材料制造；电动机是将电能转换成机械能的装置，发电机则是将机械能转换成电能的装置等。

（九）模仿

创意从模仿开始，最后突破模仿进入独创。从最原始的简单人造产品到手工艺制品再到现代工业产品，从物质产品到精神产品，大量产品都是从模仿自然、模仿人的自身开始，然后不断改造变化、"脱胎换骨"、精益求精。模仿创意方法一般可分为下列几类。

▶ 1. 功能模仿

交通工具是模仿动物和人的行走，各种机械手是模仿人的上肢和手，计算机是模仿人脑，机器人则模仿整个人。

▶ 2. 原理模仿

原理模仿是通过模仿他物的机制和原理来创造另一新事物的方法。例如，能开能合的菜罩就是通过原理模仿创意成功的。它既能挡苍蝇，又能通风防馊，还很耐用，而且便于开合和洗涤。为了实现通风的要求，人们几经琢磨，从竹子、铁丝、塑料和尼龙丝等材料中选出了尼龙丝做原料。如何解决开合呢？人们突然想到了伞，于是，灵活地模仿制伞原理，制成了启闭式尼龙菜罩，投入市场，颇受欢迎。

▶ 3. 结构形态模仿

结构形态模仿是模仿他物结构形态创造新事物的创意方法。

一位有心者到饭店吃饭，看到盛筷子的容器特别脏，人们用手摸筷子很不卫生，他决心对筷子箱进行革新。左思右想，搞了几个创意方案都不理想。突然他想到曾有一个20世纪50年代的提烟盒，每提一次就出来一支烟，凭着记忆中的提烟盒的机制，他构思出了清洁筷子箱，把筷子放在封闭盒子里，需要时，提一次就出一双筷子，既方便又卫生。

▶ 4. 色彩模仿

色彩模仿是通过模仿色彩进行创意的方法。例如，迷彩军服最显著的特征就是它的黄绿相间的色彩，这是典型的色彩模仿制品。设计人员考虑军服要有充分隐蔽的功能，就模仿草、树和土地错综交叉和混合的色彩，构思出了现代军服的这种迷彩面料。

（十）移植法

移植法是将某个学科领域中的原理、技术、方法等应用或渗透到其他学科领域中，为解决某一问题提供启迪帮助的创新思维方法。

▶ 1. 原理移植

原理移植是把某一学科中的科学原理应用于解决其他学科中的问题。例如，电子语音合成技术最初用在贺年卡上，后来有人把它用到了倒车提示器上，又有人把它用到了玩具上，出现会哭、会笑、会说话、会唱歌、会奏乐的玩具，当然还可以把它用在其他方面。

▶ 2. 方法移植

方法移植是把某一学科、领域中的方法应用于解决其他学科领域中的问题。例如，我国香港中旅集团有限公司的总经理马志民赴欧洲考察，参观了融入荷兰全国景点的"小人国"，回来后就把荷兰"小人国"的微缩处理方法移植到深圳，集华夏的自然风光、人文景观于一处，建成了具有中国特色的崭新名胜"锦绣中华"，开业以来，游人如织，十分红火。

▶ 3. 结构移植

结构移植是将某种事物的结构形式或结构特征部分或全部地运用到其他产品的设计与制造中。例如，缝衣服的线移植到手术中，出现了专用的手术线；衣服鞋帽上的拉链移植到手术中，完全取代用线缝合的传统技术，手术拉链比针线缝合快10倍，而且不需要拆线，大大减轻了病人的痛苦。

▶ 4. 功能移植

功能移植是把某一种技术或艺术所具有的独特功能，以某种形式移植到另一领域的方法。例如，将电视机的音响功能移植到计算机领域；戏剧舞台常常采用电影蒙太奇的组接技术，立体地进行时空转换；电视剧画面往往移植油画的凝重或中国画的写意功能等。

经典案例

荷兰的"小人国"与深圳的"锦绣中华"

1985年的深圳湾畔还是一片荒芜，我国香港中旅集团有限公司总经理马志民决心在深圳建造一座综合经济开发区——华侨城。

为了完善华侨城的开发方案，马志民带着一批人赴欧洲考察。刚踏上荷兰国土，当地旅游业的朋友就请他们参观荷兰著名的"小人国"。原来，"小人国"是荷兰风光的缩影，它让人在短时期内对荷兰全国的景点有个整体的感性认识，这使马先生大受启发。深圳有临近港澳地区的地理优势和特区的开放政策，倘若独树一帜地利用深圳的旅游资源优势，融华夏的自然风光、人物景观于一处，集千种风物、万般锦绣于一国，经过微缩处理，不就成了一处具有中国特色和现代意味的崭新名胜了吗？进而，通过这一诱人的"旅游窗口"，把人们的目光引向深圳，引向华侨城的投资环境。

不久，占地30公顷的"锦绣中华"微缩景区营建计划脱颖而出，付诸实现。1989年9月21日，"锦绣中华"开始试营业，顿时游人如织、天天爆满，试营业的两个月接待海内外游客多达60万人次！而到了1993年，在春节后的大年初三至大年初六，每天都有5万人参观，华侨城也随之成为寸土寸金之地。

华侨城从"一步迈进历史，一日游遍中国"到20世纪90年代初开始以"让世界了解中国，让中国了解世界"为宗旨，提出建设具有中国特色的主题公园群，先后投资建设了锦绣中华、中国民俗文化村、世界之窗、深圳欢乐谷，形成了中国最大的主题公园群。

第二节 营销策划创意模型

一、营销策划"四维创意模型"

营销策划是一项复杂的思维工程，它将众多的策划资源和要素进行有效整合和统筹，从而产生一个系统性的、创造性的、高效益的行动方案。我们对营销策划思维活动进行梳理，提出了营销策划"四维创意模型"，如图 2-1 所示。该模型将营销策划的要素归纳为四个方面，即势、时、心、术，并有针对性地提出了相应的策略。

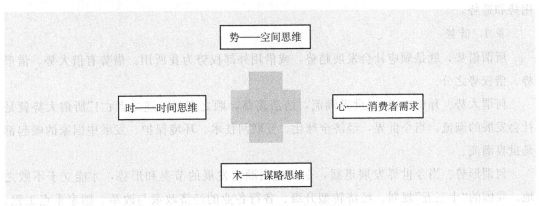

图 2-1 营销策划"四维创意模型"

（1）势，是指空间思维，整合企业内部资源和外部资源。

（2）时，是指时间思维，根据事物的发展规律选择最佳时机。

（3）心，是指消费者需求，准确把握目标消费者的动机与需求。

（4）术，是指谋略思维，针对消费者的心理与行为特征寻找对策。

二、势

（一）势的含义

在地球上，任何物体由于所处位置不同，都具有一定的势能，位置越高，势能越大。在处理社会事物时，资源越多，能量越大，事情越容易解决。例如在战争中，如果优势明显，就可以不战而屈人之兵。

在企业经营中，势是指企业可利用的内、外部资源和面临的外部形势，其外延包括以下内容。

（1）大势，指对企业经营有影响的社会发展大趋势。这种历史潮流力量强大，企业只能顺应它，不能违背它。例如，全球化与互联网的发展几乎对所有企业都产生深远和深刻的影响。

（2）形势，指对企业经营有影响的社会近期状态，包括社会热点、流行时尚、重大事件等，如中国的"十三五"规划、经济转型升级。

（3）权势，指权威部门、新闻媒体、关键人物等。

（4）势力，指企业所拥有的一切内部资源，包括有形的资源和无形的资源。企业内部资源是策划的基础。

（5）优势，指企业所能利用的一切外部资源。企业是一个开放的系统，应当善于利用一切可以利用的外部资源增强自己的实力。

（6）造势，指策划实施过程的宣传、推广活动。

（二）势的运用

针对不同的资源，可以采取不同的策略，为我所用。势的运用包括三种形式：借势、用势和造势。

▶ 1. 借势

所谓借势，就是顺应社会发展趋势，或借用外部权势为我所用。借势有借大势、借形势、借权势之分。

何谓大势？孙中山说："世界潮流，浩浩荡荡，顺之则昌，逆之者亡！"所谓大势就是社会发展的潮流。当今世界，经济全球化、互联网技术、环境保护、发展中国家的崛起都是世界潮流。

何谓形势？当今世界发展迅猛，企业应当顺应发展的节奏和形势，才能立于不败之地。我国的"十三五"规划、经济转型升级、各行各业的经济政策与改革、国家重点工程、各类社会重大事件等都可以视为形势。例如，北京申办 2008 年的奥运会、南水北调工程、我国提出"一带一路"构想都是我国企业应当重视的重大形势。

所谓借权势，是指企业应当善于同政府、权威组织、新闻媒体等进行合作，以获取更大的社会资源与影响力。

经典案例

地球关灯一小时

地球关灯一小时是世界自然基金会发出的一项全球倡议活动：呼吁个人、社区、企业和政府在每年三月最后一个星期六的 20：30—21：30 熄灯一小时，以此来激发人们对保护地球的责任感，以及对气候变化等环境问题的思考。

为了支持这项公益活动，某会所也参与了熄灯活动，号召人们带朋友来参加一场"烛光酒会"，并发布了文案为"关上灯，约个妹子喝一杯"的海报。因为是酒会所以倒置的鸡尾酒杯和"灯"的关联构成了这张海报的创意，酒杯和关灯所营造的氛围加上一句撩人的广告语，恰当地将地球关灯一小时和酒会融合在一起，顾客在满足需要的同时增加了参与感，同时也暗含了钟爱的情感属性和所经营的产品内容。

▶ 2. 用势

用势是指企业要善于运用自身资源和优势进行策划。这种资源既包括有形的人、财、物资源，也包括无形资源，还包括企业可以调动的外部关系。这些往往是企业核心竞争力的来源。每个企业都有自己的经营优势，可能是管理先进、技术研发领先、制造技术强大、资金充足等，也可能是外部合作优势，如企业的供应链管理、异业联盟、同业合并、渠道系统高效等。

▶ 3. 造势

造势是指企业要研究信息传播的规律，善于运用各种媒体进行宣传造势。这些媒体包括大众媒体，也包括企业自有媒体。当今社会，网络技术迅猛发展，对社会产生了革命性影响，有的企业善于利用网络媒体，等于为企业发展插上了翅膀。例如，影视剧上映前的开机礼、庆功宴、首映式、巡回观众见面会、媒体曝光电影花絮、关于男女主角的话题等各种炒作，为影视剧的招商和投放做足了文章。

三、时

（一）时的含义

时是指企业经营活动的时机与节奏，主要包括以下情况。

（1）社会环境发生重大变化或有重大事件发生时（如大选、灾难、抢险）。例如，2002年 SARS 发生时，电子商务获得快速发展。2008 年四川汶川地震时，许多企业及时伸出援手，提升了企业形象。

（2）新闻界、公众都把目光聚集在某一事件时（如热剧、春晚、奥运赛事、神舟飞船登月、中国两会），策划活动如能借助这一"东风"，推出系列与事件相关的活动，必能赢得新闻媒介的关注。

（3）项目活动的节奏与高潮。根据事物的轻重缓急，分步骤、有条理地安排一系列活动，审时度势，制造高潮与低潮。

（二）如何捕捉策划时机

有两种捕捉时机的技巧。

▶ 1. 先知

先知是指及时掌握事件的发生、变化的信息，即信息要灵通。

"知"是捕捉策划时机的第一步，只有充分地掌握和了解事件信息，才能判断和评估事件的影响，提出有针对性的对策。所以，策划人要建立良好的信息渠道。

经典案例

蒙牛牛奶，为中国喝彩

蒙牛从企业成立之初，就与央视签订战略合作协议，规定每逢重大事件发生时，蒙牛都将酌情投放广告。2003 年，"神舟五号"前脚刚刚着陆，蒙牛广告同步落地。这则广告使蒙牛的受关注度提高，更给蒙牛注入了民族个性，树立了爱国、公益和责任感的形象，极大地提高了蒙牛的知名度和美誉度。

▶ 2. 先算

先算是指通过对市场与环境的研究与分析，对未来事件做出预测并制定预案。

孙子说："夫未战而庙算胜者，得算多也；未战而庙算不胜者，得其少也。多算胜，少算不胜，而况于无算乎？吾以此观之，胜负见矣"（《孙子兵法·计算》）。李嘉诚正是成功预测到香港房地产的发展，才成为后来的亚洲首富。

四、心

任何策划和活动都是针对人，都要有人参与。那么，如何激发人的兴趣，提高人的参与度和支持度？最重要的就是要了解人的动机与需求，为目标对象提供更多价值。

（一）顾客需求导向

任何创意都要有一个针对性，即什么样的人参与活动？他们的需求和欲望是什么？

策划的针对性是指针对特定的用户，运用心理的与生理的、感觉的与理智的、直接的与间接的、近期效用与未来收益等种种策划手段，积极为公众迫切需要解决、了解、关心、感兴趣的问题提供答案或解决方法，以充分满足其需求与欲望。

经典案例

松下公司——"我们每天都要测量顾客的体温"

日本的"经营之神"松下幸之助认为：强烈的顾客导向是企业成功的关键。他要求手下的业务经理和业务人员对自己的顾客进行精确的统计。他常说："我们每天都要测量顾客的体温。"松下公司的 23 000 家销售店，就像 23 000 根探针，使松下公司能准确地把握顾客的脉搏和动向，使其开发的产品始终具有很高的市场占有率。

（二）欲望分类

▶ 1. 一级欲望和二级欲望

策划的关键是要探测出人们心底的欲望来，然后设计出一把"钩子"，把这种欲望勾引出来，变成切切实实的需求。

人的欲望多得不胜枚举：想吃、想喝、想睡、想成家立业、想前程远大……心理学把形形色色的欲望分成两大类：一级欲望和二级欲望。

一级欲望是指类似吃、喝、睡等这种得不到满足就无法维持生命活动的欲望，也称生理性欲望。这种欲望任何人都有，人类以外的动物也具备，人和其他动物为了满足这类欲望会采取一定的行动。

二级欲望则是建立在一级欲望的基础之上，即使没有满足也危及不到生存的欲望。例如，"希望成为富翁""希望有一位好妻子""希望出人头地"等。满足二级欲望的方法一般是从经验中学习来的，属于社会性欲望，有着丰富的文化内涵。

▶ 2. 两者的关系

二级欲望是以一级欲望为基础的，是一级欲望的派生物。人类社会的文明越发达，物质越丰富，人们的二级欲望的幅度和深度也会增加，所谓的"感性时代"来临，其实正是这一人类社会发展趋势的表现。

二级欲望是隐藏的，一级欲望是显露的。对于一级欲望，人们可以有目的地采取行动满足，像人饿了就吃、困了就睡。但人们也常做一些"傻事"，这便由于隐藏在暗处的二级欲望，产生欲望的本人有时都觉察不到欲望的真面目，却为满足这种欲望采取着一定的行动。

二级欲望多为潜意识，常被兴趣、感觉和习惯激发。由于时间上的、空间上的以及社会上的种种障碍，常常会使欲望的满足受到阻碍。这种情况下，欲望深潜到意识的下面，成为一种潜意识。人们受这种潜意识的驱动，却捉摸不到这种真实欲望。

（三）欲望剖析法

▶ **1. 内观法——万能的"为什么"**

欲望剖析的捷径便是从分析自己的心理活动着手，这种方法叫内观法。

内观法是德国心理学家 W. 本特发明的。他认为，不断地追问自己"为什么"这样行动，常常可以探究到自己心灵深处未曾意识到的欲望内容。

经典案例

将心比心

在大学毕业之际，我很想拥有一本全校当年应届毕业生的名录，以备毕业后的联系及业务往来。将心比心，我想别的同学也一定希望有这么一本名录，于是便策划了一个名为"留下我们共同的好运气"的通信地址征集活动。结果征集来的通信地址名录异常的畅销，许多非毕业班的学生也纷纷抢购，以备以后求职、联络之用。

▶ **2. 角色法——假如我是他**

角色法就是将自己设想为对方，设身处地地探究别人的欲望。蒙牛创始人牛根生回忆起母亲对自己的教诲：要想了解他人的想法，就要"打个颠倒"——假如我是他。

经典案例

假如我是新娘

要筹办一场婚礼，就要想想"假如我是新娘，那么我会需要什么呢？"

一定有盛大的结婚场面、名人主持、明星助阵、别开生面、众人瞩目、鲜花装扮的洞房……

角色这么一转换，还真能爆发出一个策划的灵感——举办一个千对婚礼盛典，场面要让参加者永生难忘。

中国青年报和中国妇女报等单位就联合主办了这么一次活动。请全国各地的新婚夫妇以及想补回婚礼浪漫时刻的已婚夫妇参加。

在婚礼盛典中，由中央老干部证婚，"花仙子"相伴，与著名演员举行文艺联欢；由

"花仙子"及新人代表送爱心鲜花；从天安门出发，给国旗班战士、革命功臣、科技人员、清洁工人和 SOS 村的孩子们送鲜花；新婚夫妇还将种连心树，游览名胜古迹，收到精美的活动画册、录像带、纪念章、纪念证书及价值 200 元的礼品。

(四)欲望的升级与修正

▶ 1. 升级

随着人们生活水平的提高，人们对同一商品的需求也会发生变化，从一级欲望升级到二级欲望，即从生理性欲望升级到社会性欲望。例如，原来的服装主要为保暖，现在的服装主要为形象；原来的轿车主要为出行，现在的轿车特别强调舒适和多功能。

▶ 2. 修正

二级欲望受价值观、风俗习惯、从众等文化因素影响，不同的人对同一事物的欲望都有一定的差异性。例如，同等收入的人，有的人喜欢享受，喜欢名牌时装；有的人则崇尚节俭，并不重视服装品牌。

经典案例

万 宝 路

万宝路(Marlboro)香烟是世界销售量最大的香烟，每年在世界上销售 3 000 亿支，世界上每抽掉 4 支香烟，其中就有 1 支是万宝路。

万宝路香烟为什么这样畅销呢？美国一家金融界权威杂志《富比世》专栏作家布洛尼克为此调查了 1 546 个万宝路香烟的爱好者。调查结果表明：许多被调查者明白无误地说他们喜欢这个牌子是因为它的味道好，烟味浓烈，使他们感到身心非常愉快。真的吗？

可是布洛尼克却怀疑真正使人迷上万宝路的不是它与其他香烟之间微乎其微的味道上的差异，而是万宝路广告所带来的感觉上的优越感，也就是说，万宝路的硬汉子牛仔广告给万宝路香烟罩上了一种男子汉气概、个人英雄主义气概、大美国主义气概，而消费者购买万宝路香烟也正是为了购买这种气概，这种感觉上的满足。

布洛尼克做了个实验：他向每个自称热爱万宝路味道、品质的万宝路爱好者以半价提供万宝路香烟，这些香烟虽然外表看不出牌号，但厂方可以证明这些香烟确为真货并保证质量，同商店出售的万宝路香烟一样。结果出乎意料，仅有 21% 的人愿意购买。布洛尼克解释这种现象说，烟民们真正需要的是万宝路商标、广告、包装所带给他们的满足感，简装的万宝路虽然口味、质量同正规包装的万宝路一样，但不能给烟民们带来这种满足感。

调查中，布洛尼克还注意到这些万宝路爱好者每天要将所抽的万宝路香烟拿出口袋 20～25 次，万宝路的包装和广告所赋予万宝路的形象已经像服装、首饰等各种装饰物一样成为人际交往中的标志。

这项研究表明，正是广告策划者设计的西部牛仔形象满足了烟民们成为大丈夫气概的潜在欲望，才使得万宝路香烟如此畅销。万宝路香烟的广告策划者李奥·贝纳真是一位深谙男人欲望的心理学家。

五、术

术是指针对消费者心理特征提出的经营对策。

(一) 出其不意

策划活动的内容应当出奇才有吸引力，才能产生良好效果。兵圣孙子指出："出其不意，攻其不备，乃取胜之道。"在商场的策划上，同样需要出奇制胜。

其实，一切创新性行为都有出奇制胜的效果，它打破常规思维，出人意料，必定产生令人惊异的效果。

经典案例

纽约国际银行开业

美国纽约国际银行在刚开张之时，为了迅速提升知名度，曾做过这样一个广告。

一天晚上，全纽约的广播电视正播放节目，突然间，全市的所有广播都在同一时刻向听众播放一则通告：听众朋友，从现在开始播放的是由本市国际银行向您提供的沉默时间。紧接着，整个纽约市的电台同时中断了 10 秒钟，不播放任何节目。

一时间，纽约市民对这莫名其妙的 10 秒钟沉默时间议论纷纷，于是，"沉默时间"成为全纽约市民茶余饭后的最热门话题，国际银行的知名度迅速提高，很快便家喻户晓。

"此时无声胜有声"，国际银行的广告策略巧妙之处在于，它一反一般的广告手法，没有在广告中播放任何信息，而以全市电台在同一刻的 10 秒钟"沉默"引起市民的好奇心，市民不知不觉地去探究根底，从而使国际银行的名声由"不知名而到人人皆知"，达到了出奇制胜的效果。

(二) 创造第一

无论任何事，"第一"总是引人注目的，策划同样也是如此。

创造第一，即定位第一(最)大、第一(最)高、第一(最)快。

经典案例

日本的房地产

20 世纪 60 年代末，日本的房地产业开始降温，某地建筑商思考是否可以不用投资而使它变成富有魅力的别墅区呢？经过创造性的思考，他们决定在该地贯彻"第一主义"，即"造"出一些"第一"，以表现出它是全国第一或世界第一的休闲地，而且这种"第一"不用任何投资。

第一，在这块休闲地建成日本第一个拥有会员制的俱乐部。

第二，把这块土地变成世界第一个完全非人工化的大型纯自然休闲地。保留大自然的原样，以软体为重心，事实上则是因为资金不足，根本无法建设机械化的设施。

第三，把它形容成世界第一个综合性的休闲地。提供各种休闲活动：别墅的享受、在高原奔驰、乘气球升空、激流泛舟、野外射箭、打网球等水陆空的活动，更有工艺、陶艺、文艺与自然观察的野外科学活动。这些构想在 1970 年极为稀奇。

在这三项"第一"的号召下，这块休闲地马上成为人们购买的热点。

（三）强化体验

体验营销通过看(see)、听(hear)、用(use)、参与(participate)的手段，充分刺激和调动消费者的感官(sense)、情感(feel)、思考(think)、行动(act)、联想(relate)等感性因素和理性因素，重新定义、设计营销方法。此种思考方式突破传统上"理性消费者"的假设，认为消费者消费时是理性与感性兼具的。

体验可以先设定一个主题，体验式营销从一个主题出发，设计一个"主题道具"，例如一些主题博物馆、主题公园、游乐区或以主题为导向的一场活动等，所有服务都围绕这个主题，依附这个道具。

体验是五花八门的，体验式营销的方法和工具也是种类繁多。

经典案例

蒙牛如何打开深圳市场

2000 年，在深圳的各大小区，有一批人每晚都摆放很多的牛奶让人品尝。在牛奶边上有个牌子，写着："我们来自内蒙古大草原"。看到内蒙古，我们自然就会想到非常天然的牧场，想到非常天然的牛奶。"不尝是你的过错，尝了不买是我们的过错"，蒙牛牛奶这样摆着让所有的顾客去试喝，这个时候人们会很自然地走过去，当他们试喝完之后就会发现，这个牛奶真的和其他牛奶不一样，它浓浓的、香香的、纯纯的，口感很舒服。这就是当年蒙牛牛奶进入深圳的情形。

思考题

1. 什么是营销策划创意？
2. 简述创意技法的 LZ 分类法。
3. 主要的营销策划创意方法有哪些？
4. 简述营销策划模型的构成要素。
5. 营销策划模型中，"势"的含义与内容是什么？

第三章 营销策划的程序与成果

第 一 节　营销策划过程模型

策划的阶段划分，实际上就是对策划整个过程的分析和分解，理清策划的方向、思路和问题，对策划给予指导。

一、营销策划过程模型概述

▶ 1. 约翰·迈力特的策划阶段划分

约翰·迈力特是美国著名的策划大师，他曾在美国国家资源策划委员会提出了著名的策划过程三段论。他指出，策划通常要经历三个阶段：设定目标、测定现状、设计明确的活动计划。

他认为，将管理所推行的策划业务分成三个广泛的阶段，似乎更易于理解。这三个阶段相互间有密切的关联，大体上同时进行，一定能相互给予影响。

▶ 2. 艾德伍德·班菲尔德的策划"四阶段论"

美国哈佛大学艾德伍德·班菲尔德指出，为便于计划，可将策划过程分为四个阶段，使计划更合理：状况的分析、目标设定并具体化、行动路线的设计和结果的比较评估。

▶ 3. X 型三阶段营销策划过程模型

以上两位大师的策划过程模型都比较简单，所涉及的内容也基本一致，其区别只有两点，一是前者将目标放在了第一位，将现状分析放在第二位，而后者相反，将前两项颠倒。其实，这只是文字表述的需要，从思维角度来讲，两者并没有先后之别，而是需要反复思考，互为条件，约翰·迈力特也明确指出"这三阶段相互间有密切的关联，大体上同时进行"。二是后者较前者增加了第四步"结果的比较评估"，使策划方案多了一个事后评估。其实，前三个阶段已经形成了一个相对独立的策划方案，接下来要进入实施阶段，实施之后才产生结果，为了便于分析，第四阶段暂时舍弃。

我们结合以上两种观点，从思维的角度提出三阶段策划过程模型。从思维的角度来看，这三阶段分别经历了从发散思维到集中思维再到发散思维的过程，我们将其形象地称为 X 型三阶段营销策划过程模型，如图 3-1 所示。

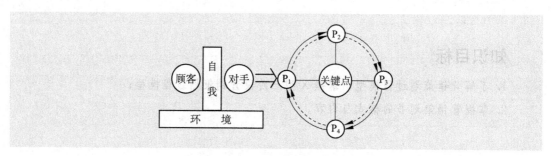

图 3-1　X 型三阶段营销策划过程模型

二、第一阶段：现状调研，知己知彼

首先，我们从四个方面进行系统调研。这四个方面分别是环境检测、自我分析、竞争扫描和消费者洞察。

▶ 1. 环境检测

环境检测主要指宏观环境，宏观环境检测可以使用 PEST 模型，即政治（political）、经济（economic）、社会（social）、科技（technological），如图 3-2 所示。

（1）政治因素，是指对组织经营活动具有实际与潜在影响的政治力量和有关的政策、法律及法规等因素。

（2）经济因素，是指组织外部的经济结构、产业布局、资源状况、经济发展水平以及未来的经济走势等。

（3）社会因素，是指组织所在社会中成员的历史发展、文化传统、价值观念、教育水平以及风俗习惯等因素。

（4）技术因素，不仅包括那些引起革命性变化的发明，还包括与企业生产有关的新技术、新工艺、新材料的出现和发展趋势以及应用前景。

对环境的分析最终要进行归纳总结，提出企业在外部环境中面临的机会与威胁。

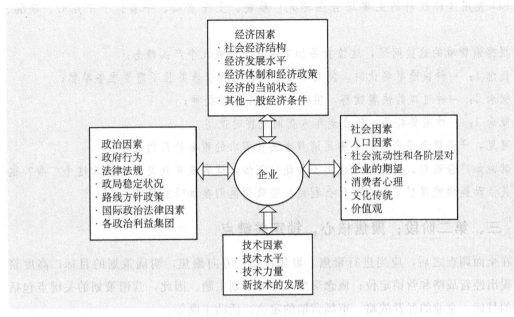

图 3-2　宏观环境检测

▶ 2. 自我分析

自我分析是指发现自己的长处与短处，明确自己的核心竞争力。自我分析的内容包括企业战略、企业管理层、企业核心竞争力、企业优势、企业文化等。

▶ 3. 竞争扫描

竞争扫描主要指分析竞争对手，找出自己的优势与劣势。企业要明确自己的主要竞争对手是谁，其经营战略、经营目标、竞争优势、竞争能力是什么。

▶ 4. 消费者洞察

消费者洞察是环境分析的重点。企业最终为消费者提供产品与服务，企业必须洞察消费者的消费需求，寻找满足该需求的最佳途径，实现消费者与企业的双赢。

消费概念应当是最重要的消费特征的集合，内容包括人口特征、个性特征、核心利益、消费特征等。

经典案例

新产品开发

菲利浦·科特勒认为，在产品的开发中，产品的概念有着重要的地位。例如，一位食品加工商要开发一种粉状的牛奶添加剂，他首先要明确这种产品能增加什么营养，这是不是消费者所强烈要求的。除此之外，还要调查消费者对产品的其他要求。他要问以下问题：

（1）谁使用这种产品？是婴儿、儿童、少年、青年、中年或老年人？

（2）这种产品的主要益处是什么？口味、营养、提神、健身？

（3）使用这种饮料的主要场合在哪儿？早餐、上午点心、午餐、下午点心、晚餐、夜宵？

根据消费者的这些问题，这位食品加工商就会形成几个产品概念。

概念1：一种快速早餐饮料，使成年人很快能得到营养并且不需要准备早餐；

概念2：一种可口的快餐饮料，供孩子们中午饮用提神；

概念3：一种康复补品，适合老年人夜间就寝时饮用。

可见，产品概念是产品能够满足消费者某种需求的重要特征的集合。

其他如广告策划、公关策划也莫不如此。例如，读者或观众是否会喜欢这个广告？这一公关活动提供或保护了公众的什么利益？能吸引他们参加吗？等等。

三、第二阶段：聚焦核心，锁定关键点

在全面调查之后，应当进行聚焦。聚焦包括：方向聚焦，明确策划的目标；高度聚焦，提出经营战略和营销定位；概念聚焦，提炼策划主题。因此，营销策划的关键点包括策划的目标、企业的经营战略、市场营销的定位、活动主题等。

（一）策划目标

策划目标大致分两种情况，在问题导向性策划中，问题的解决是策划的主要目标。而在现状改善型策划中，策划目标本身也需要策划。在策划目标中应明确本次经营活动要改善的内容与重点是什么？改善到什么程度？策划目标必须具有合理性，既要能够完成，又能开发企业潜能。另外，所有目标都要按部门、按过程进行分解。

（二）经营战略

经营战略是对于企业长期发展问题的策划。首先，企业经营战略要明确企业的使命或愿景。企业作为社会大家庭的一个成员，其社会责任是什么？企业要致力于改善人类生活的哪个领域，达到什么样的水平？以此作为企业的最高理想，鼓舞企业全体员工的工作热情。其次，企业经营战略要提出自己的核心经营理念，即企业要提供什么样的产品与服务，主要用来满足人们的何种需求，以此来指导企业各个方面的经营活动。

▶ **1. 企业愿景**

愿景就是告诉人们"企业是什么"，告诉人们企业将做成什么样子，是对企业未来发展的一种期望和描述。只有清晰地描述企业的愿景，员工、社会、投资者和合作伙伴才能对企业有更为清晰的认识。

亨利·福特在一百年前说他的愿景是"使每一个人都拥有一辆汽车"。

青黛的愿景：使青黛成为最具竞争力的东方医药美容品牌，引领健康时尚潮流！

美国航空公司提出要做"全球的领导者"。

▶ **2. 企业使命**

企业使命主要是界定自己的社会角色，是从社会生活的角度提出自己的经营目的、经营范围等。

迪士尼公司：使人们过得快活。

维王教育：拯救普通话。

麦肯锡公司：帮助杰出的公司和政府更为成功。

J&J公司：强调人类健康信条。

荷兰银行：通过长期的往来关系，为选定的客户提供投资理财方面的金融服务，进而使荷兰银行成为股东最乐意投资的标的及员工最佳的职业发展场所。

沃尔玛公司：给普通百姓提供机会，使他们能买到与富人一样的东西。

▶ 3．企业核心经营理念

所谓经营理念，就是管理者追求企业绩效的根据，是企业价值观与正确经营行为的确认。

经典案例

各大品牌的理念

星巴克：出售的不仅仅是咖啡。"我不在办公室，就在星巴克；我不在星巴克，就在去星巴克的路上。"这句著名的广告词绝妙地诠释出星巴克（Starbucks）"第三生活空间"悠闲、舒适和浪漫的意境。

三星：时尚设计。

诺基亚：科技以人为本。

苹果：不同凡"想"。

GE：重视实际和价值。

3M：尊重革新和创意。

摩托罗拉：强调持续革新和改善。

（三）营销定位

对于企业营销方面的策划，策划的关键是明确企业的营销定位。所谓定位，就是让品牌在消费者的心智中占据最有利的位置，使品牌成为某个类别或某种特性的代表品牌。它往往另辟蹊径，开发出一片市场蓝海。

宝马汽车：驾驶的乐趣。

沃尔沃：关爱生命，享受生活。

标致汽车：品味成功，品味生活。

别克君威：先天下之忧而忧，后天下之乐而乐。

（四）竞争战略

面对直接竞争对手，企业采取何种措施与其竞争。

摩托罗拉：无缝战略。

索尼：小即是美。

GE：数一数二。

（五）活动主题

如果企业要策划一个面向客户的活动，策划的关键是确定鲜明的活动主题。它针对策划对象的需求，彰显活动的价值。具体的活动项目要围绕这个主题进行设计。

策划主题是策划的中心思想，是策划活动的核心价值，是策划的灵魂，它统率整个策划的创意、构思、方案、形象等各要素。策划主题源自策划目标、产品个性或消费者的心理渴望。

美国 R.L. 雷诺兹公司出品的骆驼香烟，其广告口号便为"骆驼世界任我闯荡"，结果非常迎合美国大多数移民对创业的狂热追求心理，成为经久不衰的名牌产品。

广告大师威廉·伯恩巴克为德国大众的金龟车策划的广告主题着眼于"这是一辆诚实的车子"，有效地表现出金龟车品质卓越、质量把控严格、对用户负责等特点。

四、第三阶段：运筹创新，形成方案

有效整合企业内部资源，充分挖掘和利用企业外部资源，使人、财、物在空间和时间维度上协调配合，形成系统、完善的策划方案。这个策划方案应具有具体性和可执行性，应说明策划活动包含哪些具体事项，即做事情的角度；不同事项的操作顺序，即做事情的程序。形成初步方案后还要集思广益，借助创新思维反复论证与修改，以求创新与突破。

（一）事项

事项是指策划的空间思维，即策划活动应包含哪些事情，分别用 P_1、P_2、P_3、P_4、…表示。

对看问题角度的把握是"做正确的事情"的前提和保证，如果找不到解决问题或有利于问题解决的角度，那么策划就不能进行下去。

（二）程序

程序是指策划的空间思维，即策划活动的步骤及先后次序，在图中用虚线箭头表示。

做任何事情一般都要有认识步骤和行动步骤，这些步骤有些是前人在长期的实践中总结和提炼的，并经过策划人的想象和发挥。

（三）创新再造

创新再造是指策划的创新性思维，即运用创造性思维重新整合资源，设计事项和程序，在图中用实线箭头表示。

方案制定并不是一次完成，而是要经历几个循环，第一次制定的是初步方案，它是在遵循一般规律的基础上，运用传统思维形成的方案，是框架式的，比较粗略。在初步方案的基础上，策划人员还应从创新的角度重新梳理。策划人员运用创造性思维和创造性技法，对事项和要素进行重新组合，为方案进行创新性改造，产生新的方案，实现倍增效益或出奇的效果。创新的结果可能带来细节的改变，也可能是整个方案的大的调整。

第二节 营销策划书

营销策划的最终成果就是要形成切实可行的营销策划书，通过对营销策划书的实施与控制，最终解决相关问题，实现营销目标。营销策划书的撰写是策划从思想到书面的过程。营销策划书是策划团队思想的展现，一份清晰可行的策划书有助于问题的解决和方案的实施。

一、营销策划书的格式

事实上，营销策划书并没有一个统一标准的内容和格式。根据所要策划的对象与要求的不同，营销策划书的内容和格式是不一样的。但通常情况下，一份完整的营销策划书应该包括封面、概要、目录、前言、正文、结束语和附录，如表 3-1 所示。

表 3-1 营销策划书的格式

主要内容		发挥的作用
封面		策划书名片
概要		方案精髓
目录		构成框架
前言		背景与过程
正文	环境分析	策划依据
	SWOT 分析	提出问题
	营销目标	明确营销目标
	营销战略	总体布局
	营销组合策略	具体对策
	行动方案	执行蓝本
	财务分析	投入产出分析和效果预测
	控制方案	保障成功
结束语		方案关键点总结和预期效果展望
附录		提高可信度

（一）封面

封面是营销策划书的脸面，会影响读者对营销策划书的第一印象，因此不能草率从事。封面设计的原则是醒目、整洁，不要太花哨，至于字体、字号、颜色则应根据视觉效果具体考虑。

封面构成的要素主要有被策划的客户、策划机构的名称或策划人的名称、策划负责人及其联系方式、策划完成日期及策划执行的时间段、编号、保密级别等。如图3-3所示是一个营销策划书的封面模板。

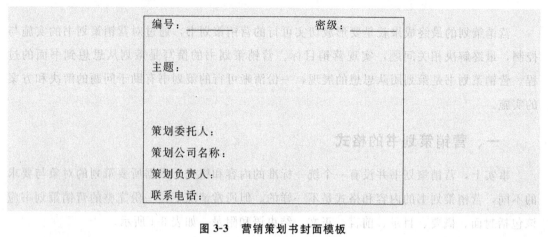

图3-3 营销策划书封面模板

（二）概要

概要相当于一般书籍的内容简介或者普通文章的内容摘要。它是对营销策划书主要内容的概括性陈述，其目的是使阅读者对营销策划书的内容有一个非常清晰的概念，便于阅读者理解策划人的意图和观点。

概要撰写的原则：用最简短的语言把策划方案的内容全面地反映出来，即使阅读者没有太多的时间通读全文，也能通过概要对策划方案有个比较准确的了解。

（三）目录

目录是策划书各部分题目的清单，能够使阅读者很快了解全书概貌和方便地查找相关内容。一般人的阅读习惯是先看书的题目，再看书的目录。如果目录不能吸引他、引起他阅读的欲望，那么他很可能不再往下看。因此，目录的编制要下一点功夫，既要让人读后能够了解策划书的全貌，又要引发人们的阅读兴趣。

（四）前言

前言主要是对策划该项目的缘由、起因、意义、目的、方法、过程等背景性资料进行介绍。其作用在于，一方面使读者了解策划项目的背景情况；另一方面引起和激发读者的注意和兴趣。读者看过前言后，应能对营销策划案产生一种急于了解的强烈欲望和初步的价值判断。

前言的文字一般不宜太长，其内容集中在以下几个方面：第一，接受委托的情况，如某某公司接受某某公司的委托，就某某年度的广告宣传计划进行具体策划；第二，策划的概况，即策划要达到的目的以及策划的主要过程。

（五）正文

正文是整个营销策划的核心内容，也是对前面各章内容的具体应用，其主要内容包括营销问题的界定、环境分析、SWOT分析、营销策划目标、战略规划、战术组合策划、行动方案、财务分析和控制方案等。

在具体的营销策划方案中，正文所包括的内容要根据实际情况进行具体分析。在这里，我们强调营销策划方案的实施，也就是说要制定周密细致的行动方案，只有这样才可以保证方案的顺利实施。行动方案要利用5W2H分析法，进行周密安排，具体包括做什么、何时做、何地做、何人做、怎么做、对谁做、为什么做、需要多长时间、需要多少人员及费用，以及达到什么程度等，如表3-2所示。

表 3-2　营销行动计划

活动名称	负责人	地点	开始时间		结束时间		费用		人员	备注
			计划	实际	计划	实际	预算	实际		

当然，作为对营销行动方案的补充，还应该明确对方案实施过程的管理与控制。通过监控与分析，及时修正策划方案，以适应新的情况。

（六）结束语

结束语一般对整个策划的要点进行归纳总结，不仅要突出策划要点，而且要与前言相呼应。在撰写结束语时，策划者要回答这样一个重要问题：你的策划是如何解决前面提出的营销问题的？预期的效果如何？如果不能很好地回答这一问题，那么整个策划逻辑就值得怀疑。

（七）附录

附录的作用有两点：一是对策划中所采用的调查与分析技术做一些必要的说明；二是提供策划客观性的证明。因此，凡是技术性较强以及有助于阅读者对策划内容理解和信任的资料都可以列入附录中，例如，问卷、分析模型、较为复杂的分析过程、座谈会原始照片、图像资料等。

二、营销策划书的内容

（一）市场营销环境分析

（1）宏观环境分析，包括政治、经济、人口、文化、科技、法律、自然等方面。

（2）行业市场分析，包括行业需求规模与特征、商品生命周期、市场竞争特征、行业发展模式与关键因素、行业进入障碍等。

（3）竞争者分析，包括竞争者的结构与分布，主要竞争者的规模、实力、优势等。

（4）商品分析，包括商品的功能、质量、特色、卖点等。

（5）消费者分析，包括消费者特征、购买动机、影响因素、购买方式、购买渠道、信息渠道、品牌忠诚度等。

（6）SWOT分析与对策。

（二）营销目标与问题

销售额或利润目标、市场目标（占有率、新产品、新市场）、品牌目标、竞争目标、目前存在的问题。

（三）营销战略

目标市场、市场定位、竞争战略、品牌战略。

（四）营销策略

▶ **1. 产品策略**

通过前面的环境分析，提出合理的产品策略建议，形成有效的 4P 组合，以达到最佳效果。

（1）产品定位。产品定位的关键是在顾客心目中寻找一个空位，抓住机会占领市场、发展市场、巩固市场。

（2）产品质量方案。产品质量就是产品的市场生命。企业对产品应有完善的质量保证体系。

（3）产品品牌。必须有强烈的品牌意识，要形成一定的知名度、美誉度，打造消费者心目中的知名品牌。

（4）产品服务。服务是企业制胜的利器。策划要设计产品的服务内容与方式、重视服务质量的改善和提高。

▶ **2. 价格策略**

（1）定价原则与方法。以需求为出发点，以成本为基础，以同类产品价格为参考，使产品的价格具有科学性和竞争力。

（2）价格体系。设计合理的价差体系，处理好企业、中间商与消费者的利益关系。

（3）价格政策。制定灵活的价格政策，制定科学的调价政策。

▶ **3. 销售渠道**

（1）阐述渠道建设指导方针。

（2）构建高效、全覆盖的渠道网络架构。

（3）制定有效的渠道管理激励措施。

（4）注重销售渠道的创新。

▶ **4. 促销策略**

（1）人员推销。

（2）广告。

（3）公共关系。

（4）营销推广。

（五）行动方案

（1）产品开发。

（2）渠道建设。

（3）队伍建设。

（4）广告投放。

（5）公关活动。

（6）促销活动。

（六）财务分析

（1）销售与收入。

（2）费用预算。

（七）控制方案

内容略。

经典案例

A品牌"小麦王"啤酒武汉市场营销策划书

一、前言

啤酒作为软饮料，在饮料市场占有很大的份额。近日，我国啤酒业行家表示，为繁荣我国啤酒市场，满足消费者需要，我国啤酒工业应以产品的多样化适应不同消费层次、不同消费人群、不同消费口感的需求。除消费者喜欢喝的普通啤酒、黄啤、黑啤、干啤和鲜啤外，还应增加一些特色啤酒。

随着经济增长和社会形态的转型，享受品的消费需要也有所提高，本公司对A品牌"小麦王"啤酒的营销策划书是在此基础上进行的。并且A品牌"小麦王"啤酒在市场上也有很强烈的反响，它适合大众口味，让人回味无穷，有独特之处。随着消费者对"小麦王"啤酒的青睐，相信"小麦王"啤酒肯定可以打入武汉的市场，并走向全国。

二、环境分析

宏观环境分析：近几年，中国啤酒业取得很大的发展，××年总产量达208万吨，稳居世界啤酒产量第二位。随着我国入世成功，外资对我国的投资不断加大，我国经济前途一片大好。我省居民收入增长较快，在武汉市内，城市正在"北扩南移"，投资在不断地加大。在政府政策方面，国家正努力减少啤酒企业的新建，同时明文规定所有酒瓶必须为b2瓶，以减少爆瓶伤人。但b2瓶会使产品成本增高，不利于开拓农村市场。

市场分析：①市场出现的啤酒绝大多数为普通淡色啤酒，啤酒品种单一、功能啤酒（保健啤酒）的品种少，且占市场的份额很小；②纯生啤酒只得到少数朋友的接受；③A品牌啤酒问世得到许多朋友的喜爱，说明它填补了纯生啤酒的不足之处。

消费者分析：①消费者喜欢的是不容易喝醉的啤酒；②消费者不喜欢味道太浓或太淡的啤酒；③导入期以青少年群体为目标顾客群必定事半功倍，因此，啤酒应以酒制品姿态进行定位才能得到消费者的接受；④现有消费者消费本产品的目的是宴会上制造气氛和交际等需要；⑤消费者一般在朋友聚会和生意宴会上购买比较多。

竞争对手分析：主要竞争对手有燕京、青啤、华润等。

（1）燕京啤酒具有很强的地区性，在北京一带市场占有率很高，它的总体战略为做强、做大。

（2）青啤是全国啤酒第一品牌，从总体来看，青啤的优势为强大的品牌，但是它所到之处，收购的全是倒闭的小厂，质量肯定会下降。它的总体战略是做强。

（3）华润则依托香港总部的大力支持，不断地收购、兼并啤酒企业，对我们构成威胁的是在湖北省内兼并了得新三星啤酒集团。华润的战略也是做大、做强，核心竞争力是强大的资本优势。

三、SWOT 分析

1. 优势

（1）产品水源优势，有潜力可挖。以"绿色、环保、健康"为理念，有一定的市场吸引力。

（2）"小麦王"啤酒在当地啤酒市场具有排他性。

（3）在部分市场形成了一定的品牌知名度和一定的固定消费群。

（4）公司决策层对产品推广决心大，做强、做大企业的欲望强烈，投资意识强。

2. 劣势

（1）企业整体规模相对较小。

（2）专业资深的市场拓展、营销策划型人才缺乏，内部管理须进一步完善。

（3）未深入了解消费者需求，为消费者提供增值服务能力弱，自然无法吸引并留住更多顾客。

（4）和竞争对手相比，没有青啤强大的品牌优势，没有华润的资本优势，产品卖点尚未充分挖掘。

3. 机会

（1）国内啤酒行业经过长达六七年的行业整合以后，行业竞争格局已经基本确立，过度竞争有得到遏制的迹象。啤酒企业从 800 多家陡减至 500 多家。

（2）消费升级推动企业产品结构升级，推动企业利润增长。收入水平的提高奠定了消费增长的基础，也为"小麦王"啤酒消费增长提供了客观基础。

（3）国家产业政策支持。目前，国家大力支持产业产品结构调整、鼓励技术创新、加大财税政策改革力度、开辟融资渠道、建立信用担保体系、完善社会服务体系、创造公平市场环境。

（4）武汉市发展的"北扩南移"、就业机会的增加，都会给"小麦王"啤酒带来销售上的增长。

4. 威胁

（1）目前啤酒行业仍处于整合竞争的第二阶段，这种竞争不仅表现在国际品牌的大举入侵上，而且还表现在国内企业的"大鱼吃小鱼"的并购上。

（2）原、辅材料价格持续上涨给啤酒行业带来巨大的成本压力。

（3）不断有品牌进入武汉市啤酒市场，所运用的促销策略会带动整个市场利润下滑。

四、营销目标

1. 目标市场

武汉市。

2. 市场占有率

市场占有率达到 X％。

3. 焦点覆盖率

大卖场 100％、连锁超市 80％以上、连锁便利店 80％以上、百货商场 60％以上、各大酒店 50％以上。

4. 广告宣传目标

产品尝试率 30％、品牌知名度 40％。

5. 短期销售目标

截至××年 11 月，销售产品×万箱。

五、营销战略

1. 定位战略

目标市场：学历较高的白领，月收入在 2 000 元及以上的消费群体。

产品定位：中高端产品。

2. 营销转型

对于啤酒市场做到三个转化。

（1）从做业务转化为做市场：企业不仅要把产品转移到客户的仓库，还要帮助客户分销，强化客户与下游渠道的关系，让终端有很好的销售。

（2）从粗放式的市场扩张运作转化为以提高单产为目标：粗放式的市场操作只管理到代理商或者经销商，现在的目标是要提高下游每一个客户的单产，进行精耕细作，从粗放到精细、精益化。

（3）从单枪匹马的猎手转化为种田的行家里手：原来是单个人单兵作战，现在变成职业化的团队，不是一个人在运作市场，而是整个团队在运作市场、运作客户。

这是深度分销的三个转化。

六、营销组合策略

1. 产品策略

产品特点：饮时酒质柔和，有明显的酒花香和麦芽香，具有啤酒特有的爽口苦味和杀口力。该酒含有人体不可缺少的碳水化合物、氨基酸、维生素等营养成分，有开脾健胃、帮助消化之功能。原麦芽汁浓度为 12°，酒精度为 3.5°～4°。

产品包装：①使用可回收塑料包装箱向瓦楞纸箱发起挑战。②采用塑料膜热收缩包装。③采用最薄阻隔材料的塑料瓶。④新型纸质包装罐将替代铝制易拉罐。⑤传统包装。

2. 价格策略

价格定位：零售进价 2.80 元/瓶，批发价 2.50 元/瓶，厂价 2.30 元/瓶。

3. 分销策略

(1) 逐步建立分销联合体，固化下游客户。

(2) 强化分销管理，提升渠道竞争力。

(3) 强化分销人员管理，提高对分销网络的掌控。

(4) 强化分销创新管理，提高产品核心竞争力。

(5) 坚持四大原则。

① 集中原则：人、财、物资源要聚焦，对选定的区域市场进行集中出击。

② 攻击薄弱环节的原则：啤酒企业要善于抓住对手的薄弱环节来展开营销攻势。

③ 巩固要塞强化地盘原则：在市场操作过程中，很多啤酒企业喜欢广种薄收，开拓了很多疆域，却收效甚微，其实这对于市场是非常不利的，对于品牌也是一种伤害。

④ 掌握大客户原则：深度分销要掌控核心分销商，掌握核心终端，企业要把资源、精力和时间更多地分配给大客户。

4. 促销策略

(1) 广告定位。

① 市场定位：以武汉市为主，如汉口、汉阳、武昌等，逐渐向河南、江西等地区推广。各种活动的开展重点地区为武汉市。

② 产品预期定位：中档，针对已成功或向往成功的人士。

③ 广告定位(电视、报纸和 POP)：电视广告主要塑造自强、自信、追求成功、永不言败的男性人格特征。报纸广告多以软文形式出现。POP 广告则体现身份和品位。

(2) 广告计划。

① 广告目标：年龄在 25~45 岁的公司白领。经过三大媒体的广告传播，力争在半年的时间内，在湖北省消费者心目中初步建立起"小麦王"的知名度与美誉度。提升知名度为 45%，力争美誉度为 13%。

② 广告手段：采用电视、报纸、POP、公关促销等多种手段。与此同时，注重短期就能见效的终端 POP 促销。针对经销商，以专业杂志广告、新闻报道支持、销售激励为主要手段。

(3)"小麦王"市场推广方案(战略规划)。

第一阶段：市场预热期(××年 12 月—××年 1 月)，吸引消费者的注意力，初步树立产品形象，引导消费者了解白皮小麦制成的啤酒。

第二阶段：市场升温期(××年 1—3 月)，借春节的东风，深度引导消费者，塑造对产品的信赖与好感。

第三阶段：市场炽热期(××年 3—4 月)，针对春节过后，各公司开业，加强在白领群体中的宣传，以各种软性活动在淡季维持产品热度，为夏季的再次销售高潮做准备，树立完整的产品形象。

（4）行销建议：为了配合消费者的消费习惯，造势必须开展以下工作。

① 为了进一步激励酒吧推广"小麦王"，除在酒吧安放POP外，还开展"好酒喝到口，背投拿到手"的公关促销活动。凡在1—4月销出5 000瓶"小麦王"的酒吧，可以得到一台价值9 990元的背投彩电一台。

② 在过年前各公司结算之际，举行"策划大师讨论会"，请一些国内知名商界人士进行讲课，如请张瑞敏讲OEC管理；请史玉柱讲他从头再来的创业经历；请柳传志来讲他是如何把一个几个人的研究所发展成今天的联想。在该次活动中也能塑造"成功＝A品牌啤酒"的品牌形象。

③ 在一些报纸上征集"小麦王"广告语，并进行相应的奖励，这样可用最廉价的方式把信息传播给消费者。

④ 在春节期间举办"'小麦王'迎新春放烟火"活动。春节期间合家团圆，在江北施放烟火感谢武汉市市民对品牌的支持。

⑤ 在武汉晚报上刊登"小麦王"有奖问卷，以使更多的市民了解它。

⑥ 对武汉各大酒店进行渠道战。例如，分销商销量达1 000箱奖励摩托车一辆，600箱奖励DVD一台，400箱奖励印有"小麦王"文字的羽绒服10件，对各酒店进行激励。

七、营销预算

营销预算明细表

项　目		时　间	金额/万元
广告	电视广告	××年4月—××年9月	250
	电台广告	××年4月—××年9月	150
	报纸广告	××年4月—××年9月	30
	杂志广告	××年4月—××年9月	20
	街头广告派	××年4月—××年9月	80
	店堂广告	××年4月—××年9月	10
营业推广	礼品	5月初	10
	邮寄	4月底	5
	其他	4月末	2
人员推销	推销人员工资	月底	350
	推销人员培训	月底	60
	推销人员奖励	月底	20
合　计			987

应及时统计分析进销存数据，协调各环节货物流向计划功能。监控目标管理过程，控制现金流量与费用，不能让费用超标，超标要有预警机制。

八、风险控制

啤酒经营存在较高的风险，为此必须加强风险控制，提高经营效益。

1. 货款账龄管理

全部使用现金交易在营销中是不可能的，或多或少都会存在赊销，应收账款的存在造成了许多潜在的经营风险。企业要加强经销商的账龄管理，经销商要加强终端的账龄管理，采取月结等方式要尽量减少赊欠数额，缩短赊欠期限，要勤于拜访及时发现并预防风险。

2. 终端库存管理

要对经销商和夜场终端仓库严格监督，做到防潮、防雨、防尘，做好库龄管理工作，要少送勤送，降低库存，发现过期产品及时更换，防止产品口味新鲜度和包装质量下降。

3. 渠道稳定性管理

要加强价格管理，要求经销商严格按照公司的指导价格进行销售，严防窜货和私自提高或降低价格销售，不仅要保证公司市场价格体系的稳定，也要保证经销商和利润的稳定。要加强经销商和终端的沟通，认真听取他们的合理建议和意见，及时发现并解决问题，不断改进工作质量，建立良好的关系。

九、结束语

天下大事，必做于细，天下细事，必做于巧。由于时间紧促，本策划书难免有很多不足之处。在编写过程中，有些数据为报刊、网络数据。啤酒消费旺季已来临，在啤酒重地——武汉，各大品牌啤酒的生死之战已经拉开序幕，鹿死谁手，大家拭目以待。"小麦王"啤酒一定可以成功。

十、附录

调 查 问 卷

尊敬的客户：

您好！

我想了解一下武汉啤酒市场的有关问题，您的回答十分重要，将有助于我们改良产品，为您提供更优质的产品。本调查只作为研究参考之用，不会对外公开，请您安心回答。谢谢您的合作！

1. 您的性别是？（   ）

A. 男　　　　　　　　B. 女

2. 您的年龄？（   ）

A. 18 岁以下　　　　B. 18～24 岁　　　　C. 25～30 岁　　　　D. 31～40 岁

E. 40～50 岁　　　　F. 50 岁以上

3. 您对啤酒的依赖程度？（   ）

A. 偶尔喝　　　　　　B. 想喝就喝　　　　C. 每日必喝

4. 您的啤酒史？（   ）

A. 1 年以内　　　　　B. 2～5 年　　　　　C. 6～10 年　　　　D. 10 年以上

5. 您是否有特别偏爱的啤酒品牌？（　　　）

A. 有　　　　　　　　B. 没有

6. 您在购买啤酒时，是否指定品牌？（　　　）

A. 一定要指定品牌　　　B. 指定品牌，但不坚持非要这种品牌不可

C. 不指定品牌　　　　　D. 只有一定不会购买的品牌

7. 您喜欢购买哪种规格的啤酒？（　　　）

A. 瓶装（700 mL）　　B. 小瓶装（350 mL）　　C. 易拉罐　　　D. 整箱购买

8. 您的月收入是多少？（　　　）

A. 1 000 元以下　　　　　　　　　B. 1 000～3 000 元

C. 3 000～5 000 元　　　　　　　　D. 5 000～10 000 元

E. 10 000 元以上

9. 您一个月在啤酒上的消费是多少？（　　　）

A. 50 元以下　　　　B. 50～100 元　　　　C. 100～300 元　　D. 300～500 元

E. 500 元以上

10. 您经常喝哪种牌子的啤酒？（　　　）

A. A 品牌　　　　　　B. 青岛　　　　　　　C. 北京　　　　　D. 嘉士伯

E. 喜力　　　　　　　F. 百威　　　　　　　G. 蓝带

11. 为什么选择这种或这些品牌？（　　　）

A. 口感好　　　　　　　　　　　　B. 著名品牌，品质保证

C. 个人偏好，没有原因　　　　　　D. 包装精美，比较有档次

E. 周围的人都喜欢这个品牌　　　　F. 市场上常见，购买方便

G. 其他原因

12. 您会对什么样的品牌印象深刻？（　　　）

A. 口感极佳　　　　B. 价格适中　　　　C. 有抽奖活动　　D. 广告宣传到位

E. 品牌保证　　　　F. 经常搞促销活动　　G. 活动赞助商　　H. 其他原因

13. 您经常喝哪种口味的啤酒？（　　　）

A. 清爽　　　　　　B. 醇和　　　　　　C. 纯生　　　　　D. 小麦

E. 全麦　　　　　　F. 果啤　　　　　　G. 特啤　　　　　H. 其他

14. 您一般会在何处购买啤酒？（　　　）

A. 大型超市　　　　B. 商场　　　　　　C. 附近小商店　　D. 酒吧

E. 便利店

15. 您一般会在什么心情下喝啤酒？（　　　）

A. 高兴时　　　　　B. 烦心时　　　　　C. 无聊时　　　　D. 伤心时

E. 郁闷时　　　　　F. 其他

┤ 思考题 ├

1. 简述营销策划的三个重要阶段及其内容。
2. 谈谈你对营销策划第二阶段——营销策划核心的理解。
3. 营销策划书的正文一般包括哪些内容？

第四章
营销调研策划

第 一 节　营销调研策划概述

一、营销调研的含义和作用

▶ **1. 市场调研的含义**

市场调研是系统、客观地识别、收集和分析市场信息，发现和提出市场需求和企业营销的问题，从而提高营销决策的准确性并修正企业的营销活动偏差的过程。

▶ **2. 市场调研的作用**

(1) 通过市场调研，了解顾客的需求，才能生产客户需要的产品，保证企业获得满意的利润。

(2) 市场是不断变化的，顾客的需求各不相同。通过市场调研，可以发现一些新的机会和需求，开发新的产品去满足需求。

（3）通过市场调研，可以发现企业产品的不足及经营中的缺点，及时地加以纠正，修改企业经营策略，使企业在竞争中保持清醒的头脑。

（4）通过市场调研，还可以及时掌握企业竞争对手的动态。

（5）通过市场调研，可以了解经济环境对企业发展的影响，了解国家的政策法规变化，预测未来市场可能发生的变化。

二、营销调研的基本内容

▶ **1. 市场需求**

市场需求包括需求总量、需求构成及其变化趋势、产品的市场占有率等。

▶ **2. 市场环境**

市场环境包括政治法律环境、经济环境、技术环境、文化环境、企业的宏观环境和微观环境等。

▶ **3. 市场竞争**

市场竞争包括竞争对手的数目、经营规模、价格定位、流通渠道、市场占有率、未来发展趋势，经营商品的数量、品种、性能、质量、规格、包装、用途，以及经营策略和经营手段等。

▶ **4. 购买者情况**

购买者情况包括现有购买者数量、潜在购买者数量、购买者构成与分布、购买动机、购买方式等。

▶ **5. 产品**

产品包括产品生命周期、品牌和包装、产品功能改进、新产品上市反响情况、产品组合是否合理等。

▶ **6. 价格**

价格包括商品价格成本构成、价格变化趋势、价格变动对销量影响、价格变动影响因素、商品价格的需求弹性、替代品价格、竞争产品价格等。

▶ **7. 分销**

分销包括销售地区、销售网点的分布，潜在销售渠道，销售点服务品质，铺货，批发商分布等。

▶ **8. 促销**

促销包括广告促销、人员推销、公关促销、营业推广等。

经典案例

李维斯企业关于市场需求的市场调研

以生产牛仔裤闻名世界的李维斯企业设有专门的市场调研机构负责市场调查。在调查时，应用心理学、统计学等知识和手段，按不同国别分析消费者的心理和经济情况的变化、环境的影响、市场竞争条件和时尚趋势等，并据此制订生产销售计划。

1974 年，企业根据市场调查，了解到美国青年喜欢合身、耐穿、价廉、时髦的衣服，故把合身、耐穿、价廉、时髦作为产品的主要目标，使产品长期打入美国青年人的市场。近年来，在市场调查中，企业了解到许多美国女青年喜欢穿男裤，企业经过精心设计，推出了适合女性需要的牛仔裤和便装裤，使女性服装的销售额不断上升。因此，虽然美国及国际市场竞争相当激烈，但李维斯企业依靠市场调查，他们制订的生产与销售计划与市场上的实际销售量只相差 1%～3%。

第 二 节　营销调研的方法与技巧

一、信息收集途径的分类

（一）信息收集途径最普遍的分类方法

最普遍的信息收集途径有两种，即一手资料和二手资料。

一手资料能够最大限度地接近消费者，能够比较准确地了解市场动向。主要的一手资料的获得途径有访问调查法、观察法、实验法。

二手资料的最大优点是收集起来比较容易，时间短、费用少，但是缺点也十分明显，就是准确性得不到保证、时效性差。二手资料的获取途径主要有以下几个。

（1）政府及其他官方渠道，包括国家统计部门、政府的各个部门、公司注册或存档部门、国际组织、贸易及贸易宣传组织、使馆及领事馆、地区发展组织、政府研究实验室、专利办公室等。

（2）工业及商业或贸易协会，包括工业技术研究机构、贸易联合会等。

（3）商会名录，包括贸易名录、消费者指南、展览及贸易博览会指南目录、黄页电话号码簿等。

（4）教育、研究组织及其他组织，包括商业学校、大学、政党的研究机构等。

（5）出版物，包括金融报刊、日报、周刊等。

（6）地区及当地报纸，包括期刊、贸易报刊、业务通信等。

（7）金融机构，包括银行、证券交易所、证券经纪分析员等。

（8）专业的咨询服务机构。

（9）互联网。

（二）信息收集途径的其他分类方法

按照信息收集渠道是否处于企业内部，可分为内部渠道和外部渠道。

内部渠道主要是指总经理、营销副总经理、市场部销售经理、销售区域经理、销售组长与推销员等。

外部渠道主要是指政府、行业协会、专家、中间商、竞争对手、消费者、记者、咨询人员、专业咨询机构等一些公开和半公开的机构。

二、一手资料的获取

当我们所需要的资料无法从内部渠道和外部渠道取得时，就要开展市场实地调查工作。实地调查法所获取的信息具有及时、准确的特点。

实地调查方式大致可分为下列三种：访问调查方式、观察方式、实验方式。最科学规范、应用最广的调查方式是访问调查方式。下面重点介绍几种获取一手资料的方法。

（一）访问调查法

访问调查法又分面谈访问法、电话访问法、邮寄访问法、留置问卷访问法和日记访问法。其中，面谈访问法又包括个别深度访谈法和焦点小组访谈法。与其他访问调查方式相比，面谈访问的优点是回答率高，有深度和广度，有利于反映调查对象的真实想法和观点；缺点是耗费人力多，费用高，有些问题可能被调查对象拒绝回答。五种访问调查方式的优、缺点比较如表 4-1 所示。

表 4-1　五种访问调查法的优、缺点比较

分类 项目	面谈访问法	电话访问法	邮寄访问法	留置问卷访问法	日记访问法
调查范围	较窄	较窄	广	较广	较广
调查对象	可控、可选	可控、可选	一般	可控、可选	可控、可选
影响回答的因素	能了解控制和判断	无法了解控制和判断	难以了解控制和判断	能了解控制和判断	能了解控制和判断
回收率	高	较高	较低	较高	较高
回答速度	可快可慢	最快	慢	较慢	慢
回答质量	较高	高	较低	较高	较高
平均费用	最高	低	较低	一般	一般

由于各种方法均存在优、缺点，因此实际调查中往往要几种方法结合运用。

（二）随机抽样调查法

▶ 1. 随机抽样调查的含义

抽样调查是一种非全面调查，它是从全部调查研究对象中抽选一部分进行调查，并据以对全部调查研究对象做出估计和推断的一种调查方法。显然，抽样调查虽然是非全面调查，但它的目的却在于取得反映总体情况的信息资料，因而，也可起到全面调查的作用。根据抽选样本的方法，抽样调查可以分为随机抽样和非随机抽样两类。随机抽样是按照概率论和数理统计的原理从调查研究的总体中，根据随机原则来抽选样本，并从数量上对总体的某些特征做出估计推断，对可能出现的误差可以从概率意义上加以控制。

▶ 2. 随机抽样调查的优点

（1）调查方法可靠。利用概率论和数理统计原理，从数量上以部分推算总体，以一定的概率保证推算结果的可靠程度，保证调查的精度。

（2）抽样调查可以减少调查的工作量，容易实现多样本、多内容调查。

（3）因为抽样调查是针对总体中的一部分单位进行的，可以大大减少调查费用，提高调查效率。

（4）收集、整理数据，综合样本的速度快、准确度高。

▶ 3. 随机抽样的方法

（1）简单随机抽样法。简单随机抽样法是一种最简单的一步抽样法。抽样时，处于抽样总体中的抽样单位被编排成 $1\sim n$ 编码，然后利用随机数码表或专用的计算机程序确定处于 $1\sim n$ 的随机数码，那些在总体中与随机数码吻合的单位便成为随机抽样的样本。从总体中每个可能样本均有同等被抽中的概率。

这种抽样方法简单，误差分析较容易，但是需要样本容量较多，适用于各个体之间差异较小的情况。

（2）系统抽样法。系统抽样法又称顺序抽样法，是从随机点开始在总体中按照一定的间隔（即"每隔第几"的方式）抽取样本。此法的优点是抽样样本分布比较好，容易计算总体估计值。

（3）分层抽样法。分层抽样法是根据某些特定的特征，将总体分为同质、不相互重叠的若干层，再从各层中独立抽取样本，是一种不等概率抽样。分层抽样利用辅助信息分层，各层内应该同质，各层间差异尽可能大，这样的分层抽样才能够提高样本的代表性、总体估计值的精度和抽样方案的效率。抽样的操作、管理比较方便，但是抽样框较复杂，费用较高，误差分析也较为复杂。此法适用于母体复杂、个体之间差异较大、数量较多的情况。

（4）整群抽样法。整群抽样法是先将总体单元分群，可以按照自然分群或按照需要分群，然后随机选择群体作为抽样样本，调查样本群中的所有单元。整群抽样样本比较集中，可以降低调查费用。此法优点是组织简单，缺点是样本代表性差。

随机抽样调查结合问卷调查可以获得准确的调研数据，是一种科学、高效、应用广泛的定量调查方法。

（三）焦点小组访谈法

▶ 1. 焦点小组访谈法概述

焦点小组访谈法又称小组座谈法，是指采用小型座谈会的形式，挑选一组具有同质性的消费者或客户，在一个装有单向镜和录音、录像设备的房间内，在主持人的组织下，就某个专题进行讨论，从而获得对有关问题的深入了解。

通过小组座谈可以了解消费者对某类产品的认识、偏好及行为，产生对老产品的新想法，获取对新产品概念的印象，研究广告创意，获取消费者对具体市场营销计划的初步反映。

焦点小组访谈法是目前最流行的一种定性调研技术，它经常被市场调研人员用来作为大规模调研的事先调查，帮助确定调研范围，产生调研假设，为结构式访问发现诸如与特定产品或品牌有关的消费者使用的术语、词汇之类有用的信息。新产品的开发经理与广告创意人员也经常通过单向镜来直接观察小组间的讨论、小组成员在讨论时的行为和表情，以帮助扩大思考范围，产生创意。

▶ **2. 焦点小组访谈法的优点和缺点**

焦点小组访谈法的优点：资料收集快、效率高，取得的资料较为广泛和深入，能将调查与讨论相结合，可进行科学监测，结构灵活。

焦点小组访谈法的缺点：对主持人要求较高；容易造成判断错误；小组成员选择不当会影响调查结果的准确性和客观性；因回答结果散乱，使后期对资料的分析和说明都比较困难；有些涉及隐私、保密的问题，很难在会上讨论。

▶ **3. 焦点小组访谈法的实施**

焦点小组访谈法的实施一般可分为三个阶段。

（1）建立融洽的气氛。在座谈会开始之前，应准备糖果、茶点。座谈会一开始，主持人应真实、坦诚地介绍自己，并请参与者一一自我介绍。接下来，主持人应该亲切、热情地感谢大家的参与，并向大家解释本次焦点小组访谈的基本目的，使参与者尽量放松，然后向大家宣布沟通规则。

沟通规则一般应该包括以下内容：

① 不存在不正确的意见，你怎么认为就怎么说，只要你说出真心话。

② 你的意见代表其他很多像你一样的消费者的意见，所以很重要。

③ 应该认真听取别人意见，不允许嘲笑贬低。

④ 不要互相议论，应该依次大声说出。

⑤ 不要关心主持人的观点，主持人不是专家。

⑥ 如果你对某个话题不了解或没有见解，不必担心，也不必勉强地临时编撰。

⑦ 为了能在预定时间内完成所有问题，请原谅主持人可能会打断你的发言等。

（2）促使小组成员一起开始热烈讨论。主持人要善于掌握讨论方向，要保证讨论的话题与调研课题有关，至少不应离课题太远。当出现走题时，要不露声色地重新提起主题，使讨论回到主题上来；当出现冷场时，要鼓励小组成员畅所欲言，形成团体意识，并促进感情交流。主持人要不断调整小组成员发言的次数，力求每人发言次数平均，不鼓励喋喋不休的成员。为避免出现领导力量，要有效掌握讨论的控制权。

要做好座谈会记录。座谈会一般由专人负责记录，同时还常常可以通过录音、录像等方式记录。

（3）小结。当有关问题都讨论过后，可简要地概括一下讨论的内容并表示谢意，发放礼金或礼品。

经典案例

Skyline 公司的儿童玩具调研

Skyline 公司产品开发部门的一群玩具设计师想直接从儿童那里得到一些反馈信息。他们的做法是组织一个长达六周的小组座谈，内容主要是玩，父母们非常乐意送他们的孩子参加每周一小时的休闲活动。事实上，他们还能得到 30 美元的报酬。小组座谈的地点安排在当地的公园或学校。调研人员给孩子们带来玩具然后就看他们玩，观察他们会选择哪个玩具，哪个玩具不好操作。玩的过程中，调研人员也会问孩子为什么喜欢某个玩具胜过另外一个。此后，他们还会通过对父母的调查来了解孩子喜欢什么玩具。

(四) 个别深度访谈法

▶ **1. 个别深度访谈法的含义**

个别深度访谈法又名深层访谈法，是一种无结构的、直接的、个人的访问。在访问过程中，一个掌握高级技巧的调查员深入地访问一个被调查者，以揭示对某一问题的潜在动机、信念、态度和感情。

调查员和一名被调查者在轻松、自然的气氛中围绕某一问题进行深入的讨论，目的是让被调查者自由发言，充分表达自己的观点和情感。个别深度访谈法适用于了解复杂、抽象的问题，这类问题往往不是三言两语就可以说清楚的，只有通过自由交谈，对所关心的主题深入探讨，才能从中概括出所要了解的信息。

与焦点小组访谈法一样，个别深度访谈法主要也是用于获取对问题的理解和深层了解的探索性研究。不过，个别深度访谈法不如焦点小组访谈法使用普遍。例如，为发掘目标顾客购买某产品的深层动机时，可采用个别深度访谈法。在某些调查过程中，研究者为消除被调查者的自我防卫心理，可以采用文字联想法、语句完成法、角色扮演法之类的技巧来对顾客进行访问。

▶ **2. 个别深度访谈法的适用场合**

（1）对被调查者想法的仔细探究（例如汽车购买过程）。

（2）讨论秘密、敏感或者令人尴尬的问题（个人财务、管理等）。

（3）在很强的社会规范和社会认同力的情况下，个人意见很容易受到群体互动左右（如中学生对待网络的态度）。

（4）对于复杂行为的仔细剖析（例如超市中的购物选择）。

（5）对专业人士或高端人士的访问（如产业研究）。

（6）对竞争对手的研究（如竞争中的旅行社管理者的访问）。

（7）消费经验受到情绪、气氛与社会时尚（如香水、首饰的品牌价值）的高度影响。

▶ **3. 个别深度访谈法的优劣势分析**

（1）个别深度访谈法的优势如下：

① 消除了被调查者的群体压力，因而每个被调查者会提供更真实的信息。

② 一对一的交流使被调查者感到自己是注意的焦点，更容易与调查者进行感情上的交流与互动。

③ 在单个个体上的交流时间较多，这可以鼓励他们提供更新、更多的信息。

④ 可以更深入地揭示隐藏在表面陈述下的感受和动机。

⑤ 因为不需要保持群体秩序，所以更容易临场发挥。

⑥ 特殊情况下，深度访谈是唯一获取信息的方法，如竞争者之间的调查和有利益冲突的群体之间的调查等。

⑦ 访问的弹性相当大。可以重复询问，可以对问题做解释，以保证被调查者明白问题的含义以及调查员明白被调查者回答的真正意思。

（2）个别深度访谈法的劣势如下：

① 调查成本较高。

② 调查速度较慢，每天完成的调查样本量较少。

③ 访问结果的质量过于依赖调查人员的水平与技巧。

④ 相对访问时间较长，可能会影响调查者和被调查者的情绪。

⑤ 开放式问题，不同人对结果的解读有时会出现较大差异。

▶ **4. 个别深度访谈法的工作流程**

常采用的个别深度访谈流程如下。

（1）接收任务书。

（2）制定约人方案：确认被访者条件、确认配额、准备确认甄别问卷、制定劳务费标准、购买礼品、准备礼金。

（3）预约被访者。

① 培训联络者：说明被访者条件、公司的介绍信及访问说明、劳务费标准、访问时间、约人注意事项、约人终止时间。

② 为避免预约到有重大变故的被访者，要求访问员在约定的时间内将被访者的情况及时反馈给公司。

③ 根据被访者的背景情况，对预约被访者进行甄别。多约几人备用（具有相同背景的人选）；可以采用突然发问等形式的侧面甄别技术；同一个访问员所约的被访者之间不能相互认识，并且不能是同一单位的；最后确认访问时间。

④ 被访者配额、行业、职务、从业工龄、生活背景应该均匀分布。

⑤ 将时间安排、访问安排传真给客户，如有变动应及时取得联系。

（4）正式访问：访问员一对一地与被访者进行现场访问，使用现场录音（有时因访问内容敏感，受访者不愿接受录音）或书面记录，访谈结束向受访对象发放礼金或礼品，及时回收问卷、记录、录音等。

（5）撰写访问小结，与其他资料一起呈送委托方。

▶ **5. 个别深度访谈的技巧**

（1）获得合作。访问员的首要任务是获得被访者的合作。访问员面对的是不同阶层、不同年龄的被访者，他们一般并不认识访问员，往往根据访问员的服饰、发型、性格、年龄、声调、口音等来决定是否采取合作态度。因此，访问员必须保持端正的仪容、用语得体、口齿伶俐、态度谦和礼貌，给人以亲切感，使被访人员较易放心地接受访问。

自我介绍是访问开始时的重要步骤之一，访问员应使被访者感到他（她）是可信的。

如果访问备有礼品，在访问开始时，访问人员可以委婉地暗示："我们将耽误您一点时间，届时备有小礼品或纪念品以示谢意，希望得到您的配合。"但切不可过分渲染礼品，以免让他（她）觉得难堪，有贪小便宜之嫌，反而拒绝接受访问。

调查员的作用对深度访谈的成功起决定性作用，调查员应当做到：

① 避免表现自己的优越和高高在上，要让被访者放松。

② 超脱并客观，但又要有风度和人情味。

③ 以提供信息的方式问话。

④ 不要接受简单的"是"或"不是"的回答。

⑤ 刺探被访人的内心。

（2）询问问题。比较常用的深度访谈技术主要有三种：阶梯前进、隐蔽问题寻探和象征性分析。

① 阶梯前进是顺着一定的问题线进行探索，例如，从产品的特点一直到使用者的特点，使调查员有机会了解被访者思想的脉络。

② 隐蔽问题寻探是将重点放在个人的"痛点"而不是社会的共同价值观上，放在与个人深切相关的而不是一般的生活方式上。

③ 象征性分析是通过反面比较来分析对象的含义。要想知道"是什么"，先想办法知道"不是什么"。例如，在调查某产品时，其逻辑反面是：产品的不适用方面、"非产品"形象的属性，以及对立的产品类型。

访问人员也应懂得"得寸进尺"和"进尺得寸"的技巧。所谓"得寸进尺"，是指假如我们能让别人接受我们提出的小请求，则再让别人接受更大请求的可能性会比以前不曾向其提出过请求的情况下的可能性来得大。所谓"进尺得寸"，是指假如我们首先提出一个很大而别人不易接受的请求，然后再提出一个小请求，那么别人接受小请求的可能性要比先前不曾提出大请求的情况下的可能性大。据此，访问人员起初可用一个很大的几乎每个人都会拒绝的请求开始，然后要求一个小小的照顾，即请求进行一次短的调查，那么获得访问的可能性就大。掌握这两个技巧有助于改善现场工作效果。

访问调查中，向被调查者询问问题是必不可少的，而访问人员掌握表达问题的艺术是非常重要的，因为这方面的偏差可能是访问调查误差的一个重要来源。

询问问题的主要原则是：① 用问卷中的用词来询问；② 慢慢地读出每个问题；③ 按照问卷中问题的次序发问；④ 详细地询问问卷中的每个问题；⑤ 重复被误解的问题。

在许多场合，被访者会自愿提供一些与下面估计要问的问题相关的信息，在这种情况下，访问人员不是跳到回答的那个问题，而是要调整应答者的思路，使其不要离题太远，但又不能影响应答者的情绪。

（3）适当追问。追问是进行开放性问题调查的一种常用技术，开放性问题对访问员来讲具有更大的难度，但开放性问题可以让被访者充分发表意见，使调查获取更多的信息。

追问可以分为两类，一类是勘探性追问；另一类是明确性追问即澄清。勘探性追问是在被访者已经回答的基础上，进一步挖掘询问问题的方法，目的在于引出被访者对有关问题的进一步阐述；明确性追问是让被访者对已回答的内容做进一步详细的解释，目的在于进一步明确被访者给出的答案。

是否具有使用中性的刺激来鼓励被访者给出澄清或扩展他们回答的能力是判断访问人员是否有经验的标志。访问人员可根据情况选择以下不同的追问技巧。

① 重复问题。当应答者保持完全沉默时，他（她）也许没有理解问题，或者还没有决定怎样来回答，重复问题有助于被访者理解问题，并会鼓励其应答。

② 观望性停顿。访问人员认为被访者有更多的内容要说，伴随着观望性注视，也许会鼓励应答者收集他（她）的思想并给出完整的回答。

③ 重复应答者的回答。访问人员记录回答时，他（她）可能会逐字重复应答者的回答，这也许会刺激应答者扩展他（她）的回答。

④ 中性的问题。问一个中性的问题也许会具体向应答者指明要寻找的信息类型，例如，如果访问人员认为应答者的动机应当澄清，他（她）也许会问："为什么您这样认为呢？"如果访问人员感到需要澄清一个词或短语，他（她）也许会问："您的意思是？"

第三节　营销调研策划书

一、调研程序与调研计划

市场调研策划是由一系列判断与选择组成的过程。为了解决一些特殊问题，它需要按照市场调研的程序，一步一步地对收集和分析资料的方法加以选择和限定。有效的营销调研包括5个步骤：①确定调研专题和调研目标；②制订调研计划；③实施调研计划；④调研信息处理；⑤撰写调研报告。

（一）确定调研专题和调研目标

首先，要明确调研的目的，也就是通过调研分析，要实现什么营销目标。是研判企业所处行业的整体发展趋势，还是竞争对手的营销战略？是企业新产品的推广，还是公司的近远期规划？

其次，要明确调研的范围。根据调研目的，确定企业要通过此次调研获得哪些方面的资料，对自己所要收集的有关信息的范围做出一个明确的界定，只有明确范围，才能够集中有效的人力、物力、财力来进行情报的收集。如果是胡子、眉毛一起抓，信息的收集虽然比较全面，但是很容易造成主次不分。

（二）制订调研计划

明确调查目的后，围绕这一重点，企业要编制市场调研的计划书，制定具体的工作方案。

市场调研计划是市场调研策划的一个阶段性成果，要以书面的形式提供给有关人员。具体调研实施工作的先头工作是市场调研计划，但只是相对的。在实际中，调研人员需要先做试探性和方向性的初步调研，然后再进行更为细致和全面的调研设计。

市场营销调研计划的主要内容包括调研目的、调查内容、调查对象、调查方法，以及调查开展的时间和地点、人员安排、预算、问卷设计等。

（三）实施调研计划

▶ 1. 选择调研方法

按照市场营销调研的计划开展调研工作，进行资料的收集。资料的收集有两种方法：实地调研和文案收集。实地调研主要是通过观察、问卷、访谈和实验等进行的调查；文案收集主要是收集发表在书籍、报刊或网络上的信息资料。选择好调研方法后，根据人员安排，即可在预定的时间、地点对相关对象进行调查。

▶ 2. 选择调研人员

在调查之前，由于企业往往缺乏有经验的调研人员，所以，可以先对调查人员进行简单的培训，目的是使他们对调研方案、调研技术、调研目标，以及与此项调研有关的经济、法律等知识有明确的了解，以提高工作效率和准确度。

▶ 3. 调研过程的监督与控制

在调研过程中，要对调研工作进行监督和控制，及时解决可能出现的问题。

调研之后，要对调研工作进行总结，以便以后更好地开展工作。

在此，我们要特别强调，策划人员一定要亲自参与到调研中去，尤其是对于关键信息、核心信息的收集。因为，策划人员只有亲自参与，才能对市场信息有最准确的理解和把握，才能使策划建立在扎实的情报基础之上。

（四）调研信息处理

实施调研计划后，要对收集的信息资料进行整理、统计和分析。首先，要筛选有用的资料，剔除无用的或不符合要求的资料；其次，将有用的资料进行分类统计；最后，要进行数据的比较和表格制作，使资料更加直观、明了。

通常情况下，企业在进行市场调查资料分析时，可以使用五种基本方法：百分率法、指数法、对比价值法、比较年份法、平均数法。

（五）撰写调研报告

通过资料的统计与分析，根据市场调研的目的，撰写市场调研报告。在报告中，要对调研分析的结果进行客观的汇报，同时提出调研过程中发现的问题，并提出相关的市场建议。

经典案例

北京地区摇摆机市场调研计划书

一、前言

健身器材市场是近一两年新兴起来的消费品市场之一，摇摆机更是新兴市场中的新兴产品。据宏观预测，该市场成长曲线呈上升趋势。

为配合"三来"摇摆机进入北京市场，评估摇摆机行销环境，制定相应的广告策略及营销策略，预先进行北京地区健身器材市场调查大有必要。

本次市场调查将围绕策划金三角的三个立足点：消费者、市场、竞争者来进行。

二、调查目的

本调查的主要目的是为该产品进入北京市场进行广告策划提供客观依据，并为该产品的销售提供客观依据。

具体包括以下内容：

（1）了解北京地区摇摆机市场状况。

（2）了解北京地区消费者的人口统计学资料，测算摇摆机的市场容量及潜力。

（3）了解北京地区消费者对健身器材消费的观点和习惯。

（4）了解北京地区已购买摇摆机的消费者的情况。

（5）了解竞争对手的广告策略和销售策略。

三、市场调查内容

（一）消费者

（1）消费者的统计资料（年龄、性别、收入、文化程度、家庭构成）。

（2）消费者对健身器材的消费形态（健身方式、健身花费、健身习惯、健身看法等）。

（3）消费者对健身器材购买形态（购买过什么器材、购买地点、选购标准、付款方式等）。

（4）消费者理想的健身器材描述。

（5）消费者对健身器材类产品广告的反应。

（二）市场

（1）北京地区健身器材的种类、品牌、销售情况。

（2）北京地区健身器材市场的消费者需求及购买力状况。

（3）北京地区健身器材市场的潜力测评。

（4）北京地区健身器材销售渠道状况。

（三）竞争者

（1）北京地区有哪几类健身器材，已有的摇摆机品牌、产区、价格。

（2）市场上现有摇摆机的销售状况。

（3）各品牌、各类型摇摆机的主要购买者描述。

（4）竞争对手的广告策略和销售策略。

四、调查对象及抽样

因为摇摆机为新兴商品，目前北京市场上多以进口品牌为主，高档次、高价位，一时尚未能进入工薪阶层，购买者都为收入较高者，所以，在确定调查对象时，适当针对目标消费者，点面结合，有所侧重。

调查对象组成及抽样如下：

消费者：300户，其中家庭月收入 30 000 元以上的占 50%。

经销商：20家，其中，大型综合商场 6 家；中型综合商场 4 家；健身器材专卖店 4 家；体育器材专卖店 4 家；小型综合商场 2 家。

消费者样本要求：

（1）家庭成员中没有人在健身器材生产单位或经销单位工作。

（2）家庭成员中没有人在市场调查公司工作。

（3）家庭成员中没有人在广告公司工作。

（4）家庭成员中没有人在最近半年中接受过类似产品的市场调查测试。

五、市场调查方法

以访谈为主，户访、售点访问为辅。

访员要求：

（1）仪表端正、大方。

（2）举止谈吐得体，态度亲切、热情，具有把握谈话气氛的能力。

（3）经过专门的市场调查培训，专业素质较好。

（4）具有市场调查访谈经验。

（5）具有认真负责、积极的工作精神及职业热情。

六、市场调查程序及安排

第一阶段：初步市场调查。

第二阶段：计划阶段，制订计划 2 天，审定计划 2 天，确认并修正计划 1 天。

第三阶段：问卷阶段，问卷设计 2 天，问卷调整、确认 2 天，问卷印制 3 天。

第四阶段：实施阶段，访员培训 2 天，实施执行 10 天。

第五阶段：研究分析，数据输入处理 2 天，数据研究分析 2 天。

第六阶段：报告阶段，报告书写 2 天，报告打印 2 天。

调查实施计划、问卷确认后第四天执行。

七、经费预算(略)

二、调研报告

市场调研的最终结果要通过市场调研报告来展现，一份好的调研报告可以清晰地向我们展现企业所处的环境、营销现状，指明所面临的营销问题。

市场调研报告一般由标题、目录、概述、正文、结论与建议、附件等几部分组成。

▶ 1. 标题

标题和报告日期、委托方、调查方，一般应打印在扉页上。

▶ 2. 目录

如果调研报告的内容、页数较多，为了方便读者阅读，应使用目录的形式列出报告所包括的主要章节和附录，并注明标题、有关章节号码及页码，目录的篇幅不宜超过一页。

▶ 3. 概述

概述主要阐述市场调研的基本情况，主要包括三方面内容：第一，此次调查的目的，简要地说明调查的背景和委托调查的原因；第二，介绍调查对象和调查内容，包括调查时间、地点、对象、范围、调查要点等；第三，简要介绍调查研究的方法和过程。

▶ 4. 正文

正文是市场调研报告的核心部分。这部分主要是通过对问卷的统计，对调研所得的数据进行分类、分析和评论，为决策者进行独立思考提供全部调查结果和必要的市场信息。

▶ 5. 结论与建议

结论与建议是撰写综合分析报告的主要目的。这部分主要是对正文部分数据分析的总结，指明数据反映的主要问题，提出有效解决某一具体问题的方案与建议。结论和建议与正文部分的论述要紧密对应，不可以妄下结论。

▶ 6. 附件

附件是指调研报告正文包含不了或没有提及，但与正文有关必须附加说明的部分。它是对正文报告的补充或更详尽说明，包括数据汇总表及原始资料、背景材料等。

通常调研报告要提交企业领导审阅讨论，因此，在编写市场调研报告时，要力求条理清楚、言简意赅、易读好懂。

第四节 网络调查

一、网络调查的含义

网络调查又称在线调查，是指通过互联网及其调查系统进行调查设计、收集资料和初步分析的活动，包括三个部分：客户、调查系统、参与人群。网络调查充分利用了互联网的互动性、实时性、方便性、低成本等优点。

市场调查包括收集一手资料和收集二手资料两种方式，因此，利用互联网进行市场调查，相应也有两种方式：一种是利用互联网直接进行问卷调查等方式收集一手资料，称为网上直接调查；另一种是利用互联网的媒体功能，从互联网收集二手资料。由于传统媒体、政府机构、企业等社会组织的信息都可以通过互联网查询，因此充分挖掘网络信息资源可以取得事半功倍的效果。这种方式一般称为网上间接调查。

二、网络调查的特点

网络调查的实施可以充分利用互联网作为信息沟通渠道的开放性、自由性、平等性、广泛性和直接性的特性，使得网络调查具有传统的市场调查手段和方法所不具备的独特特点和优势。

(一) 网络调查的优点

▶ 1. 及时性

网络调查是开放的，任何网民都可以进行投票和查看结果，而且在投票信息经过统计分析软件初步自动处理后，可以马上查看到阶段性的调查结果。

▶ 2. 低费用

实施网络调查节省了传统调查中耗费的大量人力和物力。

▶ 3. 交互性

网络的最大好处是交互性，因此进行网络调查时，被调查者可以及时就问卷相关问题提出更多的看法和建议，可减少因问卷设计不合理导致的调查结论偏差。

▶ 4. 客观性

实施网络调查，被调查者是在完全自愿的原则下参与调查，调查的针对性更强，因此问卷填写信息可靠、调查结论客观。

▶ 5. 突破时空性

网络调查可以是 24 小时全天候的调查，这就与受区域制约和时间制约的传统调研方式有很大不同。

▶ 6. 可控制性

利用互联网进行网络调查收集信息，可以有效地对采集信息的质量实施系统的检验和控制。

▶ 7. 高效率

网络调查的高效率体现在两个方面。

(1)问卷回收快。如果放在大流量的门户网站上,每天可回收上千份以上问卷。而传统发放问卷的方式则需要耗费大量人力和时间。

(2)计算速度快。网络调查的数据是直接存入数据库的,而传统的问卷回收之后还需要进行录入,录入过程中也难免出错。

(二)网络调查的缺点

网络调查的缺点也很明显。

(1)样本的局限性。网民的年龄构成、教育程度及对网络调查的参与意愿都有较大差别,所以严格地说,调查结果只能反映部分网民的意见。

(2)难以调动被调查者的积极性。被调查者容易被中断,认真完成问卷的被调查者往往对调查问题感兴趣,这一特点使调查无法得到对调查问题意见较为中立的人群的意见。

三、网络调查的主要方法

(一)网上问卷调查法

网上问卷调查法是在网上发布问卷,被调查者通过网络填写问卷,完成调查。根据所采用的技术,网上问卷调查一般有两种:一种是站点法,即将问卷放在网络站点上,由访问者自愿填写;另一种是通过电子邮件将问卷发送给被调查者,被调查者收到问卷后,填写问卷,点击"提交",问卷答案则发送到指定的邮箱。被调查者在填写问卷时甚至不用上网,他们可以将电子邮件下载下来,在发送结果时上线提交即可。电子邮件调查有局限性,问卷的交互性很差,并且数据的处理会很麻烦,每份问卷的答案都是以邮件形式返回,必须重新导入数据库进行处理。网上问卷调查法是网络调查最常用的方法,它比较客观、直接,但不能对某些问题做深入的调查和分析。

淘宝网设计的网络调查活动如图 4-1 所示。

(二)网上讨论法

网上讨论法可通过多种途径实现,如 BBS、ICQ、网络实时交谈、网络会议等。主持人在相应的讨论组中发布调查项目,请被调查者参与讨论,发布各自的观点和意见,或是将分散在不同地域的被调查者通过互联网视讯会议功能虚拟地组织起来,在主持人的引导下进行讨论。网上讨论法是焦点小组访谈法在互联网上的应用。它的结果需要主持人加以总结和分析,对信息收集和数据处理的模式设计要求很高,难度较大。

(三)网上观察法

网上观察法是对网站的访问情况和网民的网上行为进行观察和监测。大量网站都在做这种网上监测。使用这种方法最具代表性的是法国的 NetValue 公司,它的重点是监测网络用户的网上行为,号称是"基于互联网用户的全景测量"。它的主要特点是首先通过大量

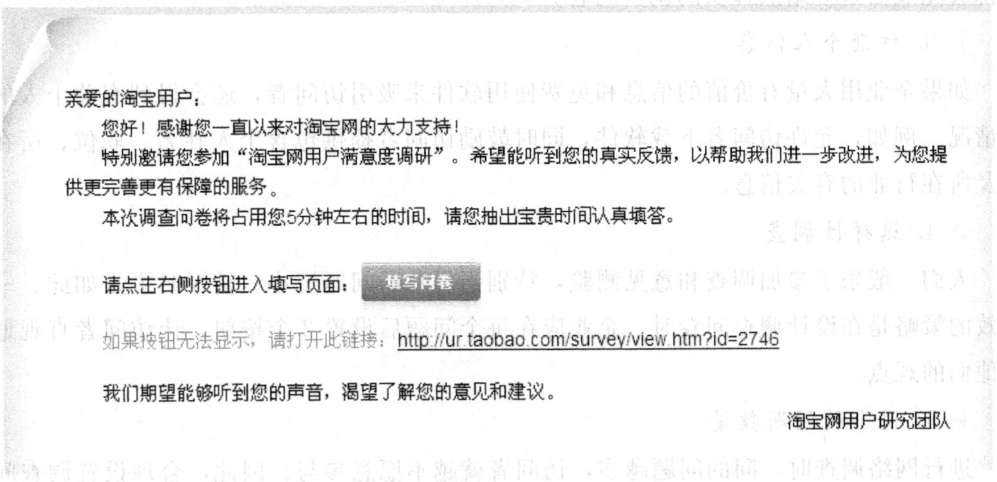

亲爱的淘宝用户：

您好！感谢您一直以来对淘宝网的大力支持！

特别邀请您参加"淘宝网用户满意度调研"。希望能听到您的真实反馈，以帮助我们进一步改进，为您提供更完善更有保障的服务。

本次调查问卷将占用您5分钟左右的时间，请您抽出宝贵时间认真填答。

请点击右侧按钮进入填写页面：　填写问卷

如果按钮无法显示，请打开此链接：http://ur.taobao.com/survey/view.htm?id=2746

我们期望能够听到您的声音，渴望了解您的意见和建议。

淘宝网用户研究团队

图 4-1　淘宝用户满意度调查界面

的计算机辅助电话调查获得用户的基本人口统计资料，然后从中抽出样本，招募自愿受试者，下载软件到用户的计算机中，由此记录被试者的全部网上行为。NetValue 的独特之处在于：一方面，一般的网上观察是基于网站的，通过网站的计数器来了解访问量、停留时间等，而 NetValue 的测量则是基于用户的，可以全面了解网站和用户的情况；另一方面，NetValue 的调查是目前世界上唯一基于 TCP/IP 进行的，即它不仅记录了用户访问的网站，而且还记录了用户的上传和下载软件、收发电子邮件等全部网上行为，因此称为"全景测量"。

四、网络调研策略

企业在进行网络调查时，必须采取一定的策略。

▶ **1. 电子邮件与来客登记**

互联网能在企业和用户之间搭起一座友谊的桥梁，而在其中起关键作用的是电子邮件和来客登记簿。电子邮件可以附有 HTML 表单，用户能在表单界面上单击相关主题并且填写附有收件人电子邮件地址的有关信息，然后回发给企业。来客登记簿是由用户填写并回发给企业的表单。如果企业愿意的话，所有的用户都能读到有关企业情况的内容。企业通过电子邮件和来客登记簿能获得有关访问者的详细信息。如果有相当人数的访问者回应，企业就能统计分析出产品的销售情况。

▶ **2. 物质鼓励**

如果企业能够提供一些奖品或者免费商品，会更容易从访问者那里得到想要知道的信息，包括姓名、住址和电子邮件地址。这种策略被证明是有效可行的，它能减少因访问者担心个人站点被侵犯而发出不准确信息的数量，从而使企业提高调研的工作效率。互联网上有为数不多的站点能给访问者发放奖金或给予其他奖励，但这需要访问者填写一份包括个人习惯、兴趣、假期、特长、收入等个人情况的调查问卷。因为有物质奖励，许多访问者都会完成由这些站点提供的调查问卷。

▶ 3. 注册个人信息

如果企业用大量有价值的信息和免费使用软件来吸引访问者，还会得到有关个人的详细情况。例如，允许访问者下载软件，同时鼓励访问者提供包含个人姓名、职位、所在公司及所在行业的有关信息。

▶ 4. 选择性调查

人们一般乐于参加调查和意见测验，特别当提及的问题短小、精悍时更是如此。一个有效的策略是在设计调查问卷时，企业应在每个问题后设置 2 个按钮，让访问者直观地表达他们的观点。

▶ 5. 适当的问题数量

进行网络调查时，问的问题越多，访问者就越不愿意参与。因此，合理设置调查问卷中所含问题的数量是设计调查问卷的一个技巧。行业不同，调查问题的最佳数目各不相同，同时，调查问卷中问题的答案选项也应提供给访问者相应的信息。

经典案例

Yahoo! 的用户分析调研

Yahoo! 曾授权英国营销调研公司——"大陆研究"对德国及法国网络使用者进行分析调研。同时，"大陆研究"公司将与纽约一家名为 Quantize 的公司合作完成此项目，该公司提供抽样调研软件及服务设备。

两公司设计了一个两阶段调研计划。第一阶段，收集德国、法国及美国的 Yahoo! 商业用户及一般用户访问 Yahoo! 网站的数据，了解其上网动机及主要网上行为。这就要求 Yahoo! 做到所有的调研及回答过程都必须使用被访者的本国语言。同时，还要求被访者提供电子邮箱以备第二阶段调研的再次联系。第二阶段，吸引、督促被访者参与、完成调研，以确保收集到最佳信息，进行深度调研。

第一阶段：收集数据。

第一阶段的调研包括 10 个问题，涉及被访者的媒体偏好、教育程度、年龄、消费模式等。设计 Yahoo! 互联网使用软件的主要目的就是使其保持与 Quantize 公司已有计算机辅助电话调查系统设备的一致性。因为使用的是同种语言，因此互联网调研在逻辑上与计算机辅助电话调查系统调研相似。复杂的循环及随机程序能保证所收集数据的稳定性。

约有 10%的被访者没有完成全部问卷。但这些费用几乎为零，所以没有造成什么损失。在第二阶段中，对已留下电子邮箱的人进行深度调研时，可以在其上次中断的地方进行重新访问。这样做虽然使第二阶段的问卷相对长了些，但中途断线率降到 5%～6%。

第二阶段：深度调研。

第二阶段则对那些在第一阶段中留下了电子邮箱地址并同意继续接受访谈的人进行深度调研。这些被访者将收到电子邮件通知，告知他们调研的网址。第二阶段的询问调研要比第一阶段长，它会涉及一系列有关生活方式的深度研究问题。由于"大陆研究"公司已经认识了这些被访者，因此公司要求受访者进行登记，这样能够准确计算回答率。如果需要的话，公司还将寄出提醒卡，以确保每位参访者只进行一次回答。实际上，在发出电子邮件通知后的一周内，调研者便收到了预期的样本数目，根本无须进行提醒。

资料来源：网络营销[M]. 杭州：浙江大学出版社.

经典案例

丰田公司如何进军美国市场

丰田车首次进入美国市场，年销量仅为 288 辆。

丰田进入美国的第一种试验型客车是一场灾难，这种车存在严重的缺陷：引擎的轰鸣声类似于载重卡车，车内装饰粗糙又不舒服，车灯太暗不符合标准，块状的外形极为难看。该车定价 2 300 美元，其竞争对手大众牌甲壳虫售价仅为 1 600 美元。结果，只有 5 位代理商愿意经销其产品，而且在第一个销售年度只售出 288 辆。1960 年，美国汽车中心底特律相继推出了 Falcon、Valiant、Corsair 等竞争性小汽车品牌，迫使丰田公司进行紧缩。

面对困境，丰田公司不得不重新考虑怎样才能成功地打进美国市场。他们制定了一系列的营销战略，其中最重要的一步就是进行大规模的市场调研工作，以把握美国的市场机会。

调研工作在两条战线上展开：①对美国的代理商及顾客需要什么，以及他们无法得到的是什么等问题进行彻底的研究；②研究外国汽车制造商在美国的业务活动，以便找到缺口，从而制定更好的销售和服务战略。

丰田公司通过多种渠道收集信息。除了日本政府提供信息外，丰田公司还利用商社、外国人及本公司职员来收集信息。丰田公司委托一家美国的调研公司去访问大众汽车的拥有者，以了解顾客对大众汽车的不满之处。这家调研公司调查了美国轿车风格的特性、道路条件和顾客对物质生活用品的兴趣等几个方面。从调查中，丰田公司发现了美国市场由于需求趋势变化而出现的产销差距。

调查表明，美国人对汽车的观念已由地位象征变为交通工具。美国人喜欢有伸脚空间、易于驾驶和行驶平稳的美国汽车，但希望在购车、节能、耐用性和易保养等方面的花费降低。丰田公司还发现顾客对日益严重的交通堵塞状况的反感，以及对便于停放和比较灵活的小型汽车的需求。

调查还表明，大众牌甲壳虫汽车的成功归因于它所提供的优良服务。由于向购车者提供了可以信赖的维修服务，大众汽车公司得以消除顾客所存有的买外国车花费大，而且一旦需要时却经常买不到零配件的顾虑。

根据调查结果，丰田公司开发了一种新产品——皇冠牌（Crown）汽车，一种小型的、驾驶和维修更经济实惠的美国式汽车。

经过不懈努力，到 1980 年，丰田汽车在美国的销售量已达到 58 000 辆，是 1975 年销售量的 2 倍，占美国进口汽车总额的 25%。

思考：

（1）丰田公司的调查内容有哪些？

（2）丰田公司采用了哪些调查方式？

思考题

1. 为什么说营销调研是营销策划的基础？

2. 营销调研的主要方式有哪些？各有何优、缺点？

3. 为什么说随机抽样调查是一种科学、高效的调研方法？

4. 网络调查分为哪几类？网络调查的优点与缺点分别是什么？

5. 网络调查的主要方法有哪些？

第五章
营销环境分析

知识目标

1. 了解行业分类及其特征，以及行业宏观环境，理解行业需求特性和行业供给特性；

2. 掌握消费者分析、竞争者分析、供应商分析的方法；

3. 了解网络时代的消费特征、影响消费者网络购物的因素分析，掌握网络购物时消费者的购买决策过程。

第 一 节 行 业 分 析

企业的市场营销活动会受到外部环境的影响，外部环境可以具体地分成宏观环境、中观环境和微观环境。宏观环境对整个国民经济构成影响，反映社会经济的总体状况；中观环境代表一个行业的发展状态和发展趋势，对企业经营有着更为直接的影响；微观环境是直接影响企业运营的外部环境。本文着重研究企业的中观环境和微观环境。外部环境因素的变化是一般企业所不能控制的，企业只能认识和适应它，并在此基础上利用它。企业的营销策划必须在对外部环境充分调查与分析的基础上进行。

一、行业概述

（一）行业分类
所谓行业，是指从事国民经济中同性质的生产或其他经济社会活动的经营单位和个体等构成的组织结构体系，如林业、汽车业、银行业、房地产业等。我国《国民经济行业分类》于 1984 年首次发布，分别于 1994 年、2002 年、2011 年、2017 年进行修订。现行的《国民经济行业分类》(GB/T 4754—2017)于 2017 年 10 月 1 日起实施。

2017 版《国民经济行业分类》包括 20 个门类，如表 5-1 所示。

表 5-1　国民经济行业分类

代码	类别名称
A	农、林、牧、渔业
B	采矿业
C	制造业
D	电力、热力、燃气及水生产和供应业
E	建筑业
F	批发和零售业
G	交通运输、仓储和邮政业
H	住宿和餐饮业
I	信息传输、软件和信息技术服务业
J	金融业
K	房地产业
L	租赁和商务服务业
M	科学研究和技术服务业
N	水利、环境和公共设施管理业
O	居民服务、修理和其他服务业
P	教育
Q	卫生和社会工作
R	文化、体育和娱乐业
S	公共管理、社会保障和社会组织
T	国际组织

(二) 行业的基本特征

每个行业都是由无数同类性质的企业组成的，对于企业的经营活动来说，行业实际情况是最直接、最重要的外部环境。

行业的基本特征包括以下几点。

(1) 行业定义与分类，包括行业的性质、行业的细分领域。

(2) 行业的市场容量，是行业规模的重要指标，一般以行业销售收入或产量表示。

(3) 行业市场增长率、利润率及发展趋势。

（4）行业生命周期。

（5）国民经济地位。例如，基础产业、支柱产业、重点发展产业、趋势产业在国民经济中具有不同的地位与特征。

（6）资源或技术特征，可分为劳动密集型行业、资金密集型行业和技术密集型行业，还可以进一步考察行业资源的可靠性和技术前瞻性等。

（7）基本竞争态势，包括市场结构形态、主要的公司规模与实力。

（8）客户数量与特点，包括客户的年龄分布、需求因素、渠道类型。

二、行业宏观环境

（一）国内外经济形势

国内外经济形势包括全球经济增长状况、国际贸易状况、国内经济增长状况，主要经济体的经济政策等。

（二）产业政策

产业政策是政府为了实现一定的经济和社会目标而对产业的形成和发展进行干预的各种政策的总和。产业政策的功能主要是弥补市场缺陷，有效配置资源；保护幼小民族产业的成长；缓和经济震荡；发挥后发优势，增强适应能力。

我国的产业政策极少以法律的形式出现，主要为规划、目录、纲要、决定、通知、复函等文件。

产业政策体系包括以下四个方面。

▶ **1. 产业结构政策**

产业结构政策是产业政策的重要组成部分，是指一国政府依据本国在一定时期内产业结构的现状，遵循产业结构演进的一般规律，规划产业结构逐渐演进的目标，并分阶段地确定重点发展的战略产业，实现资源的重点配置，引导国家经济向新的广度和深度发展的政策。

产业结构政策按照政策目标和措施的不同，可以划分为多种不同的类型，主要有主导产业选择政策、战略产业扶植政策、衰退产业撤让政策、幼小产业保护政策、产业的可持续发展政策。

▶ **2. 产业布局政策**

产业布局政策是指政府机构根据产业的经济技术特性、国情、国力状况和各类地区的综合条件，对若干重要产业的空间分布进行科学引导和合理调整的意图，以及相关政策措施。产业布局政策包括以下内容。

（1）国家产业布局战略，完善产业投资环境，加速产业集中，优化区域产业结构。

（2）地区发展重点产业的选择政策。

▶ **3. 产业组织政策**

产业组织政策是政府为实现产业目标而对某一产业或企业采取的鼓励或限制性的政策

措施。

从政策导向角度来看，各国已有的产业组织政策通常分为两类：一是竞争促进政策，鼓励竞争、限制垄断，主要有反垄断政策或反托拉斯政策、反不正当竞争行为政策及中小企业政策等，它着眼于维持正常的市场秩序；二是产业合理化政策，主要适用于自然垄断产业，鼓励专业化和规模经济，它着眼于限制过度竞争，直接表现为政府的规制政策。

▶ **4. 产业技术政策**

产业技术政策是指国家制定的用于引导、促进和干预产业技术进步的政策的总和。它以产业技术进步为直接的政策目标，是保障产业技术适度和有效发展的重要手段。产业技术政策包括产业技术进步的指导性政策、产业技术进步的组织政策和产业技术进步的奖惩政策。

（三）技术进步

技术进步对行业的影响是巨大的。例如，电灯的出现极大地削减了对煤气灯的需求，电力行业逐渐取代蒸汽动力行业。追求技术进步是时代的要求，众所周知，我们所处的时代是科学技术日新月异的时代，新兴学科的不断涌现，技术进步速度的不断加快，使得不断出现新行业的同时，也在不断地淘汰旧行业。例如，大规模集成电路计算机代替了一般的电子计算机，通信卫星代替了海底电缆等。新产品在定型和批量生产后，市场价格会大幅度下降，从而很快被消费者所接受，新兴行业这时就会替代旧的行业。

（四）社会习惯改变

随着人们生活水平和受教育水平的提高及社会文明程度的变化，人们的消费心理、消费习惯和社会责任感会逐渐改变，从而引起对某些商品的需求变化并继而影响到相关行业的兴衰。人们在解决了基本温饱之后，会更注意生活的质量，绿色食品和天然材料的纺织品（如纯棉衣物）备受人们青睐；在健康方面，人们不再盲目追求保健品而转向更有效的体育锻炼；在物质生活丰富后，人们更注重智力投资和丰富的精神生活，旅游、音响成了新的消费热点；越来越快的生活节奏使人们更偏好便捷的交通工具和道路，汽车进入中国人的家庭；高度工业化及生活现代化使人们认识到保护生存环境免受污染的重要性，工业部门在与环保有关的设备和技术上的投入近几年来大幅度提高，环保产业拓展空间增大。所有这些社会观念、社会习惯及社会趋势的变化对企业乃至行业的经营活动、生产成本和利润收益等方面都会产生一定的影响，足以使一些不再适应社会需要的行业衰退的同时又激发新兴行业的发展。

三、行业需求特性

（一）产业特征

（1）国民经济地位，可分为基础产业、支柱产业、重点发展产业、趋势产业。

（2）产业链地位，是指行业在工业生产中的位置。

（3）行业的规模，是指占国内生产总值的比重。

（二）生命周期四阶段

行业的生命周期是指行业从出现到完全退出社会经济活动所经历的时间。行业的生命周期主要包括四个发展阶段：幼稚期、成长期、成熟期和衰退期。每个阶段具有不同的市场特征。

▶ **1. 幼稚期**

这一时期的市场增长率较高，需求增长较快，技术变动较大，行业中的用户主要致力于开辟新用户、占领市场，但此时技术上有很大的不确定性，在产品、市场、服务等策略上有很大的余地，对行业特点、行业竞争状况、用户特点等方面的信息掌握不多，企业进入壁垒较低。

▶ **2. 成长期**

这一时期的市场增长率很高，需求高速增长，技术渐趋定型，行业特点、行业竞争状况及用户特点已比较明朗，企业进入壁垒提高，产品品种及竞争者数量增多。

▶ **3. 成熟期**

这一时期的市场增长率不高，需求增长率不高，技术上已经成熟，行业特点、行业竞争状况及用户特点非常明确和稳定，买方市场形成，行业盈利能力下降，新产品和产品的新用途开发更为困难，行业进入壁垒很高。

▶ **4. 衰退期**

这一时期的市场增长率下降，需求下降，产品品种及竞争者数目减少。

行业生命周期在运用上有一定的局限性，因为生命周期曲线是一条经过简单化、抽象化了的典型曲线，各行业按照实际销售量绘制出来的曲线远不是光滑规则的形状，因此，有时要确定行业发展处于哪一阶段是困难的。而影响销售量变化的因素很多，关系复杂，应将行业生命周期分析法与其他方法结合起来使用，才不至于陷入分析的片面性。

（三）行业的经济周期敏感度

▶ **1. 经济周期**

经济周期是指经济运行中周期性出现的经济扩张与经济紧缩交替更迭、循环往复的一种现象。

在经济周期中，各行业都会呈现不同的增长或衰退的格局。根据这些变动与国民经济总体周期变动的关系的密切程度不同，可以将行业分为三类，即增长型行业、周期型行业和防御型行业。

▶ **2. 增长型行业——大部分朝阳行业＋技术领先型行业**

增长型行业的运动状态与经济活动总水平的周期及其振幅无关。这些行业主要依靠技术的进步、新产品的推出及更优质的服务来使其经常呈现出增长形态，因此其收入增长的速率与经济周期的变动不会出现同步现象。

▶ 3. 周期型行业——原材料行业＋资本密集型行业＋非必需品行业

周期型行业的周期循环常常沿着产业链按一定的顺序依次发生，通常复苏始于汽车、房地产、基础设施建设、机械、装备制造等下游行业，然后传导至化纤、非金属矿制品、有色金属冶炼压延、黑色金属冶炼压延等中游的加工制造业，最后是上游的有色、石油、煤炭、石化等行业。衰退也是从下游行业开始，依次传导至中游、上游行业。

我国典型的周期型行业包括钢铁、有色金属、化工、水泥等基础大宗原材料行业以及工程机械、机床、重型卡车、装备制造等资本集约性领域的行业。当经济高速增长时，市场对这些行业的产品需求也高涨；而当经济低迷时，固定资产投资下降，对其产品的需求减弱。

此外，一些非必需的消费品行业也具有鲜明的周期性特征，如轿车、高档白酒、高档服装、奢侈品、航空、酒店等，因为一旦人们收入增长放缓及对预期收入的不确定性增强，都会直接减少对这类非必需商品的消费需求。金融服务业（保险除外）由于与工商业和居民消费密切相关，也有显著的周期性特征。

简单来说，提供生活必需品的行业就是非周期型行业，提供生活非必需品的行业就是周期型行业。

▶ 4. 防御型行业——必需品行业

防御型行业的运动形态因其产业的产品需求相对稳定，所以不受经济周期处于衰退阶段的影响；相反，当经济衰退时，防御型行业或许会有实际增长，例如食品业和公用事业。

（四）客户数量与特点

客户数量与特点包括客户个体数量与规模、客户需求的数量与集中程度、客户消费的均衡性与波动性等。

四、行业供给特征——竞争特性

（一）波特五力模型

根据迈克尔·波特的观点，一个行业中的竞争不仅在原有竞争对手中进行，而是存在五种基本的竞争力量：潜在的行业新进入者的竞争、替代品的竞争、买方的议价能力、供应商的议价能力以及现有竞争者之间的竞争。这五种基本竞争力量的状况及综合强度决定了行业的竞争激烈程度，从而决定行业中最终的获利潜力以及资本向本行业的流向程度，这一切最终决定企业保持高收益的能力。波特五力分析属于外部环境分析中的微观环境分析，主要用来分析本行业的企业竞争格局以及本行业与其他行业之间的关系。波特五力模型如图 5-1 所示。

▶ 1. 潜在的行业新进入者的竞争

潜在的行业新进入者是行业竞争的一种重要力量，这些新进入者大都拥有新的生产能力和某些必需的资源，期待能建立有利的市场地位。一方面，新进入者加入该行业会带来

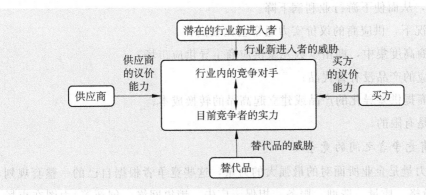

图 5-1　波特五力模型

生产能力的扩大，带来对市场占有率的要求，这必然引起与现有企业的激烈竞争，使产品价格下跌；另一方面，新进入者要获得资源进行生产，从而可能使得行业生产成本升高，这两方面都会导致行业的获利能力下降。

行业壁垒是阻止新进入者的重要力量，如规模经济性、资本密集程度、技术门槛、顾客转换成本等。

▶ **2. 替代品的竞争**

某一行业有时常会与另一行业的企业处于竞争的状况，其原因是这些企业的产品具有相互替代的性质。替代品的价格如果比较低，它投入市场就会使本行业产品的价格上限只能处在较低的水平，这就限制了本行业的收益。本行业与生产替代品的其他行业进行的竞争，常常需要本行业所有企业采取共同措施和集体行动。

▶ **3. 买方的议价能力**

买方亦即顾客，买方的竞争力量需要视具体情况而定，但主要由以下三个因素决定：买方所需产品的数量、买方转而购买其他替代品所需的成本、买方各自追求的目标。买方可能要求降低购买价格，要求高质量的产品和更多的优质服务，其结果是使得行业的竞争者们相互竞争残杀，导致行业利润下降。

当存在以下所述的条件时，买方的议价实力往往会比较高：

（1）当所购买的产品在买方的成本中占有很大比例的时候；

（2）当所购买的产品不是差异化产品的时候；

（3）当买方只能获得很低的利润的时候；

（4）当买方威胁要进行后向一体化的时候；

（5）当买方拥有完全信息的时候；

（6）当供应商的产品或服务存在替代品的时候。

▶ **4. 供应商的议价能力**

对某一行业来说，供应商竞争力量的强弱主要取决于供应商行业的市场状况以及他们所提供物品的重要性。供应商的威胁手段有两个：一是提高供应价格；二是降低相应产品或服务的质量，从而使下游行业利润下降。

在以下情况下，供应商的议价实力通常会比较高：

(1) 供应商高度集中，即由少数几家供应商主导供应市场；

(2) 所供应的产品没有替代品；

(3) 供应商提供差异化的产品或建立起高昂的转换成本；

(4) 供应是有限的。

▶ 5. 现有竞争者之间的竞争

这种竞争力量是企业所面对的最强大的力量，这些竞争者根据自己的一整套规划，运用各种手段(价格、质量、造型、服务、担保、广告、销售网络、创新等)力图在市场上占据有利地位和争夺更多的消费者，对行业造成了极大的威胁。

"其他利益相关者"是管理学家弗雷曼建议加入波特主办模型中去的。这些利益相关者是政府、工会、地方社区、借贷人、贸易组织、股东、特殊利益集团。其中，政府的作用力最大。

(二)行业集中度

行业集中度即行业的经济结构，是指行业内所有企业的规模与实力的分布状态。它随该行业中企业的数量、产品的性质、价格的制定和其他一些因素的变化而变化。根据经济结构的不同，行业基本上可分为四种市场类型：完全竞争、垄断竞争、寡头垄断、完全垄断。

(三)价值链整合程度

价值链整合管理是以市场和客户需求为导向，以协同商务、协同竞争和多赢原则为运作模式，通过信息技术手段，实现对价值链中物流、资金流、商流、工作流和信息流的有效控制，提升企业竞争优势。

基于ERP的价值链整合管理对企业是一场重大的变革，其内涵体现在以下四个方面。

(1) 组织结构整合。按照高效、精简、专业的原则，面向流程整合组织结构，建立高效决策的组织体系，发挥资产的最大效益。

(2) 业务流程整合。面向市场供应商和客户资源，对核心业务流程进行整合、重组和优化，提高运作效率，降低运营成本，增强企业核心竞争力和盈利能力。

(3) 信息整合。建成以财务为中心，物流、资金流、工作流和信息流"四流合一"的管理信息平台，消除"信息孤岛"，统一信息标准编码，实现信息共享，为优化决策提供信息依据。

(4) 业务集成。实现财务与采购、销售、生产、设备等管理的业务集成，优化物料平衡和生产运行，强化过程监控和成本控制，提升企业经营管理水平。

(四)行业成功关键因素分析

▶ 1. 行业成功关键因素

所谓成功关键因素，是指影响行业中企业在市场上盈利能力的主要因素，如产品性能、竞争力、能力、市场表现等。从性质上来讲，行业成功关键因素是所有企业为了在竞争和财务上成功所必须具备的能力或条件，一般有 3～5 个，同时，行业成功关键因素也会因行业而异，因时而异，随驱动力和竞争情况而改变。

行业成功关键因素分析主要用来解决以下问题：

（1）顾客根据什么选择产品？

（2）企业为了竞争成功必须具备哪些资源和竞争能力？

（3）企业如何才能获得持续竞争优势？

成功企业一般都会在所有的行业成功关键因素上保持竞争力，同时至少要在一项因素上超群。

▶ 2. 行业成功关键因素的类型

（1）技术类行业成功关键因素：科研专家、工艺创新能力、产品创新能力、在既定技术上的专有能力、网络经营能力。

（2）制造类行业成功关键因素：低成本生产（获得规模经济、取得经验曲线效应）、固定资产最高能力利用率、有技能劳工、低成本产品设计、低成本厂址、柔性生产等。

（3）分销类行业成功关键因素：较强的批发网或特约经销商网络、公司控制的零售点、拥有自己的分销渠道和网点、低分销成本、快速配送等。

（4）销售类行业成功关键因素：技术支持、顾客服务、订单处理、产品线和可供选择的产品很宽、商品推销技巧、有吸引力的款式或包装、顾客保修和保险、精明的广告等。

（5）技能类行业成功关键因素：技术工人、质量管理诀窍、设计专家、在具体技术上的专有技能、开发出创造性的产品和取得创造性的产品改进、快速商业化能力、组织能力、卓越的信息系统、快速的市场反应、电子商务能力、较多的经验和诀窍等。

（6）一般管理能力类行业成功关键因素：有利的公司形象或声誉、总成本很低、便利的设施选址、礼貌的员工、能够获得的财务资本、专利保护。

（五）技术创新

关于技术创新的概念，学术界并没有统一的定义，但技术创新的内涵应当包含创新过程、创新内容和创新结果三方面。因此，有学者认为技术创新可以被认为是企业家抓住市场的潜在盈利机会，以获取商业利益为目标，重新组织生产条件和要素，建立起效能更强、效率更高和费用更低的生产经营系统，从而推出新的产品、新的生产（工艺）方法、开辟新的市场、获得新的原材料或半成品供给来源或建立企业的新的组织。

技术创新是一个系统发展的过程，是包含科技、组织、商业和金融等一系列活动的综合过程。正是在这一过程中，科技与经济两大系统耦合，科技成果的商品化得以实现。在知识经济中，技术创新出现以下新的特征：

（1）从知识创新、技术创新到创新扩散的周期越来越短，技术创新与知识创新的关联度越来越高；

（2）技术创新速度越来越快，产品生命周期大大缩短；

（3）在技术创新收益倍增的同时，技术创新的成本越来越高，不确定因素越来越多，风险越来越大；

（4）基于技术垄断的市场垄断竞争特征愈发明显，谁抢占了技术创新制高点，领先一步，就能一路领先，否则，将被淘汰出局。

技术创新的新特征对技术创新系统的功能提出了更高的要求，瞬息万变的市场要求创新系统做出快速反应。

（六）行业变革驱动力

一个行业中的驱动因素是指那些改变行业和环境的主要基本因素。一个行业的变革可能是一种因素造成的，也可能是多种因素造成的。下面简单列举一下驱动行业变革的一些基本因素。

（1）行业长期增长率的变化。

（2）产品买主以及买主的产品使用方式的变化。

（3）产品革新。

（4）技术变革。

（5）营销革新。

（6）大厂商的进入或退出。

（7）技术诀窍的扩散。

（8）行业的日益全球化。

（9）成本和效率的变化。

（10）消费者偏好的变化。

（11）管理当局的影响力和政府政策的变化。

（12）社会关注点、态度和生活方式的变化。

影响行业变革的驱动因素众多且繁杂，因此，对行业竞争环境的分析是一项基础工作。虽然在某一行业中有许多变革因素在起作用，但是真正能够算得上驱动因素的一般只有三四种。竞争分析工作应仔细评价行业的力量和竞争变革，从而将重要的环境与不重要的因素区分开来。

第 二 节　企业微观环境分析

一、消费者分析

▶ 1. 市场细分

任何产品、任何策划活动都不会是针对所有市场和消费者的，因此，在进行消费者分析过程中，首先应该对产业市场进行细分，便于明确企业本次策划所针对的细分市场和相应的顾客群，以便设计具体的策略措施。

▶ **2. 顾客基本信息**

明确了企业策划所针对的细分市场和相应的顾客群，接下来就应该调查分析顾客的具体特征了。

(1) 顾客是谁。进行顾客分析时遇到的第一个问题是顾客是谁，从一般的角度来看，需要了解以下五种不同的影响购买行为的角色：介绍人、影响者、决策者、购买者和使用者，这对分析消费产品市场和工业产品购买决策都是适用的。这五种角色中，可能是同一个人或者不同的人扮演着多个角色。因此，企业的经理应该弄清在顾客的购买决策中谁扮演着哪个角色，并且为企业制定相应的促销策略。

(2) 顾客购买什么，可分为两个基本方面：购买何种产品类型与用产品做什么。其中，购买产品的类型有两个主要的描述变量，产品类型的使用率和购买了哪一种品牌的产品或服务。对于许多消费产品来讲，购买数据可以通过某个具体消费者的购买情况记录得到。例如，某个消费者逐次购买的品牌是 A、A、A、B、C、A、A 和 A。该顾客的 8 次购买中，购买了 6 次品牌 A，分别购买了 1 次 B 和 1 次 C，这类数据可通过一系列市场调查分析得到。

顾客购买产品做什么大致有三种情况：①顾客就是最终用户，如一般的个人购买面包作为自己的早餐。②工业产品顾客，他们把购买到的产品作为设备用于制造其他产品，或把购买到的产品作为零配件组装到他们自己制造的一种或多种产品中。这些顾客能被分解成制造和销售产品的厂家以及按特定要求来加工产品的厂家。③顾客是转卖人，他们做的工作只是在价格上进行标高重新出售，也许根本不用改变包装。例如，批发商、代理人等。

(3) 顾客在哪儿购买。购买地点是个很重要的划分标准，可分为两个主要方面：顾客在哪里得到信息和顾客实际在哪里购买产品，如在办公室购买还是通过邮寄购买，或者亲自逛商店购买，或者在自己有所偏好的商店购买等。

(4) 顾客什么时候购买，购买时间包括年、月甚至一天的某个时间。例如，快餐经营者是按早餐、午餐、晚餐甚至小吃来划分的。这种购买时间可能也包括在促销期间、降价销售期间。了解这些情况的原因在于，在不同时间内购物的顾客可能是不相同的。例如，喜欢得到优惠价的顾客可能与那些对价格不那么在意的顾客有很大差别。

(5) 顾客购买原因。顾客购物的原因可作为市场细分的最基本层次，一般顾客购物是为了满足其各层次的需求，而人的需求又是多种多样，从而使得根据对产品或服务的特定需要更具体地划分市场层次成为可能。例如，一家三口到快餐店进餐，这可能是家长对孩子表现良好的一次奖励，也可能是因为每天在家吃饭想改变一下花样，也可能是充当一顿快捷、便利的午餐。

顾客购买产品的原因与该产品提供的具体性能特征有很大关系，这些性能特征主要包括七个方面的内容：①经济因素，如价格；②产品的性能，如合理的配方；③销售者提供的服务，如合理的销售条款、培训、上门安装等；④资源可靠性，如稳定的交货期；⑤内部环境，如公司政策、关键的影响人物等；⑥外部环境，如法律限制、相关利益团体（如消费者协会）、环保等；⑦心理因素，如个人偏好、参考群体等。

值得注意的是，上面这些为什么购买问题的可能答案既能应用到产品大类的购买决策中，也可能应用到具体的产品或特定的产品品牌的购买决策中。还要注意，顾客的购物原因也直接与他们对产品变化的敏感性有关，这也是市场细分的一个关键标准。

（6）顾客如何购买。描述顾客如何购买产品的显著特征之一是他们购买的数量，这可以使企业把那些大量购买和使用者作为重点。另外，可以通过顾客购物方式来区分顾客。

按选择商品的程序划分，不仅包括顾客考虑其具体利益的理性购买，也包括不经过周密思考的购买，如习惯性购买（这种化妆品对我有效果）、不在乎购买（大家都差不多）、尝试性购买（这种产品看起来值得一试）。

按解决购买过程中面临的问题的程序来划分顾客，可帮助深入了解产品市场。对于复杂的问题，顾客主要关心的是产品的性能、工作方式及如何使用等，这类问题一般发生在首次购买或技术性很强的产品上。有限的购买问题通常产生于顾客已理解产品的基本功能，但面对众多可供选择的竞争品牌需要进行评价时。大多数涉及金额较大的产品购买也是这种情形。常规性购买只涉及例行购买的问题，顾客基本上是按事先习惯的购买决策程序进行操作。

分析产品处于生命周期的哪个阶段也是了解顾客购买产品方式的重要方法之一。新产品通常首先通过专门渠道（如专营店）销售，当产品变得更知名时，可以通过批发商进行销售。一般来说，大多数消费产品都要通过百货商场这样的零售渠道来销售。

还有一种分析方法就是把购买行为区分为有计划的常规购买和冲动的购买。在意外情况发生时，人们大多会遵循不同往常的购买程序，因此有必要充分了解每种可能的购买情况。

二、竞争者分析

行业竞争结构分析就是根据行业内各个生产经营厂家的规模大小、竞争实力的强弱和市场地位的高低把它们划分为相应的团体（例如，把整个市场中的企业划分为市场领导者、市场挑战者、市场追随者和市场补缺者四大类），并且比照相应的标准明确自己所处地位。

（一）竞争对手的确定

▶ **1. 产品市场矩阵图法**

产品市场矩阵图是以产品分析为纵轴，以市场分析为横轴形成的二维矩阵图，可以帮助企业找准目前或未来一段时间将要面临的竞争对手。根据产品类型和顾客年龄划分的消费群体展示的牙膏市场的产品市场矩阵图如图 5-2 所示。宝洁公司生产多种佳洁士和格利姆牙膏，高露洁公司主产各种高露洁牙膏，两者共同占有 9 个细分市场。利弗公司生产艾姆牙膏占有 3 个细分市场，比奇姆公司生产艾奎清新牙膏，其与托普尔公司各占 2 个细分市场。在各个年龄层次的一般牙膏市场，高露洁公司和宝洁公司互为竞争对手，对于托普尔公司，假如其想打入儿童和青少年的一般牙膏市场，那么它必然要面对宝洁公司与高露洁公司的强有力的竞争。采用产品市场矩阵图分析往往可以比较清楚地找出企业目前和未来一段时间内的竞争对手。

牙膏类型	顾客组成		
	儿童、青少年	19～35 岁	36 岁以上
一般牙膏	高露洁 宝洁	高露洁 宝洁	高露洁 宝洁
加氟牙膏	高露洁 宝洁	高露洁 宝洁	高露洁 宝洁
胶体牙膏	高露洁 宝洁 利弗	高露洁 宝洁 利弗	高露洁 宝洁 利弗
条纹牙膏	比奇姆	比奇姆	
吸烟者专用牙膏		托普尔	托普尔

图 5-2 根据产品类型和顾客年龄划分的消费群体展示的牙膏市场的产品市场矩阵图

▶ **2. 策略团体分析法**

策略团体是指一个产业内执行相同或相似策略的一组企业。策略是否相同或相似一般依次从以下几个方面来考察：产品细分市场是否相同，品牌定位是否相近，产品线长度与宽度是否相似，产品价格与质量相似程度如何，提供给消费者的服务与技术支持是否相近，分销渠道一致与否，推动与拉动的关系怎么样等。如果两个企业在策略性质方面的相似性越大，那它们之间就越容易形成竞争对手；反之，则可能性就越小。例如，山东轻骑集团，虽然其与嘉陵、大阳、幸福、建设、新大洲等企业均生产摩托车，但是由于该公司的主打产品——木兰摩托主要面向年轻女性，其细分市场与嘉陵等有所差异，所以山东轻骑集团并没有把嘉陵、大阳等摩托车企业当作最重要的竞争对手，反而对一些女式自行车厂家倍加关注。策略团体分析法不仅可以帮助企业找出主要竞争对手，还可以在一定程度上分析双方的竞争强度。例如，当长虹集团的主打产品只有彩电时，则不可避免地要与其他彩电企业产生激烈的冲突，因而当时彩电行业价格大战此起彼伏。其后，长虹延伸其产品线宽度，把相当一部分精力用于中央空调等其他产品的开发与推广上，这样长虹与其他彩电厂家在产品线的宽度上就错开了，相互之间的竞争也相对减弱。

▶ **3. 竞争层次分析法**

如果要全方位识别企业的竞争对手，竞争层次分析法是一个不错的选择。所谓竞争层次分析法，就是首先把竞争对手按照竞争直接性的强弱划分为多个竞争层次，然后通过对不同竞争层次上的对手的分析来辨识自己主要竞争对手的一种确定竞争对手的方法。要采用此方法首先就要明白各种不同的竞争层次,一般来说,大致有以下四种竞争层次和相应的竞争者。

(1) 产品品牌竞争层次——品牌竞争者。就竞争领域而言,企业最直接的竞争对手是那些在同一产品类型中为同一市场片区服务的其他品牌,因而品牌竞争层次是企业间最直接和最激烈的竞争层次,竞争者除各自品牌不一样外,其他方面均没有大的差异,相应的竞争厂家称为品牌竞争者。例如,奥妙洗衣粉与汰渍洗衣粉都是以去污力强著称,两者除去品牌不一样外,其他方面几乎没有什么差别,它们当然就是一对品牌竞争者;而奥妙洗衣粉与象牙塔洗衣粉就不同了,虽然两者都是洗衣用品,但是后者基本上专用于内衣和婴幼儿衣服的洗涤,就品牌竞争层次而言,它们两者并不构成竞争关系。产品品牌的竞争是一个狭窄的竞争范围,它主要注重竞争者现期提供什么产品,而不管以后可能会出现的情况,因而,仅从品牌竞争层次辨识竞争对手容易患竞争对手短视症。

(2) 产品类型竞争层次——形式竞争者。产品类型竞争层次主要以产品的特性(功能)来划分,而不管其型号、规格、款式、价值方面的差异,在这种层次上形成的竞争者称为形式竞争者。它是公司决策者经常使用的确定竞争体系的一种标准。例如,如果不分产品质量档次的话,所有生产啤酒的公司或所有生产绘图板的企业之间都是竞争者,上面所说的奥妙洗衣粉与象牙塔洗衣粉在形式竞争层次就互为竞争对手了。很多收集、研究、整理和提供市场信息的咨询公司,如美国的 AC 尼尔森公司,就是以产品的物理特性的相似性来确定产品类型和市场的。

(3) 一般竞争层次——替代竞争者。一般竞争层次主要着眼于针对同一需求而提供不同的产品或者服务来满足这种需求而产生的竞争,也就是产品替代品之间的竞争,是从比较长远的角度来考虑竞争的。它把竞争者定义为所有能满足相同的用户需求的产品或服务的组合。按此观点,软饮料和橘子汁在饮料市场中形成了竞争,快餐和速冻食品在方便食品市场中也是竞争对手。在这种层次上形成的竞争对手称为平行竞争者或替代竞争者。如果公司决策者希望既能避免忽视潜在危机,又不错过潜在机会,那么这种以需求为基础的对竞争和市场的划分方法是一种很有效的方法,因为从长远观点来看,不应该把业务经营范围定得太窄。例如,武汉一家原来只生产冰淇淋的企业把所有其他提供冷冻食品的厂家都作为竞争对手,其最终目标是成为武汉市的冷冻食品市场的领导者,因而他们围绕冷冻食品开发出一系列食品,使得公司全年业务饱满。

(4) 广泛竞争层次——愿望竞争者。最广泛的竞争观点就是把市场上所有为同一顾客的购买力而竞争的所有产品或服务都纳入竞争体系中。例如,一个顾客有 500 元能自由支配的收入,他可以把这些钱用于旅游、买戒指或者其他方面。凡是能满足其上述欲望之一而让他消费这 500 元钱的厂家都可构成竞争者,这类竞争者称为愿望竞争者,也就是针对顾客相同的消费能力而提供不同的愿望满足的竞争者。

对竞争的四个层次的详细分析可以帮助公司经营策划者辨明各种可能的竞争对手,但是企业在做某次具体的经营策划时，并没有必要对每个竞争层次上的所有对手都加以分析，事实上也不可能。因此，企业还必须明确在各种具体情况下以何种竞争层次的竞争对手作为自己分析的重点。

一般来说，在运用竞争层次分析对手时，可以结合对以下三方面因素的分析来进行。

（1）策略计划时间的长短。对于策略的时间范围来说，如果是年度计划或者更短，那么可按产品品牌和产品类型来划分竞争对手，因为这能反映短期竞争的情况。而如果是较长时期的策略安排，那么所有的四个层次的竞争者都是相关的，但是重点应放在一般竞争层次上，以辨别主要的竞争威胁。

（2）产品的生命周期阶段。由于各行业在不同时期的竞争激烈程度和竞争面有所不同，所以产品所处的生命周期阶段也能帮助确定竞争对手。在产品尤其是一项新技术的成长期，企业经营特别是营销方面的主要任务是说服顾客用新产品取代已存在的老产品来满足自己的需要，所以竞争面应定得广一点，竞争对手的关注宜放在一般竞争层次上。而在产品处于成熟期时，一般来说重点应放在产品品牌和产品类型的竞争上，以便较好地估计是退出还是继续留在该市场中。

（3）技术变化的速度。技术变化速度的快慢也会影响竞争对手的确定。如果技术革新速度很快，就应该尽可能全面地展开竞争，这是计算机产品和通信产品领域的一大特点。在这些领域中，像文字处理机、个人计算机、有线电视和电话等各种不同产品在某些服务项目上都存在竞争。反之，如果新技术进步相对缓慢，如食品行业，则宜于从小范围和小方位来定义竞争市场，即以产品品牌层次或者形式层次竞争作为分析重点。

总之，在采用竞争层次法分析企业竞争对手时，首先要关注的是那些针对相同顾客提供相同或类似的产品或服务的公司（也就是产品品牌竞争者与产品类型竞争者），同时也要时刻注意通过提供不同产品尤其是新产品以满足顾客近似需求的企业（一般竞争者），此外也要不时留心那些可能抢走自己客户的愿望竞争对手。

（二）竞争对手分析的主要内容

▶ 1. 现行经营策略

对竞争对手进行现行经营策略的分析，实际上就是看它正在做什么？怎么去做的？其市场占有率如何？产品在市场上是如何分布的？采取什么样的销售方式？有什么特殊销售渠道和促销策略？研究开发能力如何？投入资源情况怎么样？其产品定价如何？哪些因素对成本影响比较大？主要经营和策略优势是什么？等等。

▶ 2. 对手的自我评估

在公开的陈述中，对手如何看待自己在成本、产品质量、技术等关键因素方面的地位和优、劣势？是否把握准确、适度？对手如何估计同行的潜在竞争能力？是否过高或过低地估计其中的任何一位？如何预测产品的未来需求和行业发展趋势？预测依据是什么？对当前的行为决策有什么影响？等等。

▶ 3. 竞争对手的未来目标

分析竞争对手的未来目标有助于推断竞争对手对自身地位和经营成果的满意度，从而推测其改变现行经营策略的可能性以及对其他企业行为的敏感性。一般应该包括以下方面：竞争对手的财务目标是什么？其如何权衡协调各目标（如获利能力、市场占有率、风险水平等）之间的矛盾？所追求的市场地位是什么，是希望成为市场的绝对领导者，还是行业领导者之一，或是一般的追随者，或者希望成为后来居上者等？竞争对手的核心领导者个人的背景及经验如何？其个人行为对整个组织的未来目标的影响如何？竞争对手的组织机构在目标制定方面如何进行权力分配？在资源配置、价格政策和产品创新等关键决策方面的责权分布如何？

▶ 4. 竞争对手的能力分析

对竞争对手能力进行客观评价是竞争对手分析中至关重要的一环，因为能力的大小是决定对手所形成威胁的强弱，是敌我双方胜败的关键之所在。竞争对手的能力分析一般要包括下面几个方面。

（1）组织管理能力。竞争企业管理者的领导素质与激励能力、协调能力，管理者的专业知识，管理决策的灵活性、适应性、前瞻性。

（2）研发能力。竞争企业内部在产品、工艺、基础研究、仿制等方面所具有的研究与开发能力，研究与开发人员的创造性、可靠性、简化能力等方面的素质与技能。

（3）生产与经营。竞争企业的生产规模与生产成本水平、设施与设备的技术先进性与灵活性、专利与专有技术、生产能力的扩展、质量控制与成本控制、区位优势、员工状况、原材料的来源与成本、纵向整合程度。

（4）市场营销。竞争企业市场营销组合的水平、市场调研与新产品开发的能力、销售队伍的培训与技能、销售渠道建设与管理能力。

（5）资金实力。竞争企业的资金结构、筹资能力、现金流量、资信度、财务比率、财务管理能力。

▶ 5. 竞争强弱评价

通过上述几个方面的分析，对主要竞争对手有了基本的了解与认识，在此基础上就应该对企业自身与这些对手进行综合和全面的强弱分析比较。与竞争对手的全面比较在很大程度上涉及企业自身的与对手的资源条件和能力水平，所以在运用此评价方法时要充分结合企业内部因素评价来进行。

在寻找竞争对手的弱点时，要注意发现竞争对手对市场或策略估计上的错误。如果发现竞争对手的主要经营思想有某种不符合实际的错误观念，企业就可以利用这一点，出其不意，攻其不备。

三、供应商分析

企业能否从供应商那里获得稳定、及时、优质、优价的供应物，对企业经营成败至关重要。企业能否对供应商施加有效控制主要取决于双方的议价能力，分析了解对方的议价能力就很重要了，一般可从以下几方面来考虑。

（1）行业集中程度。企业与供应商之间，谁的集中程度比较高，谁的市场地位也就相应较高，在讨价还价中也就占据主动。

（2）交易量的大小。如果购买量占供应者供应量的比重大，购买者的讨价还价地位就高；反之亦然。

（3）产品差异化情况。如果是标准产品，购买者确信还能找到对自己更有利的供应者，就可在讨价还价中持强硬态度；反之，如果产品差异化程度较大，供应者知道购买者别处买不到，供应方就占据主动。

（4）供货转换成本的高低。如果转换成本高，购买方讨价还价的地位就低；反之，如果购买方可以轻易转换供货厂家，其讨价还价能力就高。

（5）纵向一体化水平。若购买者实现了后向一体化，就会使供应者被动，如果供应者进行了前向一体化，购买者就处于不利地位。

（6）信息掌握程度。谁掌握的信息多，谁就会占据主动地位。

（7）其他因素。当供应者的产品对购买者影响很大时，其讨价还价能力就高；反之，则弱。

经典案例

寿险公司非同业竞争者之分析

近几年来，我国寿险市场高速发展，市场竞争也越来越激烈。有着超前市场意识的寿险公司决策层意识到，随着寿险市场潜力的逐渐挖掘，市场的逐渐饱和，寿险公司的保费收入将主要从竞争对手那里争夺过来。因此，寿险公司不仅要了解它们的目标顾客，而且也有必要留意和追踪它们的竞争对手。

要了解竞争对手，首先要清楚有哪些竞争对手。人们通常会认为识别竞争者是一项简单的工作，但实际上，对竞争对手的识别并不是那样简单。寿险公司直接的和潜在的竞争对手的范围很广，某些时候，一家寿险公司受到的来自潜在竞争对手的冲击远远大于直接竞争对手的冲击。因此，不论是识别直接竞争者还是识别潜在竞争者，对寿险公司而言都是同等重要的工作。

（一）对寿险公司竞争者四个层次的划分

寿险保单是一种产品，根据产品替代理论的含义，我们可以将寿险公司的竞争者分为四个层次。

第一层次：当其他公司以相似的价格向相同的顾客提供类似产品与服务时，寿险公司就可将其视为竞争者。该层次的竞争者很容易识别。目前我国寿险市场的状况是，各家寿险公司提供的产品大同小异，仿制、孪生现象特别严重，往往是某寿险公司推出一个新险种才几个月，其他公司也跟着推出价格相似、保障范围雷同的险种上市。这些寿险公司理所当然地被视为竞争者。

第二层次：寿险公司可以广泛地把凡是制造相同产品或同类产品的公司都视为竞争对手。据此，一家寿险公司会认为自己不仅与其他寿险公司进行竞争，而且还与产险公司在诸如乘客意外伤害险、雇主责任险等产、寿险业务交叉领域进行竞争。

第三层次：一家寿险公司可以更加广泛地把所有提供相同或类似服务功能产品的机构都看成是自己的竞争对手。这样，寿险公司的竞争对手还包括了政府的社会保障部门、民间的慈善团体及共济团体等机构。

第四层次：一家寿险公司还可以更加广义地把所有那些为争取同一笔消费基金而竞争的公司看作它的竞争对手。这样，寿险公司的竞争对手就包括了商业银行、证券公司、基金公司，以及房地产公司、汽车经销公司，甚至可以将其他有利于资产保值、增值的行业如集邮、古董收藏、金银珠宝收藏等也包括在内。

（二）对寿险公司几种非同业竞争者的分析

通过对竞争者四个层次的划分，可以看出，寿险公司的竞争者可谓形形色色，忽视任何一种竞争者都可能给寿险公司带来损失。鉴于目前寿险公司对同业竞争对手较为重视，而对非同业的竞争者重视不足，研究不够，下面笔者就专对寿险公司非同业竞争者进行粗浅的分析。

1. 商业银行

可以这样说，商业银行是寿险公司最具有威胁性的非同业竞争对手。投保人投保长期人寿保险时，对其投资功能的关注往往超过了对保障功能的重视。就国内情况来看，与商业银行灵活多变的储蓄存款相比，寿险保单的最大劣势就是利率固定化，在保单有效期间内，预定利率固定不变，但银行利率会随着经济环境（特别是通货膨胀）的变化而变化，银行利率的变化将使投保人投保寿险的机会成本发生改变，从而影响投保人的投保行为。

若银行利率降低，则能刺激客户投保，有利于寿险业务的拓展；反之，银行利率提高，投保人会觉得把钱存入银行可以得到更多的收益，就会抑制他们的投保行为。为应付银行利率提高对寿险公司带来的不利影响，我国保险公司也曾做过尝试，但效果并不明显，也未能从根本上解决这个问题。寿险公司是否应该将竞争的大部分注意力转向商业银行，树立向商业银行抢保费的意识，以此作为主要的保费增长点。

2. 其他金融机构

金融市场的不断健全和发展会增加人们的投资机会。除传统的储蓄外，人们也开始接受国债、投资股票、基金、期货、房地产等投资方式。不同的投资方式有不同的风险和回报，由于每个人对待风险的态度不同，当潜在投保人觉得投资其他方式比寿险更有利时，则舍弃寿险，已投保的则可能解约。可见，除商业银行之外的其他金融机构也是寿险公司不容忽视的竞争力量。

　　寿险公司与其他金融机构竞争的焦点是投资收益率。我们对寿险投资的收益率应该这样来认识：客户购买寿险是一种投资行为，其投资收益并不仅仅表现为预定利率，应该还包括安全保障部分。对具体某个投保人来说，安全保障的收益是不能量化的，但不是不能感受到的。因此，寿险公司需要加大寿险保障功能的宣传、讲解工作力度，大量宣传典型案例，尽量避免将寿险预定利率与其他投资方式的收益率进行简单比较。同时，寿险公司也要充分适应市场需求，开发投资功能强的险种，如变额寿险、可调整寿险、万能寿险等，以迎合不同客户的不同投资心理。

　　3. 政府

　　之所以将政府也列为非同业竞争者，是因为政府行政行为常常直接或间接地冲击寿险市场。可从以下几个方面来分析。

　　(1) 对商业保险与社会保险的界定。在处置年老、失业、疾病等特定风险方面，商业保险与社会保险均发挥着十分重要的作用，两者相互补充，互相促进。但社会保险强调法律的强制实施性，而商业保险则是自愿选择。在人们的保障需求总量一定的前提下，社会保险与商业保险的保障范围呈此消彼长的关系。这样，政府就可以通过立法或其他的行政手段强制划分人们的保障需求，严重冲击商业寿险公司的市场。

　　(2) 对社会消费基金的宏观调控。政府是社会有限资源的分配者，不仅在宏观上调控着各行各业的发展，也对人们手中的消费基金起着调控作用。房改措施的出台使居民手中的钱大部分用于购房，用于购买寿险的部分自然减少，加大了寿险公司业务计划完成的难度。政府放开对个人购买轿车的限制，鼓励个人买车，则又会使寿险业务面临新的冲击。

　　(3) 外资保险机构进入中国市场。外国保险资本进入中国市场，已经给民族寿险业的成长带来了威胁。最早进入我国保险市场的友邦保险公司在上海寿险市场的占有率极高，并吸引了国内许多高级保险管理人才。在资金运用上，内资保险公司的资金运用受到种种限制，而外资保险公司却可以投资众多领域。竞争条件的差别使民族保险公司处于不利地位，面临着严重的挑战。

　　(4) 产、寿险业务交叉。产险公司与寿险公司竞争的主要领域即两类公司的业务交叉地带。就我国当前情况来看，许多地方的产险公司与寿险公司都在经营司乘人员意外伤害险、校方责任险及雇主责任险等，这几个短期性险种均是产险公司和寿险公司当年利润的重要来源，双方竞争激烈。

思考：

　　(1) 寿险公司的竞争对手分哪些层次？各层次的竞争对象是谁？

　　(2) 试分析寿险公司与商业银行之间的竞争关系。

第 三 节　互联网环境下的消费分析

一、网络时代的消费特征

▶ 1. 选择的自主权

有人称网络时代是"一个坚持己见，积极为自己的主张辩护的时代"。网络时代的消费者在接受新鲜事物和商品的时候，不喜欢被动接受，更倾向于主动选择。这种选择权的张扬缘于以互联网为标志的信息媒体技术的发展。尤其是商品的消费者，一旦有了需求，就立刻上网搜寻有关商品的信息。天生的探奇心理使网络时代的消费者善于和乐于主动选择信息并且乐于进行双向沟通，在个性上就表现出选择商品的自主权。基于此，商品如何在第一时间吸引消费者则成为现代网络营销的关键。

▶ 2. 选择的个性化

由于信息网络双向和动态的特点，市场会更显个性化。网络时代的消费者越来越追求个性化的商品，要求企业可以制作出定制化的产品。他们会把自己对产品外形、性能等多方面的要求直接传递给生产者，而不愿再接受商店内有限范围的选择。随着技术的不断完善，消费者将会亲自参与产品的设计与生产，所以又有人称网络时代的消费者为"产销者"。产品的个性化将为网络时代的消费市场带来更多的契机，而针对网络时代的这一特点，可以制定相对明确的营销对策。

▶ 3. 选择的多样化

原有以商业为主要动作模式的市场机制部分也被基于网络的电子商务所取代，市场交易趋于多样化。各个品牌的大商家也开始在网上构建自己的网上商城，而个人也络绎不绝地开办网络商店，为了吸引消费者眼球而出售各式各样的新奇的东西。市场的多样化必然导致消费者选择的多样化。这一时代的消费者追求品牌，但又往往不会死守一个品牌，他们始终对现实社会中新兴事物抱有极大的兴趣，渴望更换品牌体验不同的感受。而且，随着互联网技术的发展和商品的极大丰富，这种改变又是非常容易的。

▶ 4. 选择的效用性

网络时代的消费者是非常现实的，他们在追求华丽外表的同时，也不会忽略产品的实用性，甚至更加注重产品所提供的价值和利益。由于网上购物为消费者提供了空前的消费规模，没有地域和时间的限制，可以随时随地地挑选商品，所以消费者在挑选商品时可以货比三家，买到实用又美观的产品。就生产商而言，生产优质并符合消费者需求的产品才是唯一的出路。

▶ 5. 选择的互动性

在网络时代，中间商地位的减弱、直接交易过程的出现、经营的全球化、实务操作无纸化和支付过程的无现金化，为网络时代的消费者提供了更多的消费选择。网络时代的消费者将会拒绝在信息不充分、不对称的环境中购物。

二、消费者网络购物的动机分析

▶ 1. 求廉动机

网上购物之所以具有生命力，主要原因是免费和共享是互联网最大的特征，网络交流平台得到了广泛的使用，使网络中的各种信息具有超乎寻常的传播速度和影响力，网络经济中的大量产品就是依靠价格低廉来吸引广大消费者的眼球。一些购物网站都推出了免费开店销售产品的政策，吸引了大批专业的和非专业的卖家上去安营扎寨、销售产品。目前国家针对网络销售还没有开始征税，同时网络销售减少了经销商、代理商等中间环节，采用订单生产、减少了库存，从而降低了成本。企业的各种销售信息在网络上将以数字化的形式存在，以极低成本发送并能随时根据需要进行修改，庞大的促销费用因此得以节省。导致网上出售的商品比实体店要便宜很多，满足了消费者追求价格低廉、商品多样化的需求。

▶ 2. 便利动机

传统的购物，消费者需要亲自出马，经历选择商品、付款结算、包装商品、取货送货等一系列烦琐的过程，而网上购物只需要点击鼠标，选择好商品，和卖家讨价还价，商品可以直接由企业送达，免去了传统购物中舟车劳顿的辛苦，时间和费用成本大幅降低。此外，网络购物没有时间、空间的限制，消费者可随时查询所需资料或购物，程序简便快捷。在一些有特殊性的商品购买中，这种优势更为突出。例如，书籍的购买，消费者不必遍寻各大书店，也不会因本地书店没进货而买不到书。通过各种物流公司送货，节省了中间商业环节，也节省了交易的时间和费用。

▶ 3. 好奇求新动机

网上消费者的年龄集中在"80后"和"90后"，他们大多好奇心强，想与他人穿着、使用不同的产品，所以往往购买新奇的产品。网络销售者十分重视社会流行的趋势，总是把最新潮、最前沿的商品呈现给消费者；对于消费者来说，他们可以通过网络的便利条件迅速找到最新出现的个性化商品，为自身的个性化消费找到决策的依据，并能买到在实体店看不到的商品，迎合了年轻消费者好奇求新的动机。

三、网络购物消费者的购买决策过程

▶ 1. 需求唤起

需求唤起是消费者购买决策过程的起点，传统模式下消费者的需求唤起往往是由内部刺激和外部刺激共同决定的。例如，饿了要吃东西是内部刺激，看到食品的外表或是闻到气味是外部刺激。而在网络购物活动中，消费者产生需求的原因往往是由于消费者在浏览网页的过程中，受到了图片、文字或者音乐等因素的刺激而产生了购买的欲望。当然有些也是由于消费者对某些产品有需求才去有目的地购物。

▶ **2. 收集信息，了解行情**

当消费者的需求被唤起，购买决策进入第二个环节——收集信息，了解行情。消费者首先在自己的记忆中搜寻与所需商品相关的知识、经验，或从亲朋好友处获得相关的信息。如果还没有足够的信息用于决策，网络消费者便通过浏览各专业网站、商业网站和公共网站寻找相关信息。互联网中，信息快速传播和影响力大的特点也为企业提供了新的品牌塑造途径。网站提供的信息的质量和数量会直接影响消费者的购买欲望进而影响购买决策。

由于网络上开店越来越便捷化，所以网络店铺越来越多。网络消费者在收集信息的时候，也会通过不同店铺进行比较，俗称"货比三家"，从而帮助自己进行购买决策。消费者也可以通过网络平台进行相互交流，对产品、服务、价格进行评论，市场中也出现了专门为客户提供互动式点评服务的网站。由此可见，网络消费者收集信息的方式、渠道多种多样。

▶ **3. 比较选择**

收集信息之后，网络消费者会形成一些可能会采用的方案，然后根据一定的评价标准和评价方法对方案进行选择。在网络消费中，消费者对产品的质量与服务的比较只能依赖于企业用文字和图片对商品的描述。所以要想更好地吸引住顾客，就要在商品的文字和图片上下功夫，但若这种描述过分夸张以致带有虚假的成分，则可能永久地失去顾客。

▶ **4. 购买决策**

在做出购买决策的过程中，消费者把之前唤起的购物需求，后来收集的信息，以及后来的比较选择综合考虑后，做出最后的购买决策。由此可见，购买决策是在前面各个阶段的影响因素共同作用下形成的。

对于网络消费，通过之前的观察可以发现，在影响决策结果的诸多因素中，最重要的是企业的信誉度、个人信息安全保障、支付安全问题等。

▶ **5. 购后评价**

消费者在购买商品之后，往往通过使用商品对自己的购买选择进行检查和反省，以判断这种购买决策的准确性。消费者会把他们满意或是不满意的购买体验告诉他们的亲朋好友，或是在相关的网站上进行评论，以表达自己的想法。

消费者喜欢和别人分享自己的购物经历，从消费者自身角度来看，是表达了自己的意愿；从产品的角度来看，也是帮助了产品的宣传，无论是好的宣传还是坏的宣传。

经典案例

网络成为消费者获取汽车信息的首选渠道

2013年1月，在中国互联网络信息中心（CNNIC）发布的《中国网民消费行为调查报告》中指出：网络已成为消费者接触汽车信息的首选渠道，同时也是汽车企业重要的推广营销平台。

在汽车的现有用户中，67％的用户过去一周接触过互联网，远高于对其他媒体的接触，互联网无疑成为汽车企业最重要的推广营销平台。目前，多数汽车企业在互联网上投入的营销费用都远远超过在其他媒体上的投入，这种现状是与互联网对汽车消费者的影响息息相关的。通过各类互联网媒体，网络广告会将新的汽车品牌、车型信息直接送达目标用户，用户会对感兴趣的产品信息进一步使用搜索引擎进行搜索，或者访问汽车垂直网站或门户网站的汽车频道进行比较和评价。而后，用户会在微博、论坛中和朋友或其他用户交流意见。最后，在以上信息的综合影响下，用户会做出购买决定，并通过互联网预约最方便的4S店进行实地看车和试驾。而且互联网对用户的影响将持续到购车之后，购车用户会通过加入网上车主俱乐部或品牌论坛的方式和其他车主分享驾车体验和心得，同时会通过访问品牌官网获取售后服务。可以这样说，互联网在汽车消费的每个阶段都对消费者产生重要的影响。

资料来源：网易新闻.

经典案例

星巴克中国市场环境分析

一、星巴克简介

星巴克(Starbucks)是全球最大的咖啡连锁公司，1971年成立，总部坐落于美国华盛顿州西雅图市。星巴克旗下的零售产品包括30多款全球顶级的咖啡豆、手工制作的浓缩咖啡、多款咖啡冷热饮料、新鲜美味的各式糕点食品，以及丰富多样的咖啡机、咖啡杯等商品。1999年1月，星巴克进入中国，在北京国贸开出第一家门店。2016年2月18日，媒体报道：星巴克计划未来五年在中国的店面将从1 900家增至4 400家。

二、星巴克在中国的宏观环境分析

1. 人口环境

人口环境主要包括人口总量、年龄结构、受教育程度、家庭结构、人口的地理迁移等要素。中国人口众多，潜在市场较大，其中尤以人口年龄结构和受教育程度两个要素对星巴克的影响最为突出。

人口总量较大，人口受教育程度不断提高，城市化进程不断加快，这些都更加有利于星巴克的销售。从人口年龄结构来看，咖啡属于一种外来文化，年轻人对其更容易接受，而老年人则不会轻易改变原有的习惯，所以年轻人是星巴克追逐的主要顾客群体。同时，咖啡文化是一种高品位生活的象征，受教育程度较高的人对生活品位的追求就越高，对咖啡的需求也就越多，并且相同教育程度下的不同人群有着不同的咖啡需求，增加了星巴克咖啡的市场需求。此外，随着城市化进程的加快，农村人口变为城市人口，人口受教育程度不断提高，增加了星巴克咖啡的潜在需求，扩大了市场需求。

2. 经济环境

经济环境对任何类型的企业都有着重要的影响，星巴克同样也受此影响。我国目前处在工业化的初期阶段，这一阶段的特点是居民的收入不高但增长很快。

国民经济的高速增长和居民收入的稳步提高，为星巴克在中国的发展提供了稳定的经济环境，有益于星巴克在中国进行稳步的市场开拓。此外，从消费结构来分析，我国居民的消费日渐趋于多样化。随着居民收入的增加，生活饮品从过去的茶、白开水到矿泉水，再到今天的各种饮料，高收入人群的生活品位逐渐提高，对星巴克咖啡的需求会越来越多。

3. 文化环境

虽然东西方文化存在很大的差异，中国的传统文化也已根深蒂固，但随着中国的改革开放，人们的思想观念逐步解放，对西方文化的认可程度也越来越高。尤其对于高收入的城市白领阶层来说，他们不仅能包容而且能完全接受西方的咖啡文化。文化环境的变化无疑十分有利于星巴克在中国的发展。

4. 政治法律环境

星巴克经营的是咖啡服务，并不涉及国家的垄断行业和稀缺资源，加之我国的政治环境在未来的很长一段时间都不会出现大的波动。随着改革开放的加快，中国鼓励外资企业的进入，星巴克在中国的发展会面临着比较稳定的政治法律环境。稳定的政治法律环境是星巴克开拓中国市场的基础。

5. 自然环境

星巴克从事的是咖啡服务业务，而咖啡的种植对自然环境造成的影响较小。自2008年起，星巴克开始在我国云南种植咖啡豆，这无疑会降低它在中国的经营成本。

6. 技术环境

星巴克的内部生产技术变动相对较小，和外部的技术竞争也相对稳定，信息技术的进步会增强星巴克连锁经营的管理效率。通过对现代信息技术的运用，星巴克总部可以在短时间内迅速掌握世界上所有分店的管理现状，并加以有效的指导。信息技术为星巴克的连锁管理搭建了高效的平台。

三、SWOT分析

1. 星巴克的优势

首先，星巴克有着良好的企业制度——股票期权计划。在星巴克公司，员工被称为"合伙人"。员工在每个季度都有机会以抵扣部分薪水的方式，以一定的折扣价购买公司的股票，这是股票期权计划。丰富的股票期权计划不仅是对员工薪酬的有益补充以及有效奖励，也巧妙地将员工利益与企业利益结合在了一起。

其次，优质的产品与服务为星巴克建立了可靠的群众基础。在商务人士看来，星巴克则类似于一个商务会所，在这样轻松的环境中，可以放松地进行商务会谈。高压下的都市白领，也常到这里来感受这种别样的轻松气氛。许多海归一族回国后，也常常约朋友到星巴克小坐一下。个性化的店内设计、暖色灯光、柔和音乐，星巴克把美式文化逐步分解成可以体验的东西。

最后，星巴克有着良好的战略以及强大的生产线。近12 000家连锁店遍布全球，体现着星巴克强大的渗透力。

2. 星巴克的劣势

总体来说，星巴克的劣势并不多。任何一个从国外进驻中国的企业都要考虑本土化问题。星巴克在中国一方面要考虑到政策和市场的不成熟，法律法规的不完善；另一方面还要意识到我国并未建立起诚信体系。对于星巴克来说，一定要谨慎地寻找合作伙伴，谨慎地调整发展战略，选择自己本土化的模式，包括管理模式、合作模式和产品模式，这都是星巴克需要关心的问题。

3. 星巴克面临的机遇

首先，随着中西文化交流的日益频繁，中国年轻一代的消费者也逐渐崛起，成为肯德基、星巴克、必胜客等西餐的消费主力。星巴克打算扩大生产线，计划让中国成为美国以外的全球第二大市场。其次，公司试图将注意力放到不断增长的国际业务上来，打算在中国云南建立咖啡豆种植园，以降低其进军世界市场的成本。

4. 星巴克的威胁

星巴克面临越来越多的环境挑战。

第一，同行业的竞争。首先，全球五大咖啡连锁品牌之一，英国的COSTA连锁咖啡店进入中国，使星巴克多了一个劲敌；其次，在中国的市场上与雀巢的竞争也是一个难题，如何撼动雀巢在中国消费者心目中的咖啡情缘是星巴克面临的巨大挑战；最后，一些快餐店也出售咖啡，如麦当劳、肯德基等，也会对星巴克的咖啡业务有所影响。

第二，卡夫与星巴克的协议案可能会对双方造成不良后果。星巴克希望能够取消与卡夫达成的袋装咖啡分销协议，从而建立内部的分销业务。而美国卡夫食品公司于2010年12月6日向法院提出申请，要求阻止星巴克撕毁两家的商品分销协议，这将导致两公司矛盾进一步激化。

第三，星巴克的两款咖啡在前段时间被爆热量超标，不利于人体健康。质量问题将会对星巴克带来一些不利的影响。

思考：

(1) 对星巴克影响最大的宏观环境有哪些？

(2) 星巴克在中国的经营优势是什么？

| 思考题 |

1. 行业宏观环境的内容有哪些？
2. 根据对经济周期的敏感度不同，行业可分为哪几类？
3. 行业成功关键因素的类型有哪些？
4. 顾客基本信息应包括哪些内容？
5. 竞争对手分析的主要内容有哪些？

第六章
营销战略策划

1. 理解营销定位的含义与本质，掌握营销定位的四种方式，了解互联网背景下的营销定位；

2. 掌握基本竞争战略选择，掌握不同市场地位企业的竞争策略；

3. 理解品牌营销和品类营销的含义、作用、策略与方法。

第 一 节 营销定位战略

一、营销定位的含义和本质

（一）营销定位的含义

营销定位也称作市场定位，是指企业在目标消费者心目中塑造产品、品牌形象与个性的营销技术。企业根据竞争者现有产品在市场上所处的位置，针对消费者或用户对该产品某种特征或属性的重视程度，强有力地塑造出本企业产品与众不同的、个性鲜明的形象，并把这种形象生动地传递给顾客，从而使该产品在市场上确定适当的位置。简而言之，就是在客户心目中树立独特的形象。

（二）营销定位的本质

营销定位以探究顾客心理、分析竞争者为基础，力图确定一种能切合顾客心理诉求的产品的独有特色：一是把自己与竞争者区别开来，排除干扰；二是触动顾客的心灵，在顾客的心目中烙上难以忘却的印记，最终培养一批忠诚消费者，有效降低竞争的压力。

宝洁之所以能主导中国洗发水市场，在于它几乎垄断了行业中主要的心智资源，例如，海飞丝占领的心智资源是"去头屑"，飘柔占领的心智资源是"柔顺头发"，潘婷则代表了"营养头发"。宝洁牢牢占据这三块心智资源，这就是宝洁成功的最大秘密。

"定位之父"特劳特一直强调，商战不是产品之战，而是心智之战。营销定位的诉求要对准顾客的心智，要搔到顾客内心之痒，而不是从企业或产品本身出发。通过定位，企业可以培养一批忠诚消费者，为企业发展打下稳定的基础。

上述定位的含义又被称为心理定位，市场营销学之父菲利普·科特勒进一步提出了优势定位的观点，即定位不但要针对消费者心理，还要结合企业的优势，将其贯彻于企业或产品的各个方面，渗透于营销活动的各个环节，而不仅仅是停留在口头上的一种说辞或者宣传。

从竞争的角度来看，营销定位并不是与竞争对手进行你死我活的争夺战，而是让产品在一批顾客的心智之中占据第一的位置，培养产品的忠诚消费群。企业与竞争对手拥有各自不同的忠诚消费者，所以定位的基本哲学是：竞争并不是"你死我活"，而是各自拥有自己的忠诚消费群，大家可以共存共荣。

二、营销定位的方式

（一）产品定位

产品定位又称理性定位，是指企业从产品的相关因素出发，寻找企业的优势领域，并以此作为产品定位。这类产品的消费者需求差异化程度高，通过培育产品差别，可以与竞争对手实现有效区隔。

产品定位概念清晰，易于传播，可以有效建立品牌形象，培养忠诚消费者。

产品定位的选择可以依据一定的顺序去寻找。产品的第一要素是产品功能，产品的核心功能是所有企业的必争之地。产品功能包含许多性能指标，企业首先要在产品性能方面寻找自己的定位资源。家用轿车的核心功能是"出行代步"，但不同轿车有不同的性能指标，如速度、油耗、安全性、空间、外形等，每一个方面都可以成为定位的选择项。产品除了有核心功能，还可以开发辅助功能，称为多功能产品。如今，手机从电话功能逐步延伸出上网、娱乐、商务办公等多种功能。苹果公司就是依靠其强大的研发能力，不断推出具有前沿功能的手机产品，从而在市场上称雄一时。第二要素是所有产品都有质量和价格差异，企业若在这方面占据优势，也一定能够独立鳌头。第三要素是产品的服务。产品的服务早已成为企业竞争的利器，著名品牌 IBM 和海尔长期以来都是以服务取胜的。

（二）消费者心理定位

马斯洛的五层次需求理论指出，人的需求由低到高分为五个层次，分别是生理需求、安全需求、社交需求、尊重需求和自我实现需求。企业可以从消费者的需求出发进行产品定位，极容易获得消费者的认同，称为消费者心理定位。

"为什么 100 万人选择北大青鸟?"100 万人的选择给了你极大的安全感;"百灵牙膏,轻松自信每一天",百灵牙膏给了你信心,使你在任何社交场合都能轻松面对;"孔府家酒,叫人想家"唤起了每个人的思乡之情;标致汽车的"品味生活,品味成功",展示了成功者的品位与洒脱;"先天下之忧而忧,后天下之乐而乐"释放了奥迪汽车人的家国胸怀。

(三) 品牌定位

品牌定位是一种高级定位形式。最典型的品牌定位是品牌形象定位。企业通过打造完整的品牌形象,传达品牌理念,培养忠诚消费者。例如,耐克的形象代言人乔丹代表着专业、优秀的品牌理念;万宝路用"西部牛仔"做形象代言人,传达了敢于冒险、勇于拼搏的品牌理念。

当然,打造品牌形象需要一个长期的过程,企业可以通过宣传品牌个性培育品牌。例如,奇瑞 QQ 汽车被赋予了"时尚、价值、自我"的品牌个性;七匹狼男装塑造了"自信、不屈、团队"的品牌个性;移动公司针对学生开发了"动感地带"产品,宣扬"我的地盘我做主"。

(四) 竞争定位

竞争定位通过抢占有利的市场地位,向竞争对手发起挑战,是一种竞争性极强的定位手段。

对于市场领导者,他们通常以"市场第一"定位。在实践中不断强化自己的地位,例如,美国施乐公司的宣传语"我们发明了复印机";可口可乐的宣传语"只有可口可乐,才是真正的可乐"。

对于市场后来者,他们依据自己的地位和策略有多重定位方法。例如,百事可乐采取"迎头定位",广告中宣称"百事,新一代的选择";蒙牛乳业采取"比附定位",广告语为"向伊利学习,创内蒙古乳业第二品牌";美国七喜可乐采取"避强定位",广告语为"七喜,非可乐"等。

三、互联网背景下的营销定位

4P 营销理论和 4C 营销理论的核心就是定位。在传统的市场营销中,营销人员经常给自己的产品定位,包括目标市场定位、产品价格定位、品牌定位等。定位是营销的核心,也是营销的支点。没有市场定位或市场定位失误,营销失败是必然的;反之,一个正确的定位能帮助你撬起一个巨大的市场。

在互联网时代,尽管世界因信息传递速度加快和信息获取难度的降低而变得平坦,但是市场分割却在加速进行。相对于传统营销,互联网营销中的定位更为必要。在互联网时代,长尾市场表现得最为明显。互联网让人类的需求更加多样化、多层次,需求自动产生供给,商品和服务的多样化和多层次也随之产生。在无限丰富的商品供需匹配中,市场需求曲线会如一条长长的尾巴,无限延伸。在尾端的市场需求量无限趋近于零,但永远不会为零,这就意味着无限细分市场的存在。

细分市场的无限性仅仅代表机会的无限性，而不代表你拥有所有的机会，你只能在一个或几个细分市场中提供产品或服务。人类的需求无论多么的多样化和多层次，都不会是无限的。一个人只会关注自己需求的商品和服务，任何细分市场都只能满足一部分人的需求，这决定了你必须对自己为哪些人以哪些方式提供哪些产品或服务有清晰的思考，这就是定位。

定位是互联网营销中最重要的思维。如果说在传统营销时代，你还可以在匆忙行路中寻找出路，那么互联网营销时代，你只有找准道路后才能上路。首先，互联网时代没有太多的时间给你试错。每一次试错，失去的不是机会，而是极其珍贵的时间。其次，互联网时代，任何一条路都能走得开，只要你坚持，因为需求总是存在的。最后，互联网时代，任何一条路都可以因创新而拓宽。创新不仅仅需要知识，还需要毅力、经验和判断力。如果选择一条路之后半途而废，那么创新不仅不可能与你有缘，而且会因为你的退缩而使你无法积累经验。

十几年前，马云在创业时，中国有多少人知道 B2B、B2C、C2C 这些在当时听起来玄而又玄的术语？又有多少人相信他所说的未来？"让天下没有难做的生意"这样的定位成就了今天的阿里巴巴。为什么马云成功了？因为他的坚持。这就是互联网时代"长尾市场"的神奇。在十几年前的中国，在网上做生意就是尾端，像搜狐、网易、雅虎这样的门户信息和分类目录网站当时何其火爆，而马云却固执地选择了尾端。

想在互联网营销中出彩，首先要定位。只有定位，才会有清晰的方向，不会在互联网信息的海洋中迷失；只有定位，才能选择适合自己的方式在互联网创业，为找到有效的客户提供方向；只有定位，才能找到合适的平台和营销工具进行营销，找到有效客户，使营销成本最小化。

经典案例

去哪儿网上线客栈民宿频道　布局酒店细分市场

2012 年 4 月，在线旅游网站去哪儿网宣布上线客栈民宿频道，为旅行者提供标准化客栈民宿线上搜索服务。由此，去哪儿网将酒店预定类型分为精品酒店、团购酒店、越狱酒店、客栈民宿等多种分类，可为旅行者提供更多精准选择，满足不同用户的细分需求。据了解，去哪儿网酒店频道中不同类型的产品所面向的消费者也有所不同，例如，逆向定价的越狱酒店面向追求新奇实惠的消费者，精品酒店面向高端消费者，而客栈民宿频道的推出则是面向广大"驴友"、背包客。去哪儿网一直在努力尝试为不同类型的消费者寻找最佳出行住宿解决方案。

国内的客栈民宿大多分布在风景秀丽的边寨古镇，如丽江、三亚、大理、阳朔、凤凰、平遥、鼓浪屿、曾厝垵等地。随着近年来旅游热潮的兴起，客栈民宿以其独特的魅力为广大旅游爱好者、休闲游客、背包客所追崇，其身后的市场潜力不容小觑。

去哪儿网将其强大的搜索引擎植入客栈民宿频道，为旅游者提供更多客栈筛选维度。

旅游者可按特色、按价格、按设施筛选客栈，有利于充分挖掘客栈特色，找到适合自己的独具特色的客栈。

精美全景图片与客栈老板资料展示是去哪儿网客栈民宿频道的亮点。潜在旅行者搜索到客栈后的第一印象通常从大而精细的客栈美图开始，全面展示客栈风貌与房型的图片配合详细的文字介绍及客栈老板资料展示，能让旅行者在了解客栈的同时，更增添一份亲切感。

资料来源：艾尔文.去哪儿上线客栈民宿频道 布局酒店细分市场.速途网.2012-04-12.

第二节 竞争战略

一、基本竞争战略选择

基本竞争战略由美国哈佛商学院著名的战略管理学家迈克尔·波特提出。基本竞争战略有三种：成本领先战略、差异化战略、集中化战略。企业必须从这三种战略中选择一种，作为其主导战略，要么把成本控制到比竞争者更低的程度；要么在企业产品和服务中形成与众不同的特色，让顾客感觉到你提供了比其他竞争者更多的价值；要么企业致力于服务于某一特定的市场细分、某一特定的产品种类或某一特定的地理范围。这三种战略在架构上差异很大，成功地实施它们需要不同的资源和技能。

（一）成本领先战略

成本领先战略也称低成本战略，是指企业通过有效途径降低成本，使企业的全部成本低于竞争对手的成本，甚至是在同行业中最低的成本，从而获取竞争优势的一种战略。

根据企业获取成本优势的方法不同，我们把成本领先战略概括为以下几种主要类型。

（1）简化产品型成本领先战略，就是使产品简单化，即将产品或服务中添加的花样全部取消。

（2）改进设计型成本领先战略。

（3）材料节约型成本领先战略。

（4）人工费用降低型成本领先战略。

（5）生产创新及自动化型成本领先战略。

成本领先战略的适用条件如下：① 现有竞争企业之间的价格竞争非常激烈；② 企业所处产业的产品基本上是标准化或者同质化的，实现产品差异化的途径很少；③ 多数顾客使用产品的方式相同；④ 消费者的转换成本很低；⑤ 消费者具有较大的降价谈判能力。

（二）差异化战略

差异化战略是指为使企业产品与竞争对手产品有明显的区别，形成与众不同的特点而采取的一种战略。这种战略的核心是取得某种对顾客有价值的独特性。

企业要突出自己产品与竞争对手之间的差异性，主要有四种基本的途径。

（1）产品差异化战略。产品差异化的主要因素有特征、工作性能、一致性、耐用性、可靠性、易修理性、式样和设计。

（2）服务差异化战略。服务的差异化主要包括送货、安装、顾客培训、咨询服务等因素。

（3）人员差异化战略。训练有素的员工应能体现以下六个特征：胜任、礼貌、可信、可靠、反应敏捷、善于交流。

（4）形象差异化战略。

差异化战略的适用条件如下：① 顾客对产品的需求和使用要求是多种多样的，即顾客需求是有差异的；② 可以有很多途径创造企业与竞争对手产品之间的差异，并且这种差异被顾客认为是有价值的；③ 采用类似差异化途径的竞争对手很少，即真正能够保证企业是"差异化"的；④ 技术变革很快，市场上的竞争主要集中在不断地推出新的产品特色。

（三）集中化战略

集中化战略也称聚焦战略，是指企业或事业部的经营活动集中于某一特定的购买者集团、产品线的某一部分或某一地域市场上的一种战略。这种战略的核心是瞄准某个特定的用户群体、某种细分的产品线或某个细分市场。具体来说，集中化战略可以分为产品线集中化战略、顾客集中化战略、地区集中化战略、低占有率集中化战略。

集中化战略的适用条件如下：① 具有完全不同的用户群，这些用户或有不同的需求，或以不同的方式使用产品；② 在相同的目标细分市场中，其他竞争对手不打算实行重点集中战略；③ 企业的资源不允许其追求广泛的细分市场；④ 行业中各细分市场在规模、成长率、获利能力方面存在很大差异，致使某些细分市场比其他细分市场更有吸引力。

二、不同市场地位企业的竞争策略

（一）领先者的市场竞争策略

领先者是某一品牌产品在某行业市场占有最大份额，并且经常在价格变动、新产品导入、分销的覆盖面及促销的力度上领先于其他企业。同时，领先者又是竞争对手的众矢之的，竞争者或者向其挑战，或者模仿，或者避免与之竞争。领先者品牌要继续保持其第一名的位置，必须采取有效的行动。

▶ 1. 维护高质量形象

产品质量指产品满足人们需要的效用程度，即产品功能和耐用性。质量是赢得消费者的根本，是争取订单的王牌，是企业的生命线。

▶ 2. 扩大市场需求总量

当一种产品的市场需求量扩大时，收益最大的往往是处于领先者的企业，所以促进产品总需求量不断增长，扩大整个市场容量，是领导企业维持竞争优势的积极措施。它一般通过寻找新用户、开辟商品新用途和刺激使用者增加使用量来扩展整个市场。

（1）寻找新用户。每类产品总有其潜在购买者，这些潜在购买者或者根本不知道有这类产品，或者因为价格不合理，或者因为缺少某些性能而拒绝购买。作为市场领先者，应千方百计寻找新用户。例如，香水制造商可以说服不使用香水的妇女使用香水，或者说服男子使用香水，或者把香水销到其他地区去。

（2）开辟新用途。不少产品的用途不仅仅是一种，当新的用途被发现而又被顾客认同，这一市场会因此而扩大。

（3）增加使用频率。扩大市场需求总量的第三个策略是说服消费者更多地使用该产品。

▶ 3. 保护市场份额

市场领先者在扩展市场的同时，还必须不断地保护现有的市场占有率。领先者保护市场占有率一般有两种途径：进攻与防守。市场领先者保护阵地最好的途径是进攻，即不断创新，在新产品的设计、顾客服务、分销效率及降低成本等方面领先与同行，不断增加竞争优势。

防守策略主要有以下六种：

（1）阵地防守，即在其领域周围构筑堡垒。

（2）侧翼防守，即特别注意其薄弱侧翼的防守，因为竞争者通常会攻击对手的弱点。

（3）先发防守，即在未受到对手攻击之前，就采取攻击行动，先发制人。

（4）反击防守，当市场领先者遭受攻击时采取反击行为。

（5）机动防守，不仅仅防卫目前的市场地位，而且延伸到新市场。

（6）收缩防守，放弃较弱的领域，集中一定资源于较强的领域。

▶ 4. 扩大市场份额

市场领先者可以通过进一步增加市场份额而提高其利润水平。一般而言，相对市场占有率高的企业有较高的投资回报率，但企业要满足两个条件：单位成本随市场占有率的增加而降低，以及改善产品质量的成本要低于价格的提高所带来的差额利润。

（二）挑战者的市场竞争策略

市场挑战者不仅攻击市场领先者，也攻击其他竞争者或者搞垮小企业以获取更多的市场占有率。市场挑战者的策略有以下内容。

▶ 1. 正面进攻

正面进攻是集中全力向对手的长处发动进攻。这一策略打击的不是竞争者的弱点，而是其最强的地方，胜负则取决于双方的优势大小及耐力。但如果市场挑战者的资源比竞争对手少，正面攻击就没有胜算的把握。

▶ 2. 侧翼攻击

侧翼攻击就是集中优势力量攻击对手的弱点。一般来说，市场领先者往往是最强大的，但再强大的企业也难免有薄弱环节，它的弱点往往是敌方进攻的首选目标。侧翼进攻一般可以在几个战略角度进行，核心是"细分市场转移"，如地理细分，即进攻领先者忽略的区域。

▶ 3. 包围进攻

包围进攻是针对几个方面同时进攻，让竞争者必须同时保卫它的前方、边线和后方。当挑战者具有较优越的资源，而且相信包围进攻策略能迅速和完全突破竞争者所占有的市场时，该策略就可以采用。

▶ 4. 迂回攻击

迂回攻击是一种避免直接和竞争者冲突的竞争策略。挑战者应尽量避开对手，而瞄准竞争程度较小的市场。迂回攻击有三种方法：发展多样化的不相关产品、开拓新的地理市场，以及开发新技术取代现有产品。

(三) 追随者的市场竞争策略

大多数公司喜欢追随而不是向市场领先者发起挑战，这是因为市场领先者对挑战者的挑战行为往往不会善罢甘休，在领先者的反击下，挑战者可能损失惨重。一般情况下，追随者不必投入大量的人、财、物资源，不必冒很大风险，就可以获得一定的利润。例如，日本索尼公司承担开发新产品的任务，并在市场开发上花费巨大的开支，赢得了市场领先者的地位。而松下公司则很少创新，它仿制索尼产品，然后用低价销售，也获得相当的利润。追随者有以下三种策略可供选择。

▶ 1. 紧密追随策略

紧密追随策略是指追随者在各个细分市场和市场营销组合方面，尽可能效仿领先者。这种跟随者有时好像是挑战者，但它不从根本上侵犯领先者的地位，就不会发生直接冲突，有时甚至被看成是寄生者。

▶ 2. 距离追随策略

距离追随策略是指追随者是在主要方面，如目标市场、产品创新、价格水平和分销渠道等方面追随领先者，但仍与领先者保持若干差异。这种追随者可通过兼并小企业而使自己发展壮大。

▶ 3. 选择追随策略

选择追随策略是指追随者在某些方面紧跟领先者，而在另一些方面又自行其是。也就是说，它不是盲目追随，而是择优追随，在追随的同时还要发挥自己的独创性，但不直接竞争。在这些追随中，有些可能成为挑战者。

(四) 补缺者的市场竞争策略

市场补缺者是精心服务于市场某些细小部分，通过专业化经营来占据有利的市场位置的企业。这些企业往往是行业中的小企业，它们不是追求整个市场，或较大的细分市场，而是以细分市场里的空缺位置为目标。

一个理想的市场空缺位置具有下列特征：有足够的市场潜力，利润有增长的潜力，对主要竞争者不具有吸引力，能有效地服务于市场，企业既有的信誉足以对抗竞争者。

市场补缺者有以下几种方案可供选择：

(1) 最终用户专业化。专门致力于为某类最终用户服务，因为此类用户往往被大企业忽略。

(2) 垂直层面专业化。专门致力于分销渠道中的某些层面。

(3) 地理区域专业化。专为某特定区域顾客服务。

(4) 产品或产品线专业化。只生产一大类产品或一条产品线，如美国绿箭公司专门生产口香糖这一种产品。

(5) 质量价格专业化。专门提供某种质量和价格的产品。

经典案例

曲美与赛尼可的减肥决斗

1. 背景

曲美和赛尼可都是同一时期进入中国的减肥市场的，它们上市后，立即以惊人的速度成为市场的巨无霸。但是它们的营销策略有所不同，太极集团的曲美走的是"中国路线"，把药店作为销售终端，而上海罗氏(中国)的赛尼可走的是国际化药品销售模式，将医院作为销售终端，成为曲美最大的心头之患。

曲美一上市，就提出"做全国第一减肥品牌"的口号，2000年7月，曲美成功进行了经销权拍卖；8月，全国46家总经销商以及500多家分销商同时将曲美在30 000多家药店上市，300多家医院向患者推荐曲美。半年后，赛尼可上市，它也提出"全国第一减肥品牌"的口号，但它的营销却着眼于长远，以推广医学知识和提供专业科学咨询的形式出现，其销售终端定在医院。赛尼可在进入中国之前，就遍邀国外学者来中国召开学术会议或经验交流会，让中国的医生、医院认识赛尼可，接受赛尼可。接着，他们又利用第一批医生，对中国的2 400多家零售药店店员进行减肥知识培训。在赛尼可进入中国时，一大批深度了解赛尼可的医师、药剂师已经培养成功。在推广费用上，赛尼可的一组数据如下：40%用于医院的学术推广，30%用于零售终端和媒体推广，30%用于强化"轻盈会"及治疗全程跟踪等售后服务。通过一系列的运作，赛尼可占有了90%的医院减肥市场份额。

2. 争端

曲美、赛尼可同是减肥药，但是作用机理不同，曲美原为抗抑郁药，是中枢神经作用药物，可能引起血压升高、心率加快。而实际上，肥胖者时常伴有高血压的心血管系统的疾病。赛尼可在"轻盈会"的网站上表示，"赛尼可是减肥药中唯一的非中枢神经作用药物，其作用机理是在胃肠道直接阻断部分膳食脂肪的吸收"，以显示赛尼可的优点。与此相反，在曲美的网站上，看不到任何关于攻击赛尼可的表述。

曲美因此将赛尼可告上法庭，要求赛尼可消除不良影响，赔偿不良影响所造成的损失。当前的竞争很多是低价格的恶性竞争，而真正的有目的差异的竞争并不多，这个想法也应该归置于真的真空地带中的营销策划。

3. 评析

从两者竞争的目的来看，就是要争夺谁是"减肥药老大"。我们姑且不论谁是谁非，从两者的企业背景以及技术背景上就看出了两者之间的差距。赛尼可作为国际药业巨头的抢滩产品，不可能不知道不正当竞争的危害。但是，面对曲美的地域优势以及市场领先优势，赛尼可通过"故意犯规"来达到提高知名度、扩大影响力的目的可以说是昭然若揭，这样的竞争就显得十分可怕。从赛尼可的营销战略性和系统性来分析，曲美已经逊色一筹——这才是我们所要探讨的竞争力的意义。不论赛尼可和曲美官司的输赢与否，对于赛尼可来说输赢已经不再重要，重要的是赛尼可在这场竞争中得到了它所要的东西。也就是说，曲美在和赛尼可决斗的同时，赛尼可把与曲美争斗当作了自身的资源，当作竞争的资本，曲美就是赢了，也在无形中替对手壮大了力量。

在企业的竞争游戏中，以前企业发展中最关键的因素是资本，谁的资本大谁就领先；后来是技术，谁的技术先进谁将取代别人；现在是用户资源，谁拥有用户资源，别人就找上门来合作。竞争的游戏规则已经改变，企业的竞争力不是机械地面对市场，为市场做什么，更多的是为未来创造价值。也就是说，未来的竞争是组合资源和智慧能力的竞争，是企业文化、企业价值的竞争。我们的企业在回避不正当竞争的同时，应该树立有效竞争的观念，通过有效竞争来抢占商机，提高企业的竞争力。

第三节 营销战略新思维

一、品牌营销

(一) 品牌的含义

品牌是一个名称、名词、符号或设计，或者是它们的组合，其目的是识别某个销售者或某群销售者的产品或劳务，并使之与竞争对手的产品和劳务区别开来。

品牌是一种商业用语，品牌注册后形成商标，企业即获得法律保护，拥有其专用权；品牌是企业长期努力经营的结果，是企业的无形资产。品牌的实质是其价值、文化和个性。

为了深刻揭示品牌的含义，还需要从以下六个方面进行介绍。

(1) 属性：品牌代表着特定商品的属性，这是品牌最基本的含义。

(2) 利益：品牌不仅代表着一系列属性，而且还体现着某种特定的利益。

(3) 价值：品牌体现了生产者的核心价值观。

(4) 文化：品牌还附着特定的文化。

（5）个性：品牌也反映目标消费者一定的个性。

（6）用户：品牌暗示了购买或使用产品的消费者类型。

基于上述六个层次的品牌含义，营销企业必须决策品牌特性的深度层次。

（二）品牌的作用

品牌对消费者来说有什么作用呢？第一，有助于消费者识别产品的来源或者产品制造厂家，更有效地选择厂家和购买商品。第二，品牌有利于消费者权益的保护，值得信赖的品牌，消费者购买得也会比较放心；第三，有利于消费者形成品牌偏好，通常消费者购买商品都会选择以往购买过的品牌，所以会对消费者形成一定的导向作用。

品牌对生产者的作用：第一，有助于产品的销售和占领市场，品牌一旦形成一定知名度后，企业可以利用品牌效应扩大市场；第二，有助于稳定产品价格，减少价格弹性，增强对动态市场的适应性；第三，有助于新产品开发，利用其品牌知名度，开发研究新的产品；第四，有助于企业抵御竞争者的攻击，保持竞争优势。

（三）品牌营销策略

品牌营销的策略包括四个：品牌个性（brand personality，BP）、品牌传播（brand communication，BC）、品牌销售（brand sales，BS）、品牌管理（brand management，BM）。

品牌个性包括品牌命名、包装设计、产品价格、品牌概念、品牌代言人、形象风格、品牌适用对象等。

品牌传播包括广告风格、传播对象、媒体策略、广告活动、公关活动、口碑形象、终端展示等。

品牌销售包括通路策略、人员推销、店员促销、广告促销、事件行销、优惠酬宾等。

品牌管理包括队伍建设、营销制度、品牌维护、终端建设、士气激励、渠道管理、经销商管理等。

经典案例

新康泰克品牌营销

1. 项目概况

康泰克于1989年进入中国市场，成为中国最早的西药感冒药品牌，但是在2000年PPA风波中康泰克等药品下架的空当，很多感冒药品牌的市场份额增长迅速，给新康泰克的回归制造了很大的障碍。经历了三年的市场深耕细作后，2004年，新康泰克提出了建立有竞争差异性的传播诉求，要实现在销售上的真正飞跃，再度冲击第一品牌的宝座。

2. 营销策略

（1）产品及品牌定位：2004年，新康泰克将目标受众重新定义，并锁定在一个相对小的人群：18～35岁的城市人群，这部分人希望能掌控自己并自信地生活。

（2）推广及宣传：新康泰克寻找到了一个具备号召力的诉求策略——"早吃早好"。

（3）整合行销模式：新康泰克主要以电视为主要载体，大规模启用户外广告，阶段性地使用互联网广告和"早×早×"填词游戏,尤其是利用娱乐营销,与年轻受众产生互动并沟通产品功能,在药店投放售点广告和宣传单页等材料,在销售终端拉动购买。

3. 市场效果

新康泰克的广告片在目标消费者中间赢得了极大的共鸣,品牌知名度比 PPA 风波前提高 93%,而未提示第一品牌提及率比 PPA 风波前增长超过 60%。2004 年第四季度,新康泰克市场占有率在天津、青岛和重庆已重回第一宝座,而在北京、广州、武汉和成都也已上升至第二位。

二、品类营销

(一)品类营销的含义

品类营销就是用概念在原有的产品类别中或在它的旁边开辟一个新的领域,然后命名这个领域,把开辟的新领域作为一个新品类来经营,把自己的产品作为这个新品类的第一个产品来经营,首先在自己开辟的市场中独占独享。

品类战略以打造品类领导品牌为目标,运用品类分化原理在消费者心智中开辟新的品类,或者重新审视尚未诞生领导品牌的既有品类机会,让品牌占据品类属性、主导品类发展,实现品牌进化从而创建品牌高价值的一种系统性的营销战略,它涵盖了品牌战略、产品战略和渠道战略。

若不是某类产品中的第一,就应努力去创造一类能使你成为市场"第一"的产品品类。品类创新是市场营销中最根本的创新,无数的营销事实证明,花再大的力气经营现有市场都不如发现一个新的品类市场来得快,一个新品类市场开拓之际,意味着一个领袖品牌诞生之时,康师傅方便面、喜之郎果冻、加多宝凉茶无不如此。

(二)品类分化原理

1859 年,达尔文出版了《物种起源》,他在书中把地球上存在的数百万种物种的来源归功于自然界的分化作用,就好像一个树干长出的无数枝条。他把物种的产生比喻成"生命的大树"。达尔文发现猫和狗这样的物种可能来自共同的祖先,但为了应对环境的变化,它们发生了分化。

在商品的发展过程中,同样也有一棵"品牌的大树",在不断进化、分化的过程中,发展得枝繁叶茂。这点给我们进行营销带来了极大的启示:回首产品发展历史,分化是所有商品品类发展的方向。

电话源自一个发明,最初是一种功能简单的产品,但是今天我们有无线电话、子母电话、IP 电话、卫星电话和手机,手机又不断分化出商务手机、智能手机、3G 手机等。电话根据不同需求发生了分化。

若想打造成功的品牌,必须理解分化,找到机会,通过原有品类的分化创造新的品类,然后努力成为这个新生品类的第一品牌。

（三）品类战略决策

今天的营销，与其说是经营品牌，不如说经营品类；与其说要推进一个品牌战略，不如说推进一个品类战略。而要取得品类战略的成功，要注意以下四个要点。

▶ 1. 开创一个新品类

品牌是心智中代表品类的名字，因此创建一个品牌的第一选择就是开创一个品类。因为一旦成为品类的开创者，就具有先入为主的优势，一出生就是领导者。

开创品类首先可以借助分化的趋势。特仑苏有什么重大的发明或者创新吗？这个不重要，重要的是它在普通牛奶市场中，分化并聚焦于高端牛奶市场，在此之前并非没有高价牛奶产品，而是没有一个独立的高端牛奶品类。百度为什么成功？从营销或者市场的角度来看，百度的成功是因为它从搜索市场上分化并聚焦于中文搜索。

▶ 2. 使用独立的品牌

建立一个新的品类，就应该使用新的品牌，但是企业普遍认为利用现有的品牌可以有效使用品牌资产，事实并非如此。如果说使用新品牌意味着要从零开始建立认知的话，使用原有的品牌就是从负数开始，就好像修补房子远比重建房子困难一样，使用原有的品牌意味着要修补原来的认知，这是一个浩大的工程。

以生产中低档酒起家的全兴酒厂在推出超高端品牌"水井坊"的时候，不仅采用了独立的品牌，甚至还注册了独立的公司——水井坊酒业，完全避免了"水井坊"受全兴的负面影响。生产农用车起家的福田汽车推出的新品类——经济型微卡，起用了一个全新的品牌名称"时代"，这个品牌取得了空前的成功，一度占据了该品类30%的市场份额。

▶ 3. 界定一个合适的对手

营销竞争的本质是品类之争。新品类的市场通常来自老品类，界定了品类的"敌人"，也就确定了生意的来源。高档牛奶的市场来自哪里？可能是普通牛奶市场中的高端收入人群，也可能是其他高档早餐饮品，也可能两者都有，但必须确定一个阶段性的偏重。

不仅是新品类和新品牌，对于已经建立起地位的老品类和老品牌而言，也面临界定竞争对手的问题，否则，品类和品牌都将面临衰落的危险。

▶ 4. 推广品类而非品牌

一旦开创新品类，营销推广的焦点就是围绕新品类来展开，脉动在国内开创了维生素水品类，它几乎是乐百氏近年来最成功的品牌，在它成功之前，几乎没有进行过任何广告的宣传和推广，这个品牌风靡一时。遗憾的是接下来的广告推广，脉动的广告主题是"时刻迎接挑战"，完全抛弃了自己的特色优势。脉动应该怎么做？应该宣传推广维生素水与其他的主流饮料如纯净水和运动饮料甚至茶饮料相比有什么好处，也就是说做品类的推广而非品牌的推广。类似的例子还有澳的利，这个品牌开创了葡萄糖饮料品类，成为当年发展速度最快的饮料品牌，可是，很快它就把焦点转向了品牌的宣传，企业没有太多的关注和跟进这个品类，因此也没有太大的发展，最终这个品牌也消失了。

（四）开创新品类的具体方法

▶ **1. 技术创新开创新品类**

技术革命创建品牌的方法可遇不可求，如爱迪生与 GE、西门子与西门子电器。技术创新则相对容易，乔布斯的苹果可谓典范：从文字界面到图形界面，从键盘到触屏……

▶ **2. 新趋势开创新品类**

新问题、新概念奠基新机会，如在健康环保领域的不饱和脂肪、健康、有机、低碳、无糖、无醇、无氟、便携、速冻、非油炸……

▶ **3. 填补"心智空白"的新品类**

喜之郎果冻、美的"空气能热水器"都是典型的填补"心智空白"的例子。

▶ **4. 聚焦开创新品类**

必胜客是美国第一个全国连锁的比萨店，提供堂食、外带、外卖业务。

多米诺收缩聚焦，专注宅送，在非繁华地段开店并提供顾客体验和宅送服务支持，成为美国第二大比萨品牌（宅送比萨品类）。

小凯撒聚焦外带回家或回办公室吃的客群，店面很小只有几个不舒适的座位或不设座位，非繁华地段设外带窗口，成本下降，价格仅是必胜客的一半，成为比萨的第三品牌。

▶ **5. 对立开创新品类**

对立开创新品类的关键点是找到战略对立面而非战术对立面。战略性弱点通常隐藏在战略性优点的背后，先分析领导品牌的战略性优点、优势，然后反其道进行攻击，此攻击点将令领导者无法有效反击。例如，可口可乐针对百事的反传统"年青一代的选择"无法有效反击；奔驰作为宽大舒适、驾驶平顺的高档轿车，而宝马更小、更轻、更富乐趣，奔驰针对宝马的小、富驾驶乐趣也无法有效反击。

经典案例

米勒啤酒的产品定位

米勒啤酒是由米勒酿酒公司酿造的一种啤酒，在公司发展中起到了拯救公司的作用。

米勒酿酒公司调查了美国的啤酒消费者，发现啤酒的最大消费者是男性年轻人，主要是蓝领工人。同时还发现，这些蓝领工人是在酒吧间里和同伴一起喝酒，而不是在家里和妻子一起饮用。

在菲利普·莫里斯公司买下米勒公司以前，作为主要消费力量的蓝领工人几乎没有引起人们的重视，各啤酒公司所做的广告中刊登的是一些与蓝领工人的生活格格不入的东西。例如，市场上居领先地位的巴德维瑟公司在其广告上刊登这样的画面：在某宅邸优雅的游泳池旁举行的社交聚会上，上流社会富有的绅士、淑女们喝着巴德牌啤酒——一种适应工人口味的新啤酒。

由于不少顾客在打猎或钓鱼时也要喝很多啤酒，米勒酿酒公司开始生产听装啤酒，并开始向超级市场供货。而且，该公司还向全国各地的酒店和保龄球场销售其产品。

为了使人们问津"米勒好生活"啤酒，米勒酿酒公司设计了一个旨在吸引蓝领工人的广告宣传活动，并为此投入了大量财力。"米勒好生活"啤酒挤入了工人的日常生活，人们下班后的时间变成了"米勒时间"。米勒的广告对石油、铁路、钢铁等行业的工人的工作大加赞美，把他们描绘成健康的、干着重要的工作，并为自己是班组的一员而自豪的工人。

为了进入目标市场，米勒公司只在电视上做广告，这是蓝领工人所乐于选择的传播媒介，并集中在他们所喜爱的体育节目时间播出。在一年时间里，米勒公司的市场占有率即从第八位跃居第四位，随后又逐步升至第二位。

为再接再厉，米勒公司又推出了一种新产品——保健啤酒，公司将它定位为低热量啤酒，命名为"米勒莱特"。产品面向三个市场，即年轻男性蓝领工人、老工人和妇女，结果很快就成为超级明星。

米勒啤酒的成功归功于市场细分和目标市场营销。菲利普·莫里斯公司买下米勒公司后，不是以其老产品去大力推销，而是首先进行市场调查，在充分掌握调查材料的基础上，选中了蓝领工人这一从未被重视的细分市场作为其目标市场，以此为突破口扭转了局面。公司仔细研究了蓝领工人对啤酒的需求特点及他们的饮酒习惯，如不十分重视啤酒的味道，喜欢在酒吧间里与同伴一起喝酒，喜欢在打猎或钓鱼时喝等，设计推出了一种适合他们特点的新啤酒——"米勒好生活"啤酒，并针对其特点制定了有力的促销策略。例如，工人喜欢看电视，就在电视上做广告；采用听装、向全国各地的酒店和保龄球场销售产品等。米勒公司在这一阶段采取的是"集中市场营销战略"，集中力量满足蓝领工人的需要，从而迅速占领了市场，为以后更大范围的成功奠定了基础。

思考：

（1）米勒啤酒的市场定位是什么？

（2）米勒啤酒有什么消费特征？公司对米勒啤酒采用了什么广告策略？

思考题

1. 市场定位的本质是什么？
2. 市场定位的基本方式有哪些？
3. 低成本领先战略的适用条件是什么？差异化竞争战略的途径有哪些？
4. 领先者与挑战者的市场竞争策略分别是什么？
5. 品类营销战略有哪些？

第七章
产品与品牌策划

第一节　产品策划概述

一、产品的本质

4C 营销理论提出，企业以消费者需求为导向，重新设定市场营销组合的四个基本要素：消费者（consumer）、成本（cost）、便利（convenience）和沟通（communication）。消费者主要指消费者的需求。企业必须首先了解和研究消费者，根据消费者的需求来提供产品。同时，企业提供的不仅仅是产品和服务，更重要的是由此产生的客户价值。

根据顾客让渡价值理论，总顾客价值就是顾客从某一特定产品或服务中获得的一系列利益，包括产品价值、服务价值、人员价值和形象价值等。

狭义的产品是指具有某种特定物质形状和用途的物品，是看得见、摸得着的东西。市场营销学认为，广义的产品是指人们通过购买而获得的能够满足某种需求和欲望的物品的

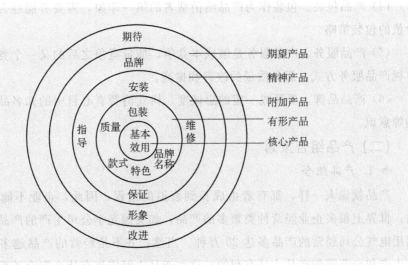

图 7-1 产品的整体概念＋期望产品

总和，它既包括具有物质形态的产品实体，也包括非物质形态的利益，这就是"产品的整体概念"。

产品的整体概念包含核心产品、有形产品、附加产品、精神产品和期望产品五个层次，如图 7-1 所示。其中，第一个层次是核心产品，反映消费者的核心需求，给消费者带来核心价值，我们通过市场定位的方式探求，作为一种理念，统领着产品的其他层次。第二个层次是有形产品，代表产品的具体形式，一般应具有以下五个方面的内容：质量、特色、款式、品牌名称、包装。在此层次上，企业可以实现与竞争对手的差异化，同时提升产品价值，提高企业竞争力。第三层次是附加产品，指附加的服务，从服务的角度提升产品价值，进一步寻求差异化。第四层次是精神产品，企业还应当考察消费者的精神需求，进而赋予产品以独特的形象与个性，打造强势品牌。第五层次是期望产品，反映消费者对现有产品的期待与改进，是企业提升产品价值的渠道。

二、产品策划基本模块

（一）产品整体策划

对于单个产品而言，企业需要在了解市场、了解客户需求、了解竞争对手的基础上，根据产品的整体概念进行系统设计，形成满足市场需要的产品，其主要内容如下。

（1）产品定位。产品市场定位的关键是在顾客心目中寻找一个空位，使产品迅速启动市场。

（2）产品功能方案。产品功能体现消费者的核心利益，其中要有一个核心功能，是产品的核心要素。经常还要开发许多附加功能，进一步提升产品价值。

（3）产品质量方案。产品质量就是产品的市场生命，企业对产品应有完善的质量保证体系。

（4）产品包装。包装作为产品给消费者的第一印象，需要有能迎合消费者并传递品牌价值的包装策略。

（5）产品服务。产品服务是继成本竞争、质量竞争之后的又一个竞争领域，策划中要重视产品服务方式、服务质量的改善和提高。

（6）产品品牌。要形成一定的忠诚度，树立消费者心目中的知名品牌，必须有强烈的创牌意识。

（二）产品组合策划

▶ 1. 产品组合

产品就像人一样，都有着由成长到衰退的过程，因此，企业不能仅仅经营单一的产品。世界上很多企业经营种类繁多的产品，如美国光学公司生产的产品超过 3 万种，美国通用电气公司经营的产品多达 25 万种。当然，并不是经营的产品越多越好，一个企业应该生产和经营哪些产品才是有利的？这些产品之间应该有什么配合关系？这就是产品组合问题。

产品组合是指一个企业生产或经营的全部产品线、产品项目的组合方式，它包括四个变数：产品组合的宽度、产品组合的长度、产品组合的深度和产品组合的一致性。

▶ 2. 产品组合策略的形式

（1）全线全面型。全线全面型是指企业尽量向自己业务范围内的所有顾客提供所需的产品。采取该种策略的企业必须有能力满足整个市场的需求。

（2）市场专业型。市场专业型是指企业着眼于向某专业市场提供其所需要的各种产品。这种策略强调的是产品组合的广度和关联性，产品组合的深度一般较小。

（3）产品线专业型。产品线专业型是指企业根据自己的专长，专注于某几类产品或服务的提供，并将它们推销给各类客户。这种策略强调的是产品组合的深度和关联性，产品组合的宽度一般较小。

（4）特殊产品专业型。特殊产品专业型是指企业根据自身所具备的特殊资源条件和特殊技术专长，专门提供或经营某些具有优越销路的产品或服务项目。这种策略的特点是产品组合的宽度极小，深度不大，但关联性极强。

▶ 3. 产品组合的策略

企业需要根据市场的变化，不断调整现有产品结构，从而寻求和保持产品结构最优化，这就是产品组合策略，其中包括以下策略。

（1）扩大产品组合策略。扩大产品组合策略是开拓产品组合的广度和加强产品组合的深度。开拓产品组合广度是指增添一条或几条产品线，扩展产品经营范围；加强产品组合深度是指在原有的产品线内增加新的产品项目。

扩大产品组合的具体方式如下：① 维持原产品品质和价格的前提下，增加同一产品的规格、型号和款式；② 增加不同品质和不同价格的同一种产品；③ 增加与原产品相类似的产品；④ 增加与原产品毫不相关的产品。

扩大产品组合的优点：① 满足不同偏好的消费者的多方面需求，提高产品的市场占有率；② 充分利用企业信誉和商标知名度，完善产品系列，扩大经营规模；③ 充分利用企业资源和剩余生产能力，提高经济效益；④ 减小市场需求变动性的影响，分散市场风险，降低损失程度。

（2）缩减产品组合策略。缩减产品组合策略是削减产品线或产品项目，特别是要取消那些获利小的产品，以便集中力量经营获利大的产品线和产品项目。

缩减产品组合的方式有：① 减少产品线数量，实现专业化生产经营；② 保留原产品线，削减产品项目，停止生产某类产品，外购同类产品继续销售。

缩减产品组合的优点：① 集中资源和技术力量改进保留产品的品质，提高产品商标的知名度；② 生产经营专业化，提高生产效率，降低生产成本；③ 有利于企业向市场的纵深发展，寻求合适的目标市场；④ 减少资金占用，加速资金周转。

（3）向上延伸策略。向上延伸策略是在原有的产品线内增加高档次、高价格的产品项目。

实行向上延伸策略的优点：① 高档产品的生产经营容易为企业带来丰厚的利润；② 可以提高企业现有产品声望，提高企业产品的市场地位；③ 有利于带动企业生产技术水平和管理水平的提高。

采用这一策略的企业也要承担一定的风险。因为企业惯以生产廉价产品的形象在消费者心目中不可能立即转变，使得高档产品不容易很快打开销路，从而影响新产品项目研制费用的迅速收回。

（4）向下延伸策略。向下延伸策略是在原有的产品线中增加低档次、低价格的产品项目。

实行向下延伸策略的好处：① 借高档名牌产品的声誉，吸引消费水平较低的顾客慕名购买该产品线中的低档廉价产品；② 充分利用企业现有生产能力，补充产品项目空白，形成产品系列；③ 增加销售总额，扩大市场占有率。

与向上延伸策略一样，向下延伸策略的实行能够迅速为企业寻求新的市场机会，同时也会带来一定的风险。如果处理不当，可能会影响企业原有产品的市场声誉和名牌产品的市场形象。此外，这一策略的实施需要有一套相应的营销系统和促销手段与之配合，这些必然会加大企业营销费用的支出。

经典案例

华龙方便面组合策略分析

2003年，在中国市场上，位于河北省邢台市隆尧县的华龙集团以超过60亿包的方便面产销量排在方便面行业第二位，仅次于康师傅。同时与康师傅、统一形成了三足鼎立的市场格局。"华龙"真正地由一个地方方便面品牌转变为全国性品牌。

作为一个地方性品牌，华龙方便面为什么能够在康师傅和统一这两个巨头面前取得全国产销量第二的成绩，从而成为中国国内方便面行业又一股强大的势力呢？从市场角度而言，华龙的成功与它的市场定位、通路策略、产品策略、品牌战略、广告策略等都不无关系，而其中产品策略中的产品市场定位和产品组合的作用更是居功至伟。

华龙是如何运用产品组合策略的呢？华龙的方便面产品组合非常丰富，其产品线的长度、深度和密度都达到了比较合理的水平。它共有 17 种产品系列，十几种产品口味，上百种产品规格。其合理的产品组合，使企业充分利用了现有资源，发掘现有生产潜力，更广泛地满足了市场的各种需求，占有了更宽的市场面。华龙丰富的产品组合有力地推动了其产品的销售，有力地促进了华龙成为方便面行业老二地位的形成。

1. 阶段产品策略

华龙根据企业不同的发展阶段，适时地推出适合市场的产品。

（1）华龙在发展初期将目标市场定位于河北省及周边几个省的农村市场。由于农村市场本身受经济发展水平的制约，不可能接受高价位的产品，华龙非常清楚这一点，一开始就推出适合农村市场的"大众面"系列，该系列产品由于其超低的价位，一下子为华龙打开了进入农村市场的门槛，随后"大众面"系列红遍大江南北，抢占了大部分低端市场。

（2）在企业发展几年后，华龙积聚了更多的资本和更足的市场经验，又推出了面向全国其他市场的"大众面"的中高档系列，如中档的"小康家庭""大众三代"，高档的"红红红"等，华龙由此打开了大北方农村市场。1999 年，华龙产值达到 9 亿元人民币。这是华龙根据市场发展需要和企业自身状况而推出的又一阶段性产品策略，同样取得了成功。

（3）从 2000 年开始，华龙的发展更为迅速，它也开始逐渐丰富自己的产品系列，面向全国不同市场又开发出了十几个产品品种、几十种产品规格。2001 年，华龙的销售额猛增到 19 亿元。这个时候，华龙主要抢占的仍然是中低端市场。

（4）2002 年起，华龙开始走高档面路线，开发出第一个高档面品牌——"今麦郎"。华龙开始大力开发城市市场中的中高端市场，此举在北京、上海等大城市大获成功。

2. 区域产品策略

华龙从 2001 年开始推行区域品牌战略，针对不同地域的消费者推出不同口味和不同品牌的系列新品。

（1）作为一个后起挑战者，华龙开始时选择了中低端大众市场，考虑到中国市场营销环境的差异性很大，华龙最大限度地挖掘区域市场，制定区域产品策略，因地制宜，各个击破。如华龙针对中原河南大省开发出"六丁目"，针对东三省有"东三福"，针对山东大省有"金华龙"等。

（2）华龙推行区域产品策略，实际上创建了一条研究区域市场、了解区域文化、推行区域营销、运作区域品牌的思路。

（3）华龙之后又开始推行区域品牌战略，针对不同地域的消费者推出不同口味和不同品牌的系列新品。如针对回族的"清真"系列、针对东三省的"可劲造"系列等产品。

3. 市场细分的产品策略

市场细分是企业常用的一种方法。通过市场细分，企业可确定顾客群对产品差异或对市场营销组合变量的不同反映，其最终目的是确定为企业提供最大潜在利润的消费群体，从而推出相应的产品。华龙是进行市场细分的高手，并且取得了巨大成功。

(1) 华龙根据地理属性推出不同档次的产品，如在城市和农村推出的产品就有区别。

(2) 华龙根据经济发达程度推出不同产品，如在经济发达的北京推广目前最高档的"今麦郎"桶面、碗面。

(3) 华龙根据年龄因素推出适合少年儿童的"干脆面"系列，适合中老年人的"煮着吃"系列。

(4) 华龙为感谢消费者推出"甲一麦"系列，为回报农民兄弟推出"农家兄弟"系列。

华龙十分注重市场细分，且不仅依靠一种模式。它尝试各种不同的细分变量或变量组合，找到了扩大消费群体、促进销售增长的新渠道。

资料来源：张立森. 从108到今麦郎：华龙面产品组合策略分析[J]. 农产品市场周刊，2005，(1).

(三) 产品服务策划

▶ **1. 产品服务的概念**

市场营销中的产品整体概念包括核心产品、形式产品和外延产品。其中，外延产品是指顾客购买形式产品时所获得的全部附加服务和利益，包括售前服务、售中服务和售后服务。售前服务是顾客购买行为发生之前企业所提供的有关服务，如提供样品、产品目录、使用说明书等；售中服务是在顾客购买成交过程中，由企业提供的有关服务，如介绍产品性能特点、调试、封装等；售后服务是企业向已购买产品的顾客提供的服务，如技术培训、使用指导、提供零配件、安装、维修、包退包换、交货期及有关承诺与保证等。

在技术高度同质化、竞争高度集约化的今天，企业在硬件基础上的差异越来越小，构建一个依靠硬件主导的差异化品牌也显得越来越困难，于是，越来越多的企业从软件入手，不断向消费者提供差异化服务支持，而产品服务就是企业创造差异化竞争与个性化品牌的重要手段。

▶ **2. 产品服务策划的内容**

(1) 服务项目策划。服务项目策划即企业拟为该产品的购买者提供哪些内容和形式的服务，如企业对已销售的产品是否实行包退、包换政策，什么情况下包退、包换等。通过服务项目差异化的策划可以创造产品的差异化，这是产品服务策划的重点。

(2) 服务收费策划。服务收费策划即企业提供有关服务后，是否向顾客收费，依据什么标准收费。顾客在购买产品时，总是期望能得到较多的免费服务。但是，企业由于市场营销能力的限制，所能提供的服务不仅有限，而且需要酌情收费。有的企业则把预期费用摊入产品售价，不论顾客是否要求服务，均不另外收费。一般来说，收费标准由产品性能、顾客要求及竞争者服务水平、本企业服务能力等决定。

(3) 服务人员策划。在决定服务项目以后，还要决定由谁承担服务任务。例如，本企业设点提供服务；派出有关人员，到达顾客指定地点提供服务；委托当地经销商从事服务工作。在这里应注意服务人员的服务程序和服务水平，使产品服务落到实处，以达到提高产品竞争力的作用。

▶ **3. 产品服务策划的策略**

（1）产品服务的无形性。无形性是产品服务的最基本特点。由于产品服务的无形性，其市场营销的难度很大。大多数情况下，对于产品服务，顾客事先只能依赖这方面有消费经验和知识的人推荐，提供一些对产品质量、效果的评价，因此主观的因素较多，顾客购买的主动性受到很大的限制，顾客从认识到决定购买的时间更长。

根据这一特点，产品服务策划应将重点放在把无形转化为有形上，主要包括下述几个方面。

① 提供有形证据。提供有形证据的目的是增强顾客对产品服务的信任。产品服务看不见、摸不着，令顾客顾虑很多。但是，企业通过有声誉的商号、品牌、权威机构的奖状、社会名流的评价等事实作为依据，则有可能帮助顾客建立购买信心。例如，许多企业通过权威机构公布自己产品的市场占有率，展示其产品质量；医院用患者康复的百分比证明其医疗水平等。所以，对产品服务的市场营销应在抽象产品中增加有形证据。

② 增加有形要素。增加有形要素是通过向顾客提供吸引人的卡片、证书、保险单等，减少顾客购买后一无所获的感觉。例如，许多旅游景点将其门票设计成既有纪念意义，又有使用价值的小艺术品，如书签、画片。

③ 营造现场气氛。营造现场气氛是一种专门设计的、有利于产生促销效果的整体环境。许多提供以设备为基础的产品服务的企业，如游乐场所，通过现场布置的有关设备，配以恰当的音乐和光线，使顾客对其产品及服务产生深刻的印象。

④ 利用人员形象。利用人员形象是把市场传播的重点放在有关人员身上，如企业所拥有的先进人物、著名专家、特级厨师等，借助人员形象提高产品服务的知名度。如果是以人员为基础的服务产品，这一方法尤为有效。

（2）产品服务的不可分离性。产品服务的不可分离性是指产品服务的生产和消费同时进行的特性。如果是以人员为基础提供的产品，那么人员就是该产品的一部分；如果产品在生产过程中需要顾客在场，那么产品提供者与顾客对生产和消费的结果都会产生影响。

基于此，企业在产品服务策划中应从以下几个方面入手。

① 配备较多的分支机构。配备分支机构，增设网点，并尽可能在地理位置上接近顾客，以克服产品服务在生产和消费上的时间、空间限制。如旅游、保险等行业，常通过代理商建立"代理"渠道来招揽客源，并代表企业与客户洽谈业务。

② 实行上门服务。可以减少企业在客源不足时，因人员和设备闲置所造成的浪费。

③ 难以建立分支机构的企业，虽然无法通过"推"的促销策略进行市场推广，但仍可采用"拉"的促销策略来弥补不足。例如，一些著名的专科医院，其病人就是依靠广泛传播，四处撒网，即使是颇有成就的行业专家，其项目委托人也会遍布全国各地。

（3）产品服务的质量差别性。产品服务的质量差别性不仅表现在不同企业、不同品牌之间，而且同一企业、同一品牌也存在质量的不同。即使同一个人提供的服务，在不同时间、不同地点也会有所差别。例如，一位整容医生不可能使每个要求整容的患者都得到同样令人满意的效果；航班可能准点，也可能误点。产品服务的质量差别性与不可知性相结合，使顾客更加难以判断将要得到的服务质量，甚至在消费过后都很难判断。这是产品服务市场营销推广的一大障碍，也是生产者必须十分重视的一大问题。

针对这一特点，企业在进行产品服务市场营销策划时应从以下几个方面入手。

① 培训和鼓励员工为顾客提供优质服务，克服由于员工素质低、缺乏工作热情和积极性而造成的质量差别。

② 实行服务质量标准化，从整体上控制产品服务质量的不稳定性。

③ 聘用服务水平高超的专业技术人员，保证服务质量，避免顾客对服务质量产生不确定感。

④ 对服务质量与服务效果进行跟踪管理，并建立监督制度，对影响质量的关键性指标不断地反复检查。

（4）产品服务的易消逝性。产品服务不能储存，人员或设备的闲置便会造成浪费。公共汽车、剧场空闲的座位不会产生收益；车主不去修理汽车，患者不去治病，修理工和医生就会无所事事。如果市场需求稳定，企业可事先做好充分的准备，这样产品服务的易消逝性就不会成为市场的难题。但是，通常则是市场需求不稳定的情况居多，这给企业带来了设备或人员的闲置。

根据这一特点，企业在进行产品服务市场营销策划时，应考虑以下几个方面。

① 利用差别对待的定价政策，使某些需求从最高峰时期转移到非高峰时期，如商场淡季折扣促销、电话局实行夜间半价收费等。

② 实行预约服务。采取顾客事先预约登记，按时前来美容、就餐等控制市场需求。

③ 在最高峰期提供补充性服务，供等待的顾客选择，如饭店、餐厅附设电子游戏室或备有咖啡屋、休息室等。

④ 培养市场需求。例如，公园、旅游景点和游乐场所在非高峰期，可举办更多的有吸引力的活动，并通过市场传播扩大影响，逐渐使顾客形成消费习惯；在高峰期，鼓励顾客参与部分工作，或只提供最为必要的若干服务项目。

⑤ 建立服务质量保障体系，以消除顾客因担心无法"退货"而产生的担忧和疑虑。

▶ 4. 服务促销策划的三大阶段

（1）售前服务策划。买卖行为发生前，卖方向潜在顾客提供的各种服务即为售前服务。售前服务的目的在于向潜在顾客迅速、准确地传递商品信息，使其消除对产品的顾虑，产生强烈的购买欲。售前服务的具体策划如下。

第一，对潜在的消费者进行免费的教育和培训。可以选定一个特定的时间对潜在顾客进行免费的教育培训，解决顾客的疑难问题等，以此锁定潜在顾客的心。

第二，定点导购咨询。在目标消费者集中的地方定期定点地设置服务台，安排业务水平较高的工作人员向顾客提供免费的咨询服务，以消除顾客在购买过程中的种种疑虑，引导其迅速购买。

（2）售中服务策划。售中服务是卖方向进入现场的顾客或已经有购买意向并进入选购过程的顾客所提供的服务。此时，服务的目的就变成向顾客介绍产品的特点、功能、使用方法等，使顾客在精神上感到满意，进而实施购买。售中服务的具体策划如下。

第一，现场演示产品的功能，讲解产品的功效。在促销现场，设置一个大的展台，安排专业的销售人员对产品的具体功能进行讲解并演示，使顾客迅速地了解产品的性能，打动顾客。

第二，对产品进行现场加工。一般木材、油漆调配等产品比较适合现场加工，这样做能让顾客对自己即将购买的产品深信不疑。

（3）售后服务策划。售后服务是指卖方向已经购买产品的顾客所提供的服务。商品的销售总是和售后服务紧密相连的。企业向顾客提供良好的售后服务，解决顾客由于使用产品而带来的一系列问题和麻烦，增加顾客的使用效益，将赢得顾客对企业无限的忠诚。对售后服务进行策划时，可以从以下几方面入手。

第一，售后技术跟踪。设计一个精致的小册子，将企业具体的联系方式印在上面，分发给用户，并为用户提供24小时免费热线电话服务。一旦产品出现问题，售后服务人员接到电话后，尽量在第一时间内赶去解决用户的难题。

第二，建立产品质量监督档案，定期联络、拜访用户。为用户建立产品使用档案，间隔一定的时期通过电话、邮件、上门拜访等方式与用户进行沟通，了解产品的使用情况，为用户提供及时、周到、舒心的服务。例如，一旦成为姜玉坤眼镜店的客户，该店会定期进行电话回访，询问在佩戴眼镜的过程中是否出现不适，而且每月提醒你到店内对眼睛进行健康检查。

经典案例

利盟特快服务

打印机市场的竞争十分激烈，市场中的新品打印机不断上市，使得打印机生产商和销售商的日子都不太好过。很多品牌的性能优良的打印机产品都在以各种方式来进行产品促销，利盟也不例外。相对于佳能、爱普生等知名品牌来说，利盟并没有那么高的知名度，因此，利盟在强调其过人的彩色打印技术之余，更加注重其服务促销，进而推出"利盟特快服务计划"，旨在进一步加强售后服务、加快反应速度，是一项全新的服务模式。这项服务通过其热线中心委派专职速递公司，对限定的区域及符合保修条件的最终用户提供门对门的取/送硬件供应和维修服务。利盟的这项服务免除了消费者到处寻找配件的烦恼，增强了消费者的购买信心。

三、产品生命周期理论

产品的生命周期即产品销售和利润在整个产品生命期间的变化过程，它主要有四个不同的阶段：导入期、增长期、成熟期和衰退期，产品生命周期的不同阶段具有不同的特征，而企业的产品策划也就以各阶段的特征为基点来制定和实施。

（一）导入期的产品策略

导入期即产品初次进入市场，大多数消费者对其还不熟悉，对产品持观望态度，此时竞争对手较少。在这个阶段，一般采取以下几种产品策略。

▶ 1. 高度形象策略

高度形象策略即采取高价格、高水准的推销政策，这既可造成一种身价高的形象，又可较快回收发展新产品的投入。这种策略必须在潜在市场尚未有这类新产品，没有竞争者的情况下实施。

▶ 2. 选择渗透策略

选择渗透策略即以高价格、低促销费用推出新产品，目的是以尽可能低的费用开支求得更多的利润。实施这一策略的条件是市场规模较小、产品已有一定的知名度、目标顾客愿意支付高价、潜在竞争者的威胁不大。

▶ 3. 占先渗透策略

占先渗透策略即以低价格、高促销费用推出新产品，目的在于先发制人，以最快的速度打入市场，取得尽可能大的市场占有率，然后再随着销量和产量的扩大，使单位成本降低，取得规模效益。实施这一策略的条件是该产品市场容量相当大；潜在消费者对产品不了解，且对价格十分敏感；潜在竞争较为激烈；产品的单位制造成本可随生产规模和销售量的扩大迅速降低。

▶ 4. 低度形象策略

低度形象策略即以低价格、低促销费用推出新产品。低价可扩大销售，低促销费用可降低营销成本，增加利润。这种策略的适用条件是市场容量很大；市场上该产品的知名度较高；市场对价格十分敏感；存在某些潜在的竞争者，但威胁不大。

（二）增长期的产品策略

新产品经过市场导入期以后，消费者对该产品已经熟悉，消费习惯已形成，销售量迅速增长，这种新产品就进入了增长期。进入增长期以后，老顾客重复购买，并且带来了新的顾客，销售量激增，企业利润迅速增长，在这一阶段利润达到高峰。随着销售量的增大，企业生产规模也逐步扩大，产品成本逐步降低，新的竞争者会投入竞争。随着竞争的加剧，新的产品特性开始出现，产品市场开始细分，分销渠道增加。针对增长期的特点，企业应维持其市场增长率，延长获取最大利润的时间，可以采取下面几种策略。

（1）改善产品品质，如增加新的功能、改变产品款式、发展新的型号、开发新的用途等。对产品进行改进，可以提高产品的竞争能力，满足顾客更广泛的需求，吸引更多的顾客。

（2）寻找新的细分市场。通过市场细分，找到新的尚未满足的细分市场，根据其需要组织生产，迅速进入这一新的市场。

（3）改变广告宣传的重点。把广告宣传的重心从介绍产品转到建立产品形象上来，树立产品名牌，维系老顾客，吸引新顾客。

（4）适时降价。在适当的时机，可以采取降价策略，以激发那些对价格比较敏感的消费者产生购买动机和采取购买行动。

（三）成熟期的市场营销策略

进入成熟期以后，产品的销售量增长缓慢，逐步达到最高峰，然后缓慢下降，产品的销售利润也从增长期的最高点开始下降。市场竞争非常激烈，各种品牌、各种款式的同类产品不断出现。

对于成熟期的产品，宜采取主动出击的策略，使成熟期延长，或使产品生命周期出现再循环。为此，可以采取以下三种策略。

（1）市场调整策略。这种策略不是要调整产品本身，而是发现产品的新用途、寻求新的用户或改变推销方式等，以使产品销售量得以扩大。

（2）产品调整策略。这种策略是通过产品自身的调整来满足顾客的不同需要，吸引有不同需求的顾客。产品整体概念的任何一个层次的调整都可视为产品再推出。

（3）市场营销组合调整策略。这种策略是通过对产品、定价、渠道、促销四个市场营销组合因素加以综合调整，刺激销售量的回升。常用的方法包括降价、提高促销水平、扩展分销渠道和提高服务质量等。

（四）衰退期的市场营销策略

衰退期的主要特点是：产品销售量急剧下降；企业从这种产品中获得的利润很低甚至为零；大量的竞争者退出市场；大量消费者的消费习惯已发生改变等。面对处于衰退期的产品，企业需要进行认真的研究分析，决定采取什么策略，在什么时间退出市场。通常有以下几种策略可供选择。

（1）继续策略。继续沿用过去的策略，不再追加投资。按照原来的细分市场，使用相同的分销渠道、定价及促销方式，直到这种产品完全退出市场为止。

（2）集中策略。把企业能力和资源集中在最有利的细分市场和分销渠道上，从中获取利润。这样有利于缩短产品退出市场的时间，同时又能为企业创造更多的利润。

（3）收缩策略。抛弃无希望的顾客群体，大幅度降低促销水平，尽量减少促销费用，以增加目前的利润。这样可能导致产品在市场上的衰退加速，但也能从忠实于这种产品的顾客中得到利润。

（4）放弃策略。对于衰退比较迅速的产品，应该当机立断，放弃经营。可以采取完全放弃的形式，如把产品完全转移出去或立即停止生产；也可采取逐步放弃的方式，将其所占用的资源逐步转向其他的产品。

四、两种质量观

产品质量是产品功能的保证,是产品生命力的基础,是一切企业赖以生存与发展的前提。产品质量包括两个层次的概念:首先是技术质量,指产品功能的稳定性与可靠性;其次是市场质量,指产品的功能满足消费者的程度。

(一) 技术质量

技术质量首先指产品设计过程中应遵循的技术标准,既包括国家、国际标准,也包括行业标准;其次更多的是体现产品性能、使用可靠性和稳定性的一系列指标。

技术标准是产品质量的最低要求,低于技术标准要求的产品是不合格的。产品技术性能的高低反映了企业的制造能力和生产管理水平,决定了产品的生命力,是企业竞争力的主要来源之一。

技术质量是产品的生命线,企业必须对产品技术质量常抓不懈。产品可以有不同的类别,但产品质量必须稳定可靠。产品质量一旦下滑,顾客就会远离而去,企业就只有衰败的命运了。无数企业的教训都已经证明了这一点。

提高产品技术质量的方法有以下几种。

▶ 1. 全面质量管理

全面质量管理(total quality management,TQM)是指企业中所有部门、所有组织、所有人员都以产品质量为核心,把专业技术、管理技术、数理统计技术集合在一起,建立起一套科学、严密、高效的质量保证体系,控制生产过程中影响质量的因素,以优质的工作、最经济的办法提供满足用户需要的产品的全部活动。

全面质量管理又称"三全管理",就是进行全过程管理、全企业管理和全员管理。

(1) 全过程管理。全面质量管理要求对产品生产过程进行全面控制。

(2) 全企业管理。全企业管理的一个重要特点是强调质量管理工作不局限于质量管理部门,要求企业所属各单位、各部门都要参与质量管理工作,共同对产品质量负责。

(3) 全员管理。全面质量管理要求把质量控制工作落实到每一名员工,让每一名员工都关心产品质量。

第二次世界大战之后,日本把全面质量管理作为国策强力推行,使日本产品具有了极高的技术质量,极大提高了日本产品的国际竞争力。

▶ 2. ISO 9000

ISO 9000 不是指一个标准,而是一类标准的统称,是由质量管理体系技术委员会制定的所有国际标准。

由不同的国家政府、国际组织和工业协会所做的研究表明,企业的生存、发展和不断进步都要依靠质量保证体系的有效实施。ISO 9000 系列质量体系被世界上 110 多个国家广泛采用,既包括发达国家,也包括发展中国家,使产品和服务质量得到日益提高。事实证明，有效的质量管理是在激烈的市场竞争中取胜的手段之一。

ISO 9000:2008 族标准的核心标准有下列四个。

(1) ISO 9000:2005《质量管理体系——基础和术语》，阐述了 ISO 9000 族标准中质量管理体系的基础知识、质量管理八项原则，并确定了相关的术语。

(2) ISO 9001:2008《质量管理体系——要求》，规定了一个组织若要推行 ISO 9000，取得 ISO 9000 认证，所要满足的质量管理体系要求。组织通过有效实施和推行一个符合 ISO 9001:2000 标准的文件化的质量管理体系，包括对过程的持续改进和预防不合格，使顾客满意。

(3) ISO 9004:2009《质量管理体系——业绩改进指南》，以八项质量管理原则为基础，帮助组织有效识别能满足客户及其相关方的需求和期望，从而改进组织业绩，协助组织获得成功。

(4) ISO 19011:2011《质量和环境管理体系审核指南》，提供质量和(或)环境审核的基本原则、审核方案的管理、质量和(或)环境管理体系审核的实施、对质量和(或)环境管理体系审核员的资格等要求。

▶ 3. 六西格玛管理

六西格玛又称 6σ、6sigma、6Σ。西格玛(Σ，σ)是希腊文的字母，是用来衡量一个总数里标准误差的统计单位。

据调查，一般企业产品的瑕疵率是三四个西格玛，以四西格玛而言，相当于每 100 万个机会里，有 6210 次误差。如果企业不断追求品质改进，达到六西格玛的程度，绩效就几近于完美地达成顾客要求，在 100 万个机会里，只找得出三四个瑕疵。

六西格玛概念作为品质管理概念，最早是由摩托罗拉公司的比尔·史密斯于 1986 年提出，其目的是设计一个目标：在生产过程中降低产品及流程的缺陷次数，防止产品变异，提升品质。20 世纪 90 年代中期开始，被 GE 从一种全面质量管理方法演变成为一个高度有效的企业流程设计、改善和优化的技术，并提供了一系列同等地适用于设计、生产和服务的新产品开发工具。继而与 GE 的全球化、服务化、电子商务等战略齐头并进，成为全世界上追求管理卓越性的企业最为重要的战略举措。

六西格玛管理既着眼于产品、服务质量，又关注过程的改进。为了达到六西格玛，首先要制定标准，在管理中随时跟踪考核操作与标准的偏差，不断改进，最终达到六西格玛。现已形成一套使每个环节不断改进的简单的流程模式：界定、测量、分析、改进、控制。

(1) 界定：确定需要改进的目标及其进度，企业高层领导确定企业的策略目标，中层营运目标可能是提高制造部门的生产量，项目层的目标可能是减少次品和提高效率。界定前，需要辨析并绘制出流程。

(2) 测量：以灵活、有效的衡量标准测量和权衡现存的系统与数据，了解现有质量水平。

（3）分析：利用统计学工具对整个系统进行分析，找到影响质量的少数几个关键因素。

（4）改进：运用项目管理和其他管理工具，针对关键因素确立最佳改进方案。

（5）控制：监控新的系统流程，采取措施以维持改进的结果，以期整个流程充分发挥功效。

（二）市场质量

随着消费水平的不断提高，消费者选择产品不仅仅考察产品性能，还要看功能、设计、价格、服务，甚至品牌形象。如果其中的任何一项不满意，消费者就不会选择该产品。企业的竞争逐步由技术竞争转向综合竞争。衡量企业综合竞争能力的标准由产品性能转变为顾客满意。人们把顾客满意称为"市场质量"。

顾客满意是指顾客通过对一种产品的可感知的效果（或结果）与期望值相比较后，所形成的愉悦或失望的感觉状态。它实际上是一个可感知效果和期望值之间的差异函数。顾客能够根据自己的知识、感觉、经验来判断产品是否符合他们的期望值，如果效果低于期望，顾客就不会满意；如果两者相匹配，顾客就会满意；如果效果超过期望，顾客就会感到高度满意。高度满意和愉悦能形成一种对品牌情绪上的共鸣，而不仅仅是一种理性偏好。正是这种共鸣形成了顾客对某家企业或某种产品的高度信赖和忠诚。

提高产品市场质量的方法有以下几种。

▶ 1. 重视产品质量

企业诚信和产品质量无疑是提高顾客满意度的决定性因素，特别是在产品同质化的今天，顾客的购买行为更易受到以品牌、质量、价格、服务、功能、形象等为核心的产品综合实力的影响，质量显得更为重要。企业要发展，要壮大，就要不断在提高产品质量上下功夫，要创出自己的品牌，体现出产品的质量优势。

100多年来，德国奔驰公司将"精益求精"这一宗旨贯穿在整个生产、经营过程中。为保证产品质量，公司从上到下形成了一个质量控制体系，生产工人中有八分之一是进行质量控制和检验的。单纯一个引擎就要经过40多道检验工序。检验协作厂商所提供零配件的工作人员就有1 300多名。公司规定，如果一箱中有一个零件不合格就会退货，这使奔驰以其优质的品牌傲然于世，构筑了十分显现的优势，赢得了顾客的高度满意。

▶ 2. 提升服务水准

服务是留住顾客的有效手段。研究表明，获取一个新顾客的成本是保留住一个老顾客成本的5倍，如果一个公司将其顾客流失率降低5%，其利润就能增加25%～85%，公司的利润率主要取决于老顾客的寿命期限。著名的IBM公司要求服务人员要不遗余力地为顾客提供温馨而周到的服务，使顾客感到高度满意，受到尊敬，并且要通过与顾客的双向沟通建立一种长期的友好关系，留住顾客。

我国著名家电巨头海尔的老总认为，服务质量也是一种核心竞争力。在这种思想指导下，海尔在顾客服务方面实行了一系列创造性的做法，达到了中国家电业的高峰，在消费者中间建立起了"海尔服务"的良好口碑。他们向消费者承诺：服务热线在您身旁，只要您拨打一个电话，剩下的事由海尔来做。

▶ 3. 了解顾客需求

顾客需要的是什么？这是我们准备为顾客服务前首先要弄清楚的。顾客对公司的期望有些虽是基本的，但要求并不低，包括：①服务人员有很强的办事能力；②能够兑现承诺；③把事情解释清楚；④能尊重客人；⑤特别要能够感受客人的急迫心理；⑥必须要有充足的准备……因此，企业和商家必须深入到消费者之中，经常调研顾客的需求，并根据市场不断变化的情况及时做出产品供销和提供服务的对策，做好充分准备，应付不同层面的顾客，尽可能缩小顾客的期望值与接受服务后的真实体验之间的距离，从而给顾客留下一个好的印象。

▶ 4. 及时处理投诉

顾客的投诉是留给每个服务人员和企业的一道难题，但也是一次富有挑战的机会。顾客的投诉处理一要领导重视；二要快速高效；三要事后跟踪。调查表明：54%～70%的投诉顾客，如果投诉得到解决，他们还会再次与该企业做生意；如果顾客感觉投诉很快得到解决，他们与企业做生意的比重会上升到惊人的95%。顾客投诉得到妥善解决后，他们就会乐意把满意的处理结果告诉尽可能多的人。

以优质服务为导向的IBM公司要求每一个销售人员对失去的每个顾客要撰写出详细报告，并采取一切办法使顾客恢复满意。他们认为，赢得一个失去的顾客是一项重要的营销活动，它的成本通常比吸引一个新顾客要低得多。

▶ 5. 重视顾客体验

顾客的体验过程开始于顾客收集产品信息，到购买了所需的产品的整个购买过程，这种体验与产品的品质、服务人员和服务流程息息相关。一个顾客与一个公司的接触，人是关键，对公司的印象往往就是接受该公司人员服务的那一瞬间的印象。一个微笑和一声问候是企业和商家对员工最基本的要求。要注重对员工的培训，在企业内部制定一种机制，强化服务理念，使每位员工与每位顾客接触时，都能够把亲切、平和和友善表现得淋漓尽致。重视第一次接触，从而真正体现对顾客体验的重视。

"5S温馨服务"的内容和程序值得借鉴。5S温馨服务是指：①微笑（smile），可以化解顾客的不满情绪，弥补在产品经营过程中的其他不足；②快速（speed），力求在最短的时间内解决顾客的各类请求，急顾客之急，想顾客所想；③标准化（standard），所有的业务操作严格按照标准业务流程及规定进行，如服务人员的仪容仪表、职业礼仪规范、接待顾客的流程等；④真诚（sincere），不糊弄顾客，不搞虚假宣传，真诚解答顾客疑问，这是赢得顾客、提高口碑传播效果的重要手段，也是最具说服力和可信度的免费广告；⑤满意（satisfy），应将消费者满意作为整个企业和商家的出发点和终极目标。

▶ 6. 平等对待顾客

必须平等对待所有的顾客。我国经商谚语"童叟无欺"就包含了这个意思，即不应该使顾客感到他受到了歧视。例如，要是让小孩感到被歧视了，就会影响家长对企业和商家的看法，孩子们也会对其进行评论。特别要注意的是，有的企业和商家对老顾客倍加照顾，频频招呼，而对第一次来的顾客却不理不睬，这是极端错误的。另外，可以根据不同的顾客群建立分别接待制度，就是根据顾客的不同需求有针对性地提供服务，尽可能地满足不同层次顾客的实际需求和心理需要。例如，可以对老顾客实行联谊制，通过联谊活动、优惠活动加强与他们的联系，满足他们的消费需求。

第 二 节　新产品开发与上市策划

一、新产品开发程序

开发新产品通常经过八个阶段：市场调研、产品构思、对构思进行筛选、设计方案的可行性分析、试制、试销、正式上市、用户调查，这一过程如图 7-2 所示。产品开发若成功就会使企业获利，失败则会给企业造成损失。资料统计表明，新产品的失败率往往很高。因此，采用由图 7-2 所给定的这种循序渐进的科学决策程序，可以尽量减少新产品开发的风险并增加成功的机会。

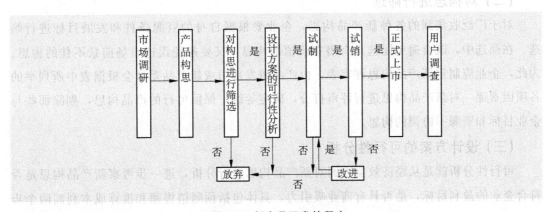

图 7-2　新产品开发的程序

下面重点对新产品开发的后七个阶段进行介绍。

（一）产品构思

新产品构思是指某一新产品开发的富有新意、创造性的设想。一个成功的新产品，首先来自于一个既有创见又符合市场需求的构思。新产品的构思越多，则从中挑选出最合适、最有发展希望的构思的可能性也就越大。因此，这一阶段要求企业有针对性地、广泛地收集信息，敏锐地抓住每一个稍纵即逝的灵感，善于从意外的发现和偶然的事件中捕捉开发新产品的机会。企业能否收集到丰富的新产品构思，是成功开发新产品的第一步。例如，杜邦公司就发现它的 300 多个设计思想中，只有 2 个能最终成为上市的新产品。

产品构思的来源可以归纳为以下几个方面。

(1) 消费者和用户。消费者和用户的需求是新产品构思的主要来源。企业可以通过直接向用户进行问卷调查、深度访谈、接待用户来信来访、倾听用户的意见与抱怨等途径，了解他们的欲望和需求，发现新产品的构思。

(2) 经销商。经销商与消费者和用户有着密切的联系，消费者和用户有什么需求首先会直接反馈到经销商。而且经销商同时销售多类别产品和多种竞争产品，掌握的信息比较丰富，能够提出可行的新产品设想及改进建议。

(3) 科研部门和大专院校。科研部门和大专院校是新技术、新发明的发源地，每年都有许多科研成果需要转化为新产品，企业从他们那里可以获得许多有创见的新产品设想。

(4) 企业职工。企业职工包括企业的中高层管理人员、营销人员、产品研制和开发人员以及普通员工，企业要建立鼓励创新的企业文化和相关的规章制度，调动所有员工的积极性和创造性，使他们关心企业、爱护企业，提出改进企业生产流程、产品或服务的设想。

(5) 竞争对手的产品。竞争对手产品的成败得失可以为新产品构思提供借鉴和参考，也是新产品构思的重要来源之一。企业可以通过各种途径了解竞争对手的新产品，或买进竞争对手的现有产品，利用"逆向工程"找出不足，加以改进。

(二) 对构思进行筛选

对于广泛收集到的各种新产品构思，企业要根据自身的资源条件和发展目标进行筛选。在筛选中，既要避免漏选具有潜在价值的构思，又要避免误选市场前景不佳的构思。为此，企业应制定新产品构思评审表，由产品研发部门或新产品委员会根据表中所列举的各项因素逐一对新产品构思进行评审打分，确定等级，保留可行的产品构思，剔除那些与企业目标和资源不协调的构思。

(三) 设计方案的可行性分析

可行性分析就是从经济效益方面对新产品构思进行分析，进一步考察新产品构思是否符合企业的盈利目标，是否具有商业吸引力，具体包括预测销售额和推算成本利润两个步骤。对新产品销售额的预测可参照市场上同类产品的销售发展历史，并考虑各种竞争因素、市场规模、市场潜力，分析新产品的市场地位、市场占有率，以此推算新产品可能获得的销售额。具体方法可采用新产品系数分析法。此外，还应考虑产品的再购率，即新产品是一定时期内顾客购买一次的耐用品，还是购买频率不高的产品或购买频率很高的产品。不同的购买频率，会使产品销售量在时间上有所区别。

预测产品一定时期内的销售量以后，就可估算该时期的产品成本和利润收益。产品成本主要包括新产品研制开发费用、市场调研费用、生产费用、销售推广费用等。根据已预测出的销售额和费用额，就可以推算出企业的利润收益以及投资回报率等。

（四）试制

试制是指经过对新产品构思方案的可行性研究分析后，将所选择的新产品构思方案（一个或多个）交送产品研制部门进行产品的样品（或样机）研制。这一阶段包括新产品方案的详细设计、试制和样品（或样机）鉴定三方面的工作。

（五）试销

新产品的试销是把经过测试和销售试验选择出来的新产品安排少量生产，按企业所制订的相应营销策略计划，将产品投入市场，以观察用户的反应，并把用户的意见及时反馈，对新产品做进一步改革。这一过程有时需经过多次的试销、改进循环才可完成。

（六）正式上市

新产品经过试销获得成功，企业就要选择合适的时机使产品大批投产，新产品至此就进入了生命周期的导入阶段。在新产品大量上市之前，企业还要做出四项决策。

▶ **1. 推出时机**

为新产品上市选择最佳时机，要综合考虑三方面的情况：一是最好应季上市。例如，对于冬装，最好在秋末上市；对于中小学生的文具用品，最好在开学前上市等。此时，上市便可立即引起消费者的兴趣。二是要考虑企业原有产品所处生命周期中的阶段来确定新产品上市时机。若新产品投入过早，将影响本企业老产品的销售；投入过晚，又因接替太迟而失去市场机会并减少企业的销售额，因此通常选择在老产品的衰退阶段较好。三是必须考虑竞争对手的产品策略，以便捷足先登，抢占制高点，在竞争中保持和争取主动权。

▶ **2. 推出地点**

新产品正式上市的地点应结合市场条件和企业实力等因素来确定。市场条件包括运输、市场容量和购买力等，这是确定上市地点的必要条件。就企业实力而言，中小企业或实力较弱的企业可选择局部市场，如一个城市、一个地区，迅速推出产品占领市场，获得一定销量和收入后再逐步扩展市场。目前，按地理位置、交通运输和经济的内在联系等，我国已形成了以某一个城市为中心的协作区。中小企业可在一个协作区范围内全面推出产品，然后逐步向其他协作区推进。

▶ **3. 目标顾客**

在新产品开发前，企业就应明确产品的目标顾客，有针对性地制订营销计划。新产品的目标顾客通常有如下几类：早期试用者、经常使用者、用户中有影响力者（意见领袖）、待争取的购买者、潜在消费者等。企业要研究各类目标顾客的消费心理、消费方式，有针对性地采取相应的策略。

▶ **4. 市场营销策略**

市场营销策略是指针对产品的特点和不同的顾客，做出相应的营销组合，如产品的定价、确定分销渠道、传播方式等。

（七）用户调查

企业营销活动的中心任务是使消费者在近期和远期均满意，只有如此，企业才能获取长期的稳定利润。新产品上市后，企业更应当围绕其中心任务，有计划地进行用户调查，征求用户对新产品的核心层、形式层和延伸层等方面的意见，不断改进新产品，并为用户提供优质售后服务。

二、新产品开发策略

采用何种新产品开发策略要根据企业自身的实力、市场情况和竞争对手的情况而定。当然，这与企业决策者的个人素质也有很大关系，开拓型与稳定型的经营者会采用不同的策略。常用的策略如下。

（一）先发制人策略

先发制人策略是指企业采用新原理、新技术、新结构，率先开发新产品，引领市场潮流，占据市场上的有利地位。采用先发制人策略的企业应具备强烈的占据市场"第一"的意识。因为对于广大消费者来说，对企业和产品形象的认知都是先入为主的，他们认为只有第一个上市的产品才是正宗的产品，其他产品都要以"第一"为参照标准。

因此，采取先发制人策略，就能够在市场上捷足先登，利用先入为主的优势，最先建立品牌偏好，从而取得丰厚的利润。而且，从市场竞争的角度来看，如果能抢先一步，竞争对手就只能跟在后面追；如果不满足占领已有的市场，连续不断地更新换代，开发以前没有的新产品、新市场，竞争对手就会疲于奔命。一个不断变化的目标要比一个固定的靶子更让人难以击中。这样就会取得竞争优势。

采用先发制人策略的企业必须具备以下条件：企业实力雄厚且科研实力、经济实力兼备，并具备对市场需求及其变动趋势的超前预判能力。

（二）模仿式策略

模仿式策略就是等别的企业推出新产品后，立即加以仿制和改进，然后推出自己的产品。这种策略是不把投资用在抢先研究新产品上，而是绕过新产品开发这个环节，专门模仿市场上刚刚推出并畅销的新产品，进行追随性竞争，以此分享市场收益，所以又称竞争性模仿，既有竞争，又有模仿。竞争性模仿不是刻意追求市场上的领先，但它绝不是纯粹的模仿，而是在模仿中创新。

企业采取竞争性模仿策略，既可以避免市场风险，又可以节约研究开发费用，还可以借助竞争者领先开发新产品的声誉，顺利进入市场。更重要的是，它通过对市场领先者的创新产品做出许多建设性的改进，有可能后来居上。

（三）系列式产品开发策略

系列式产品开发策略就是围绕产品向上、下、左、右、前、后延伸，开发出一系列类似的但又各不相同的产品，形成不同类型、不同规格、不同档次的系列产品。采用该策略开发新产品，企业可以尽量利用已有的资源，设计开发更多的相关产品，如海尔围绕客户需求开发的洗衣机系列产品，满足了城市与农村、高收入与低收入、多人口家庭与少人口家庭等不同消费者群的需要。

三、新产品上市策划

产品在经过前期周密的设计、开发和测试，做好了充分的上市准备并且确定了基本的上市执行策略以后，企业还应该对新产品上市的具体执行做出规划。

(一) 目标市场的市场调查

主要调查以下方面：通路状况，如经销商的经营能力、经营质量，以及是否适合自己的产品运营，零售商的业态和数量分布以及在不同类别的零售商处可能的销售分配比例；媒体的调查，如电视、报纸、电台、户外、网络以及其他媒体的分布特征，同类产品的媒体组合策略，目标受众接受媒体信息的特点。此外，还有政府部门的调查、消费者的调查、竞争对手的调查，以及当地市场的人口、经济、地域分布等。

(二) 进入市场的策略选择

每个市场都有自己的特点，面临的竞争态势通常会有所区别，例如，竞争对手的数量、竞争力大小、采用的策略、配备的资源、经销商的能力、销售团队的战斗力、零售业态的分布、媒体的特征、消费者的购买心理等。因此，进入市场的策略在总体营销策略的指引下，要灵活地应用到当地市场。这些入市策略主要有正面攻击侧翼策略、强势终端策略、强势媒体策略等，具体采用哪一种或者哪几种，视自身的资源以及竞争态势而定。

(三) 进行详细的铺货计划

产品的陈列质量以及铺货的深度和广度始终是评价经销商以及销售人员工作质量的重要内容，是直接影响产品运营的关键因素之一。而铺货计划涉及以下几个方面的内容。

第一，追求产品的铺货率。首先，应该进行目标铺货点的定义并制定铺货率标准。注意，单一的铺货率并不能够完整地体现铺货的质量，要综合考虑目标零售商的面积以及同类产品的销售量。

第二，确定与零售商对应的产品上架标准。这是进行有效分销的重点内容，也就是说，在产品的一系列规格组合中，适合不同的零售业态如大卖场、中型连锁、食品商场、大型药店、一般药店、便利店等类型的零售商销售的产品规格不同。

第三，考虑产品陈列促销需要的最佳首批铺货量。在产品推广过程中，需要特别考虑堆头、专柜、促销、季节等因素，制定合理的铺货量，以便能够有效地执行终端营销策略。

(四) 零售商的管理

目前，围绕终端的争夺十分激烈，快速消费品素有"得终端者得天下"的说法。

对零售商的管理涉及多个层面，如零售商的销售管理、陈列管理、促销管理、库存和补货管理、价格管理、存货周转管理等。其中，价格管理尤为重要。价格政策是核心策略的组成部分，对于维护当地市场的稳定和良性持久发展十分重要。如今，随着零售商力量的进一步加强，零售商的促销和相互之间的杀价竞争屡见不鲜，给经销商和厂家带来了很大的压力。因此，在零售商层面，加强品牌的力量以及对于消费者的吸引力，稳定保持产品给零售商创造的盈利能力，加强与商品采购人员的谈判并建立好的客情关系是稳定零售市场价格的主要方法。也有一些制造商开始在不同的零售渠道销售不同规格和价位的产品，这些都是可以借鉴的方法。

相对而言，经销商的价格冲突管理起来要容易一些，可以制定统一的价格体系、窜货处罚政策，对厂家销售人员的严肃处理，对赠品特价以及返利政策的严格管制来进行约束。

（五）制定科学的入市执行步骤

入市执行步骤主要是铺货以后的一些跟进工作，如分销商的培训、促销的培训、铺货的检查和强化、宣传品的有效使用、媒体计划的执行与评估、市场推广活动的计划、市场信息的收集和反馈、进行的策略评估以及执行修正等。这些步骤看起来比较教条但是十分必要，它使执行新产品上市管理的人员对新产品上市的一些关键过程有一个系统的思考，而且能够依据这些过程进行一些必要的跟踪，特别是对影响新产品上市执行的关键步骤可以进行监控，确保落实。

（六）目标市场的媒体策略

根据市场和产品的特点选择和制定策略并加以有效执行是十分关键的。良好的媒体策略和执行，不仅可以提高媒体效果，极大地增强传播对消费者购买的影响，还因为媒体费用往往在市场和销售费用中所占的比例巨大，所以有助于控制风险。

经典案例

"白沙"的新生

20世纪90年代中期，随着时代的发展，面对多变的市场和消费人群的更新换代，长沙卷烟厂的"白沙"这个用了近30年的品牌形象显得有些老化，其主力消费人群年龄偏大。对"白沙"而言，面临的任务是在原来已有品牌资产的基础上，再进行整合与提升。通过研究对比，"白沙"决定借鉴万宝路香烟的品牌思路，找到属于自己的"牛仔"。它将品牌核心价值定位于"飞翔，飞一样的快感"。将"白沙"的形象联想（视觉符号）为一个渴望飞翔的手势。"白沙"品牌广告语定为"鹤舞白沙，我心飞翔"，而"白沙"新的品牌徽标是白鹤优美的飞翔姿态的抽象表现。

有了清晰的定位之后，"白沙"决定丰富它的产品系列。"白沙"在品牌延伸上坚持品牌系列化路线，专注并强化品牌的核心内涵，突出"白沙"的品牌特色。于是，"白沙"本着促进品牌的年轻化主题开始扩大产品线，形成"白沙"系列，正式打响了高档烟市场的争夺战：2000年5月，推出"白沙银世界"；2000年10月，推出"白沙珍品银世界"（异型包装）；2000年12月，推出"白沙金世纪"。通过在产品质量、市场定位、市场通路方面的努力，以及整体品牌的强势支持，几个分品牌新产品的上市初期均取得了较好的业绩。其中，"白沙金世纪"的上市策划尤为瞩目。

"金世纪"是白沙集团推出的高端香烟。"金世纪"由首席配方师、首席调香师精心调制；精选全球顶级烟叶，100％经手工片片精选；采用国际先进设备和一流制烟技术，在全封闭的状态下制作；严格按照 ISO 9000 国际质量控制与保证体系，全程保证经典品质。

产品上市之前，"白沙"首先深入研究了新经济背景下消费形态的变化以及高消费人群的生活特征。研究结果表明，引领当今市场消费主流的是一个特定的人群，他们的消费观念正逐渐发生变化：过去以追求物质生活质量为主，今天，他们的消费选择开始注重文化与品位。"谈文化，谈品位，谈思想"这个与"白沙金世纪"目标人群沟通的平台渐渐变得清晰起来。正如白沙人自己所说的："香烟，只是一个符号，为人的思想蒙上一层雾而已。没有烟，人还是原本的人。"

"白沙金世纪"采取了整合的上市促销办法，随烟附送的礼品包括设计独特的异型火柴、精美而有个性的书签、古色古香的烟盒等，而送给重量级人物的贵重礼物是专门为"白沙金世纪"设计的一本文化手册——《燃烧的背后》，全书用纸考究、精装开本、内容可读，具有十足的收藏价值。《燃烧的背后》一书，就香烟谈古论今，其中还选用了一批有关名人与香烟的珍贵历史照片，立意鲜明，趣味横生，主题包括香烟的历史、香烟与政治、香烟与艺术、香烟与军事、香烟与感官、香烟与社会、香烟与文化等。

"白沙金世纪"的售点选择和售点建设也展现出新意：在星级酒店、机场候机楼和高级娱乐场所，售点的标志为一块三折木质仿古屏风，古朴、自然、厚重。屏风正面上书写着白沙文化手册里的内容——关于香烟的历史渊源、香烟背后的文化、与香烟有关的伟人、趣事……屏风中部是一个质地古朴的小型玻璃箱，金黄色的烟盒、麻质布装裱的画册、品位十足的工艺烟具置于其中。这样的售点因其特色而广受欢迎。同时，户外广告、高档杂志、赞助新年音乐会等广告与活动也全面启动。

第 三 节 品牌创建策划

品牌策划是指在一个整体营销战略条件下，通过一系列的营销传播手段达到提高品牌知名度、美誉度和忠诚度，进而实现与消费者双向沟通的目的。品牌策划是一个系统工程，绝不是单纯经过一些营销手段就可以达到树立品牌形象、提升品牌价值的目的。例如，摩托罗拉在中国多年的品牌建设就是严格按照品牌的系统规划过程来设计的，使品牌在中国城市人口中的知名度达到 92％。

一、制定品牌战略

决定使用自己品牌的企业，要对使用多少品牌做出策划。

（一）使用统一品牌

使用统一品牌即企业的各种产品使用相同的品牌推向市场。使用这种做法主要有以下好处：使用同一品牌推出大批产品，可以显示企业实力，提高企业声望，有利于在客户心目中留下良好、深刻的印象；企业新产品上市可以借助已有品牌的影响力，减少和消除人们对它的陌生感，缩短适应过程，更快也更容易打入市场；统一品牌覆盖多种产品，企业既可以多种市场传播手段集中力量突出品牌形象，又可以节省促销费用，收到更大的促销效果。

（二）使用个别品牌

使用个别品牌即企业为它所有的产品分别规定各自的品牌，这样做虽然要为品牌发展和市场传播花费较多的费用、时间，但是也有很多优势。个别品牌的使用可以为每种产品寻求最适当的品牌定位，有利于吸引购买者。此外，随着企业规模的发展，一定会走多元化发展的战略，对不同性质的产品使用统一品牌，若这些产品区别太大，就会使客户产生错觉，人们便可能减少对其中较高档次产品的购买。

（三）分类品牌策略

分类品牌策略即对企业的各类产品分别命名，一类产品使用一个牌子。美国斯威夫特公司同时生产火腿和化肥两种截然不同的产品，需要使用不同的品牌名称，以免互相混淆。有些企业虽然生产或销售同一类别的产品，但是，为了区别不同质量水平的产品，往往也分别使用不同的品牌名称。

二、品牌定位

在产品高度同质化和消费者需求日益个性化的今天，市场竞争更激烈，企业的生存和发展也更困难，这就需要企业进行独特的品牌定位，以差异化获得竞争优势。

（一）产品定位

"定位"一词已被广泛使用，它最初是由美国人艾·里斯和杰克·特劳特在 1972 年提出并加以推广和应用的。他们在合著的一本关于定位的书——《心战》中指出："定位是针对现有产品的创造性的思维活动，它不是对产品采取什么行动，而是主要针对潜在顾客的心理采取行动，是要将产品定位在顾客的心中。"

产品定位是指通过塑造产品性能、质量、外观等，然后传播给目标市场，使之在目标顾客大脑中占据有别于竞争对手产品的位置。例如，阿依莲女装以淡蓝、粉红和纯白为主色调的设计风格，给消费者以淑女装的直观印象。

（二）品牌定位

品牌定位是指企业塑造品牌，然后传播给目标市场，使之在目标顾客大脑中占据有别于竞争对手品牌的位置。

品牌定位的客体主要是指品牌理念、文化、标志、口号、故事等，其核心是品牌理念。品牌定位的场所是顾客的思想"空间"。思想是客观存在反映在人的意识中经过思维活动而产生的结果，一般是指价值观、世界观和人生观。品牌定位的实质是通过塑造品牌形象，让顾客在思想上认同品牌理念。品牌定位的目的是让顾客接受和认可品牌文化，即品牌宣传的品牌文化与顾客思想相符或接近,从而提高品牌知名度、忠诚度和美誉度。例如,金盾服饰的品牌口号是"成功男人的标志",这与追求成功的男人的价值观产生共鸣,从而在目标顾客思想中呈现"金盾即是成功男人的标志"的印象。

(三)产品定位和品牌定位的关系

图 7-3 揭示了产品定位与品牌定位的区别。产品定位满足顾客生理和心理诉求,建立购买关系;品牌定位满足顾客思想诉求,即与顾客的思想产生共鸣,建立忠诚关系。品牌定位建立在产品定位之上,产品定位是品牌定位的基础。

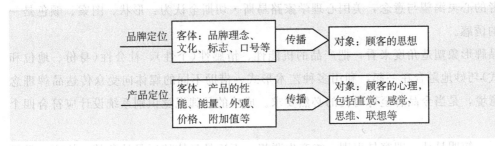

图 7-3 品牌定位与产品定位

三、品牌设计

品牌设计主要包括两方面的内容。

(一)品牌名称策划

品牌命名如同给人取名,所用语义符号要有一定意义,并能给人留下深刻难忘的良好印象;要易于发音、拼读和辨认;应追求独特、新颖,不落俗套;宜提示产品特色。一般来说,品牌名称不允许直接用来表达产品性能、质地。但是,好的品牌名称又必须与产品本身有某种固有联系,能暗示有关产品的某些优点,或使人产生某种联想。品牌命名不能触犯法律,也不能违反社会道德和风俗习惯。

(二)品牌图案策划

品牌要有好的名称,还要有好的造型和色彩,并与产品相映生辉、相得益彰。品牌图案策划要简洁明了,新奇独特;易懂易记,启发联想;形象生动,美观大方;功能第一,传播方便。

品牌作为市场传播的主要信息载体,应当具有适用于各种传播媒体和手段的技术特点,如平面、立体图形制作,电视、霓虹灯、印刷和油漆制作的要求。设计时要考虑品牌的符号化,以及应用中的通用性。例如,可大可小,可正可反,可阴可阳,并且大而不疏,小而不密,正反一致,阴阳相似。设计过于复杂,缩小、放大就有诸多不便;设计太小,会造成印制上的困难,使之模糊不清,难以辨认。

四、品牌传播

20 世纪 90 年代以来,新兴的整合营销传播理论将企业的每一项营销活动都看成是一次品牌的传播，它将向企业、同行、关系者和最终的消费者传递品牌信息。营销传播形式的多样化与创新应始终围绕品牌的核心价值展开，才能使消费者在不同场合、不同时间对品牌信息的感知中深刻记住并认同品牌的核心价值。

从整合营销传播角度塑造品牌的核心价值，具体来讲应做到以下几个方面。

（一）通过视觉识别系统体现

对企业而言，创造性标识、精美包装，尤其是包装色彩的运用仅仅起到易于记忆和识别作用，这是远远不够的。随着市场竞争的激烈，人们十分注重运用识别系统去反映或捕捉消费者的心灵渴望与意念，美国心理学家路易斯·切斯金认为：形状、图案、颜色是一种沉默的诱惑。

从品牌形象塑造角度来看，把产品的机能性、情感性（个性）、社会性（身份、地位和生活方式）巧妙地融合在一起，利用多种艺术形式、借助不同的媒体向受众传达品牌理念与品牌意境，是当今品牌至尊时代的必然要求。成功的品牌视觉识别系统设计应符合四个准则。

第一，简明易认。即容易识别，能产生联想，不论是具体的还是抽象的，均应一目了然，便于记忆。

第二，个性突出。图形的含义或色彩的象征，必须能正确传达特定产品或企业个性。

第三，独具一格。设计造型新颖独特，别具匠心与众不同，有鲜明的形式美和时代感，能给人以美的享受。

第四，永久性。即具有时间上的长期性和使用上的广泛性，可以在不同场合使用，只有这样才能加深消费者记忆，在消费者心目中建立牢固的品牌形象。

（二）广告与公关活动传达

品牌的核心价值是一个品牌的精神实质，这种本质在相当长一段时间内不会改变或消失，除非随着时间的流逝，消费者已不再认同这种本质。长寿品牌的历史表明，在品牌核心价值保持稳定和不变的同时，表现其核心价值的手段和方式应与时俱进，进行适当调整。只有这样，才能使消费者在耳目一新的感受中记忆和认同其品牌的核心价值。

虽然品牌是无国界的，但广告跨越国界时往往具有浓郁的地域和民族特色。例如，万宝路香烟的电视广告表达"豪迈、阳刚"的男子汉气概时，在西方国家使用的是牛仔和马，但在中国请张艺谋拍的"威风锣鼓舞狮篇"广告则没有用牛仔和马，其喧天的锣鼓和震撼性的壮观场面照样演绎了万宝路"豪迈、阳刚"的核心价值。在中国香港，被西方人看作是男子汉的牛仔形象在香港人心目中的地位却不高。对此，广告公司对牛仔形象进行了调整，将他扮演成一个英武俊秀、衣着整齐的牧场主人，身边有助手前呼后拥，并乘私人飞机视察牧场，与亲朋好友分享万宝路，共度好时光，受到了香港人的欢迎。

因此，企业任何一次营销和广告活动中都体现、演绎品牌的核心价值，就能使消费者任何一次接触品牌都感受到核心价值的信息，这意味着每一分的营销广告费都在加深消费者大脑中对核心价值的记忆和认同。如果不这样做，就意味着企业的营销传播活动没有中心和目标,大量营销广告费用只能促进短期销售,无法积累品牌资产。

(三)通过试用、提供优质服务、终端展示让消费者感受和体验

有的品牌光靠广告这个手段去演绎品牌核心价值显得比较单调,而通过试用、提供优质服务、终端展示等方式给消费者以真切感受和体验创造的效果并不亚于广告的作用。海飞丝的核心价值是"去头屑",上市之初采用了小包装的试用赠送,让消费者从试用中去感受其价值;宝马车"驾驶的乐趣",经无数驾驶者亲自驾驶后的感受与口碑传播达到深度沟通效果。美国连锁便利店"7-11"迄今已有 70 多年历史,该连锁店除经营日常必需品外,为真正便利顾客,将营业时间定为早上 7 点至晚上 11 点。同时,该连锁店还特别推出了为附近居民收取电话费、煤气费、保险费、水费、快递费、国际通信费等服务,对附近居民切实起到了便利作用。"7-11"通过自身的良好服务让消费者切实体验到了企业所提出的"便利顾客,提升价值"的核心理念,才得以步入辉煌。

经典案例

"欧曼奇迹"是如何炼成的

1. 项目概况

利用"品牌动力学"理论,欧曼初步进入市场时,定位在源于欧洲的中高档重卡,起步就与世界同步,为了避免与当时"福田"低端的品牌认知相同,特意以"欧曼"品牌有意与"福田"区别。在用户中培养意见领袖,辅以有效媒体组合,快速启动用户链条;采用用户忠诚度策略,培养用户的忠诚度,增强口碑传播效果。此次营销推广使福田进入重卡市场第一军阵。福田欧曼的发展被业界和专家称为"欧曼奇迹"。

2. 营销策略

(1)品牌定位:采用"与世界同步"的国际化产品形象。

(2)产品定位:与国际同步的高端产品,价格采取由高端向下做的策略,价格从 12 万元到 30 万元不等,分 4 个层级。

(3)产品组合策略:细分化的产品组合建立起与国际同步的服务、价格、性能、品牌等策略。从与消费者和经销商协同发展的"同步工程",向"价格与市场同步,服务与客户同步,性能与世界同步,品牌与国际同步"的纵深品牌认知发展。

(4)精细化传播整合显效果。欧曼面对北京、广州、上海三个重要市场推出一系列促销活动,有针对性地举办了各种形式的慰问晚会、演唱会、文艺演出以影响特定区域目标人群;加强了个性化品牌环境标志(灯箱广告、指示牌、维修工具等)的运用,调动用户及经销商共同参与;选择了各目标地区的主流媒体投放软文,发布关于欧曼重卡的市场新闻、功能介绍、品牌形象、消费引导、同步工程等一系列品牌传播信息。

3. 市场效果

欧曼重卡在 2002 年投放市场以来,取得了突破性进展,进入 2003 年,欧曼重卡更是出现了旺销局面。从 2002 年投产到 2004 年,欧曼在不到 3 年的时间里,不仅走完了传统

卡车企业几十年才能走完的路程，飞速跻身中国重型卡车行业第一集团军，创造了年销售重型卡车近 45 000 辆的骄人成绩。

第四节 网络产品策略

一、网络营销产品分类

在网络上销售的产品按性质不同可分为实体产品和虚拟产品，详见表 7-1。

表 7-1　适合网络营销的产品分类

产品分类	产品品种
实体产品	消费品、工业品
虚拟产品	在线服务
	软件：计算机软件、电子游戏、音像制品
	情报服务：法律咨询、股市分析、医疗咨询、金融咨询
	互动服务：网络交友、计算机游戏、远程医疗、网上证券交易
	网络预约服务：订票、旅游、中介
	图书：电子杂志、电子报刊、电子图书

二、网络营销产品分析

网络销售产品通常被称为线上销售产品。线上产品的最大优势是面对的消费者没有地域限制，而且信息传播成本极低，但最大的缺点则是实体与消费者的分离。因此，网络销售产品在销售时会受到诸多因素的影响。

▶ 1. 产品性质

由于数字化技术和信息技术的发展，网络可以对许多数字化的产品直接通过电子商务进行配送，因此，一些信息类产品如图书、音乐、电影比较适合网上销售。一些无形产品也可以借助网络实现远程服务，如远程医疗、远程教育等。除此之外，其他实体产品的销售都不同程度地受到数字化程度的影响。

▶ 2. 产品质量

网络的虚拟性使得顾客可以突破时间和空间的限制，实现远程购物和在网上直接订购，但这也使得网络购买者在购买前无法体验或只能通过网络来体验产品。由于网络购买无法像亲临现场购物那样亲自体验，因此顾客对产品质量与信誉尤为重视。正是因为对产品质量的担心，许多购买者只愿意购买那些标准化的产品。

▶ **3. 产品式样**

网上市场的全球性使得产品在网上销售面对的是全球性市场。因此，通过互联网对各个国家和地区进行营销的产品要符合该国家或地区的风俗习惯、宗教信仰和教育水平。网上销售产品在注意全球性的同时也要注意产品的本地化。同时，由于网上消费者的个性需求，网络营销产品的式样还必须满足购买者的个性化需求。

▶ **4. 产品品牌**

在网络营销中，生产商与经销商的品牌同样重要。一方面要想在浩如烟海的网络信息中引起浏览者的注意，必须拥有明确、醒目的品牌；另一方面，由于网上购买者要面对很多选择，而且无法进行购物体验，因此，购买者对品牌比较关注。研究表明，传统优势品牌不一定在网上占有优势，如可口可乐公司的网站不能依靠其品牌优势吸引年轻人的访问，在网上须重新建立网上品牌。

▶ **5. 包装**

通过互联网经营的针对全球市场的产品，其包装必须满足网络营销的要求。例如，通过网络传递的软件、游戏、信息等无形产品可以没有任何包装，而其他的有形产品就应采用适合专业递送的包装。

▶ **6. 产品价格**

互联网作为信息传递工具，在发展初期多是采用共享和免费策略，网络用户比较认同网上产品的低廉价格。另外，由于通过互联网进行销售的产品成本低于其他销售渠道的产品成本，因此，在网上销售的产品一般应采用低价定位策略。

三、网络产品营销策略

在实际的网络营销过程中，用于网络经营销售的产品，按照产品形态的不同，一般可以分成四类产品：实体产品、软件产品、信息产品和在线服务产品。

(一)实体产品营销策略

实体产品是指具有物理形状的物质产品。实体(或实物)产品包括工业产品、农业产品和民用品等常规产品，其营销方式主要是先由客户进行在线产品浏览和选择，然后再由商家组织送货上门服务。

在网络上销售实体产品的过程与传统的购物方式有所不同，在这里已没有传统的面对面的买卖方式，网络上的交互式信息沟通成为买卖双方交流的主要形式。客户通过卖方的网页考察其产品，通过填写表格或其他网络沟通方式表达自己对产品品种、质量、价格、数量等方面的要求与选择；而卖方则将面对面的交货改为邮寄产品或送货上门，这一点与邮购产品颇为相似。但是，对具体产品而言，不同实体产品应做不同分析。

▶ 1. 适合网络宣传，不适合在线交易的产品

虽然理论上任何产品都可以在网上进行交易，但在实际生活中，仍有许多产品并不适合网络销售。例如，服装、布匹的质感是难以通过文字描绘表达出来的，而且每个人对各种布料的感觉和认知因各人的手感不同而相异，会在一定程度上影响销售；金银首饰等贵重产品的网上销售往往也难以被客户接受，许多人对如此昂贵且不能直接触摸的产品多是心存疑惑的，很难在网上轻易做出购买决策。

▶ 2. 既适合网络宣传，又适合在线交易的产品

首先，易于数字化的产品，如图书、音像制品等。图书本身作为信息传播的载体，其信息非常容易与互联网联结。购书者可以在任何时间上网查阅新书目，不仅能够迅速捕捉最新的出版信息，而且可以阅读到详细的书目，甚至是章节片段。这不仅大大方便了客户的决策，也节约了客户的宝贵时间。

其次，标准化程度高的产品，如计算机软硬件、家用电器、玩具等。这些产品的标准化程度较高，产品的对比与挑选过程并不复杂。一般来说，随着技术发展和社会人文环境的进步，这类产品将会不断增多。

▶ 3. 产品质量保证

根据信息经济学对产品的划分，产品从大的方面可划分为两类，一类产品是客户在购买时就能确定或评价其质量的产品，称为可鉴别性产品；另一类是客户只有在使用后才能确定或评价其质量的产品，称为经验性产品。还可将产品划分为标准性产品和个性化产品，前者如书籍、计算机等；后者如服装、食品等。一般来说，可鉴别性产品和标准化较高的产品易于在网络营销中获得成功，而经验性产品和个性化产品则难以实现大规模的网络营销。从这方面考虑，企业在进行网络营销时，可适当地将鉴别性高的产品或标准化高的产品作为首选的销售对象。

（二）信息产品营销策略

信息产品是指电子报刊、电子图书、数字电影等，以提供信息资料为主旨的数字化产品。由于互联网本身就具有传输多媒体信息的能力，通过网络销售信息产品无疑具有极大的潜在优势。从国内外许多报纸杂志纷纷提供网络版信息产品的趋势来看，数字化信息将会成为未来出版的主流。

信息产品能否畅销，内容是关键。现在的社会已经发展成一个信息渴求的社会，那些可以让生活变得轻松舒适的知识信息颇受欢迎。

还应当强调的一点是，信息产品的名称非常重要。信息产品几乎完全是无形的，也就是说，购买者(信息接收者)最初不可能了解信息产品的实质，只能通过名称对其做一般性了解。好的名字与简介可以起到良好的促销效果。

（三）在线服务产品营销策略

在线服务产品是通过互联网提供的各种不同类型的服务产品，这些服务大致可以分为两类：第一类是产品服务；第二类是非产品服务。前者是附加在有形产品上的服务，需要

企业继续通过线下渠道解决。非产品服务可分为普通服务和信息咨询服务两大类。普通服务包括远程医疗、法律救助、航空火车订票、入场券预定、饭店旅游服务预约、医院预约挂号、网络交友、计算机游戏等。信息咨询服务包括法律咨询、医药咨询、股市行情分析、金融咨询、资料库检索、电子新闻等。

▶ 1. 普通服务

普通服务多为O2O式的线上线下结合的服务。客户不仅注重所能够得到的收益，还关心自身付出的成本。通过网络这种媒体，客户能够尽快地得到所需要的服务，减少排队等候的时间成本。同时，客户利用浏览软件，能够得到更多、更快的信息，提高信息传递过程中的效率，增强促销的效果。

▶ 2. 信息咨询服务

用户上网的最大需求就是寻求对自己有用的信息，网络是一种最好的媒体选择。通过计算机和互联网络，客户可以得到包括法律咨询、医药咨询、金融咨询、股市行情分析等在内的咨询服务和包括资料库检索、电子新闻、电子报刊等在内的信息服务。

经典案例

建筑涂料品牌针对立邦漆的营销策略

立邦漆是家庭装饰涂料的第一品牌，其产品遍布世界各地，口号就是"处处放光彩"，支持其处处放光彩的基础就是种类多，共有100多种，按档次又分了几档，每一种漆又分为亚光、半光、全光好几种，这也是立邦漆的优点和优势所在。立邦漆的产品色彩、品种齐全，只要有需求，就能满足你，这是它所营造的品牌形象。

立邦漆广告也做得非常好，可以把大楼变个颜色、汽车变个颜色，色彩缤纷，很好看。广告语言平和，信息也非常明确，不像其他企业一样称王称霸。中国许多企业认为自己的产品比较便宜，想分立邦漆的一块市场蛋糕，虽然其做法与立邦漆类似，但直到今天也没有一家企业能与立邦漆平起平坐。

印度的一家企业也生产涂料，他们看到立邦漆在印度稳坐老大的交椅，就想有什么办法能把立邦漆拉下马呢？他们采取的办法是：先走访立邦漆的代理商和购买立邦漆的客户，问他们对立邦漆不满意的三个方面；然后再问从商店里走出来时，手里提的不是立邦漆的客户，你为什么不买立邦漆，也说出三条理由。这样，总结下来有以下几种说法：有人说名牌太贵，不值；也有人觉得立邦漆不比别的漆好，刷在墙上也显不出来立邦漆的标志，无法炫耀。

还有的代理商说立邦漆优点是品种多，但代理它的门槛太高：你要体现处处放光彩，肯定每一个品种都要有，共一百多个品种，每种就是只拿五桶也要500多桶，一般代理商没有地方存放，也没有资金，所以只能是望而生叹；还有一种说法是立邦漆有几种产品很赚钱，但也有几种产品基本上卖不出去，也就是说赚钱的赚了很多，但赔钱的也赔得不少，这样一来，到年底结账，赔赚相抵，忙活一年下来也没赚多少钱，然而把不赚钱的产品扔掉又不行，因为它体现的是处处放光彩。

还有一点是它的整体成本比较高，资金回笼慢，代理商的资金周转周期比较长。

看准了这个市场机会，这家公司基本确定了战略目标：

（1）经过市场调查，找出了立邦漆比较畅销的五种产品，只做这五种，产品比较单一。

（2）在价格上比立邦漆便宜1/3，这是它的价格优势所在。

（3）在宣传策略上，他们宣称：如果你要买这五种产品当中的一种，你没有理由买立邦漆（我的最好）；如果你买这五种产品以外的漆，那请你继续去买立邦漆。也就是说，针对这五种产品来说，我的产品与它的产品质量一样，还比它便宜1/3，你有什么理由不买我的产品而去买它的呢？

接下来就是与消费者沟通，又便宜又好的东西有吗？假如我现在告诉你有个地方卖20万元一辆的奔驰，你会去买吗？你可能还会问："20万元一辆的奔驰，是真的吗？"毕竟大家认定的是一分价钱一分货，如果你做得比别人好，为什么会比别人便宜呢？

针对这一点，他们是这样解释的：

第一，我的产品单一，就五种，而它有100种，这100种产品就需要100条生产线，卖得好的产品生产线利用率还可以，但是卖得不好的产品，生产线基本闲置，这样的话，生产成本也就比较高。而我只有五种生产线，市场需求量又比较大，所以说生产线利用率比较高，也就降低了产品的生产成本。

第二，中间环节费用低，假如一个代理商代理五种产品，每种5桶，一共才25桶，占用资金比较少。

第三，五种产品全是畅销产品，走得快，来钱快，折扣就低一点，代理商数量也会增加，成本也就拉下来了。经过这一番解释，大家都明白了，这是让利销售，把利润给了经销商。那么，厂家还赚什么钱呢？没有利润厂家怎么活？实际上，在市场经济的环境中，对厂家来讲，钱是一分没少赚，但它是在成本这里赚的，不是利润方面赚的。

这个企业准备完毕，发起全面进攻，取得了辉煌的成就。它的销售量很快上升到了前三名。所以，要攻击你的对手，就要在它的长处之中找弱点，在它的优点里边找弱点，使其无法还击。就像立邦漆，如果它也只生产五种产品，还能体现处处放光彩吗？不能，因为其优点丢失了，优势也就不存在了。

思考：

（1）立邦漆的经营优势是什么？

（2）印度建筑涂料商的营销策略是什么？这种营销策略有何高明之处？

思考题

1. 谈谈你对产品整体概念的理解。
2. 企业应如何从产品角度建立核心竞争力？
3. 谈谈产品技术质量与市场质量的区别与联系。
4. 企业新产品开发的策略有哪些？
5. 企业应如何传播品牌理念？
6. 请简要分析网络产品如何分类营销。

思考题

第八章
价格策划

知识目标

1. 理解价格的本质，掌握产品定价的程序与内容；
2. 了解"低价"的趋势性，掌握提升品牌溢价能力的方法；
3. 掌握基本的定价策略方法；
4. 了解互联网对定价的影响，掌握基本的网络定价策略。

第 一 节　价格策划概述

一、价格的本质

4C营销理论提出，企业以消费者需求为导向，重新设定了市场营销组合的四个基本要素：消费者（consumer）、成本（cost）、便利（convenience）和沟通（communication）。成本是指消费者愿意支付的成本，这中间不仅包括其货币支出，还包括其为此耗费的时间、体力、精力，以及购买风险。顾客成本是定价的基础。

事实上，商品的价格最终取决于产品的总价值。其中，除了顾客总成本之外，还包含了企业提供服务、打造形象等方面所产生的价值。

总之，顾客成本是定价的基础，产品的最终价格还要受产品总价值、消费者认知、竞争产品的定价等因素决定。

二、产品定价的程序与内容

产品的价格是企业最关注的、最敏感的、影响力最大的营销要素之一，是 4P 营销理论组合中唯一的收入要素，是企业利润的保证。企业产品价格制定合理、价格策略运用得当，会促进产品的销售，提高产品的市场占有率，保障企业正常利润，增强企业市场竞争力；反之，则会制约企业的生存和发展。因此，在制定产品价格时，应本着科学、严谨、谨慎的态度，不可轻率随意。制定产品价格时应该明确产品的定位，充分考虑产品成本、消费者的需求、竞品价格和价格需求弹性等要素，遵循规范的价格制定步骤，选择科学的方法。综上所述，企业在为产品制定价格时，可以遵循以下步骤。

（一）选择定价目标

每个公司都会根据自身不同的发展阶段和规模实力，对产品的定价寄予不同的希望，希望能通过对产品的合理定价，实现有效销售，达成公司长期或阶段性目标。

（1）以生存为目标，这是企业在经营困难时经常选择的目标。

（2）以市场占有率为目标，旨在抢占市场，为日后发展打下基础。

（3）以利润为目标，这是企业定价的基本目标，也是企业经营的目标。

（4）以竞争优势为目标，旨在打击竞争对手。

（二）分析影响定价的因素

如果说选择定价目标就是明确了方向，那么调研分析就是进入了实际操作阶段。调研分析的对象主要包括下列影响因素。

（1）产品成本，是定价的底线。

（2）消费者的需求，可以据此预测定价的高点。

（3）价格需求弹性，可以据此分析价格市场销售规模的影响。

（4）竞品和替代品，对企业定价形成很大的影响力。

（三）产品定位

做完调研分析后，企业应该给产品做定位，这样才能给产品找到合理的位置和市场机会。定位是个系统工程，不仅包括对产品的细分市场做文字性的描述，还包括对产品包装、销售渠道、市场运作、服务等整体营销系统进行评估。

（四）选择定价方法

生产成本决定着产品价格的下限，产品的需求与价值决定着产品价格的上限，竞品和替代品的价格影响产品的价格。企业在给产品制定价格时应该综合考虑各种因素，确定一种定价方法。

（1）成本加成定价法。成本加成定价法是快消品行业中比较常用的定价方法，也可以叫作目标毛利率定价法，是一种比较保守的定价方法。

（2）目标利润定价法。目标利润定价法能确保达到企业所期望的利润目标，是一种乐观的定价方法。

（3）认知价值定价法。认知价值定价法是建立在消费者对产品价值的认知和认可基础上的。企业在应用该定价方法时，更多考虑的是品牌的影响力和定位，而不是成本。

（4）通行价格定价法。通行价格定价法是企业给产品制定的价格主要是基于竞争者的价格，很少注意也无法注意自己的成本或需求。这种定价方法在市场竞争比较激烈、产品同质化比较严重的行业中应用得比较多。

（五）选定最终价格

企业为某产品初步拟订价格后，还要从三个方面分析其可行性。从公司内部角度，需要考虑这个价格是否符合公司的营销战略目标，能否实现该产品的财务目标，是否与公司的其他相关联产品有冲突，销售部门是否能接受等；从销售渠道角度，需要调查经销商、分销商和零售商是否能接受，他们会有什么反应和意见；从市场角度，需要了解定价与产品定位是否匹配，目标消费者是否能接受，竞品会有何种反应。

三、"低价"的趋势性

超市为什么成为零售业态的主流方式？日本产品在第二次世界大战以后为什么一度畅销？电子商务为什么发展这么快？一个共同的原因是它们都能提供更便宜的商品。事实上，在同等价值条件下，大部分消费者更倾向于购买"低价"的商品，或者更准确地说是"性价比高的商品"。

（一）高性价比是大众需求的基本特征

社会大众的消费预算总是有限的，在其消费能力范围内，总是倾向于购买低价的商品。也正是由于商品价格的不断降低，才使消费者的生活水平得到不断的提升。一般来说，各行各业的市场领导者之所以市场占有率最高，主要是因为它们提供了"功能满足要求而价格更低"的产品。

（二）高价走低是商品价格的市场规律

许多新产品在上市之初定价较高，只适合高端消费，但经过一段时间的销售以后，普遍降低价格，走向大众消费。20世纪以前，汽车在美国是奢侈品，只有少数富人才能买得起，销售数量极少，汽车企业也难以发展。亨利·福特致力于简化汽车设计，通过流水线大批生产，大幅度降低生产成本和汽车售价，使汽车最终进入寻常百姓家。

（三）降价是企业重要的竞争手段

企业要发展，必须打击竞争对手，不断提高市场占有率，而降价通常是最为常用的竞争手段之一。我们知道，金牛类产品是企业盈利最大的商品，而金牛类产品是由明星产品转化过来的，金牛类产品的价格通常低于明星产品价格，因此受到大众消费者的欢迎。

四、如何提升品牌的溢价能力

（一）定位产品档次

面向高端消费者制造优质产品是实现产品溢价的基本前提。面对高端人群，企业首先应当增加产品的功能、提高产品的性能、减少产品的缺陷率、提供优质的服务；其次要设计高于竞争品牌的产品定价，中华牌香烟最低价是 30 元，所以几乎谁都知道中华烟是高档烟。

此外，企业还应该注重产品的细节开发，提高产品的附加值。一种较好的策略是用品种名称、包装与工业设计来区别出高、中、低档。洋河大曲就用"五十年陈酿"这一品种名称与包装来标识洋河中的最高档酒。像手机产品，除了它的功能、性能参数能标志其先进性外，用型号、外观也能较好地区别出其高、中、低档。香烟品牌主要用颜色、金装、镶边等外包装的变化来加以区别。

（二）提高产品质量

产品质量是产品的生命线，高质量的产品是产品溢价的基础。消费者购买商品（服务），主要是该商品能够实现某些功能，满足消费者的需要。有保证的稳定性和可靠性，才能使消费者对该品牌建立长期的信心，长期的信誉保证是品牌溢价之本。

20 世纪四五十年代，日本产品的质量问题严重，"东洋货"在国际市场上名声非常不好。为了摘掉这顶帽子，日本政府提出了"质量救国"的口号，狠抓质量，各企业也纷纷响应。若干年之后，日本产品的质量有了根本性改观，一些企业为了占领国际市场，采取许多奇招展示自己产品不同一般的质量。一次，日本西铁城钟表商为了在澳大利亚打开市场，提高手表的知名度，广告某月某日将在某广场空投手表，谁捡到归谁。到了那天，日本钟表商租用了一架直升机，将千余只手表空投下来。当幸运者发现自己捡到的手表居然完好无损时，都高兴地奔走相告。于是，西铁城钟表打开了销路。日本的许多产品都是这样，依靠过硬的质量跨出国门，在国际竞争中连连取胜。

（三）赋予品牌价值

品牌核心价值既可能是功能型利益，也可能是情感型利益和自我表现型利益，这取决于产品的属性。功能型利益为主的品牌应持续不断地提高产品的性能、质量与服务水平。以情感型利益为主要价值的品牌，在保证技术质量的基础上，应主要通过广告和公关活动塑造品牌的核心价值理念，以引起目标消费者的共鸣。

品牌核心价值一旦确立，就应保持相对的稳定性。企业的营销战略、广告传播、公益活动、软文炒作等都要能演绎其品牌的核心价值。名牌轿车沃尔沃的品牌核心价值是"安全"。多年以来，"安全"成了企业一切经营活动的灵魂，从 20 世纪 20 年代以来，沃尔沃在这个目标上锲而不舍，受到世界各国厂商及车迷的推崇。有人曾经统计过，1945—1990年，沃尔沃公司在各式新车上配备了 32 项主动或被动安全装备。在国际汽车工业界，有许多安全技术是沃尔沃首创的。在传播上，沃尔沃的广告、公关活动也始终围绕"安全"而展开。

（四）维护品牌形象

一个区域小名牌的溢价能力不如全国性大名牌强，一个全国性名牌则不如国际名牌，如娃哈哈、乐百氏酸奶要比地方小品牌价格高 20%，雀巢奶粉要比一般国产品牌贵 25%

以上，所以要尽量塑造出大品牌形象。

在广告、事件行销、新闻宣传中要不失时机地宣传自己为大品牌的信息。海尔"先难后易"的国际化战略，大肆张扬"产品畅销德国、成功登陆美国、全球海尔人祝中国人民春节愉快"，有效树立起国际级大品牌的形象，溢价能力超过了其他国内电器大品牌。

由于中央电视台在国内的影响力以及自身一些特殊因素，使得中央电视台的广告不管是在覆盖率、收视率，还是在权威性、可信度等方面均存在其他电视台无可比拟的优势。通过营销活动、广告宣传来保持品牌活力，并通过中央电视台的广告投放来提升品牌形象、巩固强势品牌地位也成为许多品牌的基本广告策略之一。蒙牛乳业正是借助了中央电视台媒体的权威性和影响力，有效树立和传播了企业的形象。

（五）持续的品牌创新

随着经济高速发展，市场同质化的产品越来越多，导致品牌溢价的能力越来越小，只有注重产品的创新，才能使自己品牌麾下的产品区别于其他品牌的产品，获得较高的品牌溢价。此外，消费者的需求也越来越个性化，张扬个性、表现自我的消费观念也促使产品的创新，赋予品牌更多的内涵。

第二节 定价策略

一、灵活定价策略

灵活定价策略包括以下几种。

（1）心理定价策略，包括尾数定价、整数定价、声望定价、习惯定价、招徕定价等方式。

（2）折扣让价策略，包括现金折扣、数量折扣、交易折扣、季节折扣、折让、回扣等形式。

（3）地区性定价，包括产地交货定价、统一交货定价、分区定价、基点定价、运费免收定价等方式。

（4）需求差别定价，包括因顾客而异而定价、因时间而异而定价、因地点而异而定价、因产品而异而定价等形式。

二、新产品定价策略

新产品关系着企业的前途和发展方向，新产品的定价策略对于新产品能否及时打开销路，占领市场、最终获取目标利润有很大的关系。新产品的定价策略一般有以下几种。

（一）撇脂定价策略

撇脂定价是在新产品刚刚进入市场的初级阶段采取高价投放策略，销售价格远远高于成本，以尽快提取新产品效益的精华，就像在牛奶中撇取奶油一样。但是撇脂定价策略不宜任意采用，需要一些基本条件：第一，该产品是新产品，无类似替代品；第二，新技术尚未公开，竞争对手难以进入市场，企业是独家生产；第三，购买者属于非价格敏感型，需求曲线相对无弹性，制定高价仍有足够的购买者；第四，高价能给人以高质量的印象，能刺激顾客购买而不致引起顾客反感；第五，企业生产能力一时难以扩大，如定低价导致市场需求量过大，企业将难以保证供应；第六，制定高价将减少市场需求和企业产量，从而提高单位产品成本，但单位产品成本的提高将不会抵消高价所带来的高额利润。

撇脂定价策略有以下几个方面的优点。

（1）有利于生产者尽快收回投资并获得较高利润，以迅速扩大生产，满足市场需要。

（2）产品导入期的主要销售对象是革新者和早期采用者，与其他群体相比，这些人较少关心价格高低，属于非价格敏感型，高价一般不会影响销售。

（3）价格本身留有余地，如果预先估计有错误，高价影响了销售量时，可以降价销售；如果原先制定低价，以后再提价就不那么容易了。

（4）生产初期，价格高一些，使市场需求不至于发展过快，企业生产能力可从容应付。

（5）可根据消费者购买力水平和需求弹性大小进行市场细分，对购买力高、需求弹性小的地区定高价。

（二）渗透定价策略

这是一种低价策略，在新产品上市之初，将价格定得较低，利用价廉物美迅速占领市场，取得较高市场占有率，以获得较大利润。适用条件是：①潜在市场较大，需求弹性较大，低价可增加销售；②企业新产品的生产和销售成本随销量的增加而减少。

渗透定价策略的优点是：①低价能迅速打开新产品的销路，便于企业提高市场占有率；②低价获利可阻止竞争者进入，便于企业长期占领市场。其缺点是投资的回收期长，价格变动余地小，难以应付在短期内突发的竞争或需求的较大变化。

（三）温和定价策略

这是一种中价策略，在新产品上市之初，将价格定在高价和低价之间，力求使买卖双方均感满意。撇脂定价策略定价较高，易引起消费者的不满及市场竞争，有一定风险；渗透定价策略又定价过低，虽对消费者有利，但企业在新产品上市之初收入甚微，投资回收期长；而温和定价策略既可避免撇脂定价策略因高价而具有的高风险，又可避免渗透定价策略因低价带来的企业生产经营困难，因而既能使企业获取适当的平均利润，又能兼顾消费者的利益。其缺点是比较保守，不适合需求复杂多变或竞争激烈的市场环境。

三、调价策划

在产品销售的过程中，随着市场环境、竞争对手以及企业自身的变化，产品的价格并不是一成不变的。为了适应市场需要，企业必须不断地进行价格调整。

（一）提价策划

产品提价是消费者和供应商都不愿意看到的。企业提价是要冒一定风险的，但是在一些情况下企业为了适应市场和避免亏损不得不提价。企业在进行提价时应当选择准确的提价时机，制定恰当的提价策略。

▶ **1. 选择提价时机**

（1）产品供不应求。需求在一定程度上决定了价格。对于市场上稀缺的产品，企业可以适当提高产品价格，不仅可以通过提高价格缓解需求的压力，也可以通过提高价格获得利润。在市场上产品供不应求的情况下，适当提高产品的价格不会带来销量的下降。

（2）竞争对手涨价。如果同行业产品价格提高了，企业也可以采取相同比例的提价策略。这样做有利于维持产品在市场中的地位，树立优质产品的形象。

（3）产品优势很明显。当企业产品在市场上占主导地位，有一定优势时可以提价。消费者对该品牌有一定忠诚度，而且市场的优势地位树立了产品在消费者心中的形象。采取适当的提价策略，定价稍微高于竞争对手的同类产品，这样更能凸显产品的优势。适当的提价不仅不会减少市场份额，而且还会带来利润的增加。

（4）通货膨胀。在通货膨胀这样的大背景下，市场上整体物价水平上涨，如果产品提价幅度合理，就不会影响产品的销售，消费者是可以接受的。

（5）原材料涨价。世界上许多资源处于短缺状态，或难以再生，价格持续上涨，导致相关产品成本增加。在没有替代品的情况下，企业为了缓解成本压力，就可以提高价格。

▶ **2. 提价的策略**

提价可以明调，也可以暗调，但明调价格容易引起市场波动和消费者的反感，所以，大部分商家采取暗调策略。暗调既使消费者感觉不到产品价格的上升，又能达到提价的目的。市场研究表明，一般产品提价以 5% 为界限，这也符合消费者的承受能力。常用的暗调策略有以下几种。

（1）改变产品型号、种类。这种变相提价的方式在工业品、电子科技产品销售中很常见。因为这些产品在制造工艺上有很大区别，往往是一个系列产品很多型号，这对于提价来说很容易。对于一些计算机厂家来说，当某一型号的产品在市场上已经不能继续增值，或者面临竞争降价威胁的时候，他们就会停止生产这种型号的产品，取而代之的是新的换代产品，在换代产品中融入新技术，更换外包装又以很高的价格出售。这种方式的提价是消费者感觉不到的，在消费者看来新的更新换代产品自然价格要提高，消费者很容易就能接受。这种变相的提价方法可以说是科学的、艺术的。

（2）改变产品数量和质量。对于消费者来说，他们对一些产品尤其是日常消费品的价格已经习惯，如果突然提价消费者就不再愿意购买，这样做就会导致市场份额减少。企业可以通过减少产品的数量和改变产品的质量来维持价格不变。

（3）产品组合报价。将一些相关产品组合在一起，做成精美的包装进行套装销售，这样的话价格就要比单件产品的价格高出很多。由于是多件组合销售，平均在单件产品上的提升价格就会变得很小，多件产品价格加起来就会影响消费者的心理判断。这种策略经常用在化妆品、礼品的销售上。

（4）减少折扣。企业在进行产品价格折扣的时候，本身就需要大量的资金成本。如果企业在保持价格不变的条件下，停止折扣或者减少折扣会节省成本，增加营业收入。企业也可以暂停一些免费的服务或者改成收费的服务。这种变相的提价方法，消费者从价格本身是感觉不到的，不会有反感的心理。

（5）小幅度多次提价。企业可以化整为零，采取有规律的多次小幅度提价方式逐步实现提价目标。例如，某产品想把价格由 5 元提到 10 元，可以先提高到 7.5 元，等过一段时间消费者接受以后再提高到 10 元。这种把提价目标分几次实现的方式，不会让消费者感觉太突然，心理上容易承受。

（二）降价策划

在激烈的市场竞争下，采取合理的降价策略可以迅速占领市场、打击竞争对手，合理的降价能给企业带来丰厚的回报。但是降价的风险依然存在，如果降价不能增加需求就会造成与竞争对手之间的恶性竞争，这样的降价就得不偿失了。因此，何时降价、采取什么样的降价策略是降价前需要考虑的问题。

▶ **1. 降价的时机**

（1）产品处于衰退期。产品处于生命周期的衰退阶段，市场上产品供过于求，消费者购买不积极，这时候企业可以降价。通过降价，可以加速产品的销售，整个渠道的产品能够流通，减少了库存，企业能够快速收回成本，降低了风险。

（2）竞争对手降价。竞争对手的产品降价，如果企业的产品不进行降价，可能就会流失一部分顾客，造成市场份额的减少。这时候企业的降价就是一种被动降价，可以相应地降低价格来保护自己的市场份额。

（3）企业实力雄厚。如果企业实力雄厚，可以先降低价格来获取市场，占领市场以后再获利。企业实力强就可以进行大规模生产，大规模生产必然带来成本和费用的减少，实现规模效益，通过薄利多销获取大量利润。

（4）阻止竞争对手进入。当产品进入成熟期以后，降价可以防止竞争对手进入市场。有些企业通常在产品成熟期以后，投入的成本已经收回，这时候只要获得很少的利润就能满足企业的需要。它们通常会有意地降低产品价格，使竞争对手无法实现预期的利润，进而有机会将新进入市场的竞争对手挤在市场之外。

▶ **2. 降价的策略**

采用什么样的方式降价，既能吸引消费者购买，又能使企业获取足够的利润，这是很多企业一直考虑的问题。市场上有直接降价和间接降价两种形式。直接降价的效果是明显的，能够很大程度刺激消费者，也很容易吸引媒体的关注。但是竞争对手也很敏感，容易造成价格战，这样企业的利润就会减少。间接降价的方式很多，例如，加大包装、派赠品、折扣等。间接降价既能给消费者带来实惠，又能维持产品的价格稳定和产品形象。常用的降价策略如下。

（1）实物赠送。现在很多企业采用这种形式，买一件产品，再赠送一件该品牌的相关产品。例如，舒蕾牌的洗发水采用的促销降价方式就是每购买一瓶洗发水就赠送一瓶沐浴露，买一盒舒肤佳香皂会赠送一袋洗发水，这就是企业通过赠送实物的形式达到降价的目的，又不影响产品的形象。

（2）美化包装。有些企业的产品本身并没有改变，只是换了精美的包装，看起来就显得产品很高档，但是价格没有改变。在消费者看来新的产品比原来的产品价值提高了，而且价格又没有改变，这样就会吸引消费者购买。

（3）数量改变。产品数量增多了，价格没有变化，这也是一种变相的降价。消费者更愿意接受相同价格而数量多的产品。现在很多企业销售的"大包装""家庭装"就是这种策略。像一些饮料产品经常会在包装上打上这样的标语"多了20％"，让消费者感觉到实实在在的便宜。

（4）直接降价。当市场处在通货紧缩的经济条件下，市场经济不景气，购买力下降，产品很难销售，这时候企业为了生存应当直接降价，这时候降价能够在一定程度上刺激消费者购买产品。对于一些陈旧产品或者过时的产品应当果断降价，加快资金的回收。

经典案例

嘉利公司的价格调整

原材料价格上涨，必然带来产品成本的上升，部分微利产品此时已经变成了亏损产品，怎么办呢？这是当时横亘在嘉利公司营销高管人员面前的一道难题，价格到底涨不涨？如何涨？这成了当时最难解决的问题。经过深思熟虑，嘉利公司决定采取以下措施。

（1）对于亏损而难以砍掉的产品，实施改良的方式，变相提升价格。例如，降低克重、压缩箱子成本、调整料包等，不动声色地进行涨价。

（2）对于亏损而又销量较大的产品，实施过渡涨价的方式。具体措施是在规定的时间内，例如，一个月内保持原价，一个月后开始涨价，给经销商一个过渡期，以便让他们更好地调整产品和市场。

（3）以400千米为限，实施按距离不同给予不同定价的方式。例如，400千米内价格、400～800千米价格、800千米以外价格，区别对待，避免一刀切式的涨价或者提价。

（4）主推价格高的中高档新产品，尤其是重点开发新市场，同时，加大对市场统一策划的力度，通过广告、促销活动等，拉动消费者尝试消费，转移价格敏感度。

条条大路通罗马，原材料价格上涨，产品价格如何涨？方式不同，结果也不同。有的企业在一片"涨声"中，失去大片的领地与市场，让自己很受伤。而嘉利公司通过稳健的价格调整策略，让自己慢慢恢复元气，并逐步获得了市场的主动权。

四、产品组合定价

产品组合是指一个企业新生产经营的全部产品大类和产品项目的组合。产品组合定价策略的主要形式有以下几种。

（一）产品线定价策略

产品线中的不同产品，根据不同的质量和档次，结合消费者的不同需求和竞争者的产品情况，来确定不同的价格。即对同一产品线中不同产品之间的价格差异做出决策。

采用这种方法定价，需注意的是：产品线中不同产品的价格差要适应消费者的心理需求，价差过大，会诱导消费者趋向于某一种低价产品；价差过小，会使消费者无法确定选购目标。如某服装店将男衬衫分别定为 300 元、150 元、80 元三种价格，消费者自然会把这三种价格的衬衫分为高、中、低三个档次进行选购。

（二）任选品定价策略

任选品是指在提供主要产品的同时，还附带提供选购品或附件与之搭配。选购品的定价应与主要产品的定价相匹配。选购品有时是企业的高价获利产品，有时是招徕消费者的廉价品。如美国的汽车制造商往往提供不带任何选购品的车型，以低价吸引消费者，然后在展厅内展示带有很多选购品的汽车，让消费者选购。

（三）互补产品定价策略

互补产品是指有连带互补关系、必须配套使用的产品。同时生产两种相关产品的企业，一般将主体产品定低价以吸引消费者购买，而将附属产品定高价，以获取长期利益。如吉列公司的剃须刀架定价很低，因为它在销售高价吉列刀片上赚回利润。

（四）副产品定价策略

企业在生产过程中经常产生副产品，如酿造厂的酒糟、榨油厂的油渣。这些副产品的处理需要花费一定的费用，如果能将其直接变卖，将会对主产品的价格产生非常有利的影响，也有助于企业在迫于竞争压力时制定较低价格。

（五）产品群定价策略

为了促销，企业常将几种产品组合在一起，进行捆绑降价销售，如图书经销商将整套书籍一起销售，价格就要比单独购买低得多。采用这种策略，价格的优惠程度必须有足够的吸引力，但要注意防止容易引起消费者反感的硬性搭配。

第 三 节 网络定价策略

一、互联网对定价的影响

在市场营销中，价格策略是企业参与市场竞争的重要手段之一，直接影响企业产品或服务的销路。网络营销相对于传统的营销管理来说，虽然有许多不同的特点，但价格仍然是企业竞争的重要手段。在网络环境下，企业在制定价格策略时，在很多方面都与传统营销策略有所不同，这使企业管理者在实施价格营销策略时面临新的挑战。

互联网对价格的影响主要表现在以下几个方面。

▶ 1. 网络的开放性影响定价

网络使消费者可以得到大量的信息。在做出购买决策之前，潜在的消费者可以对竞争性产品的价格和特色进行比较，并浏览排序和评论，通过对价格及产品进行充分的比较，增强对价格的敏感性。其结果是市场变得更为有效，产品和定价的差异将会降低。

▶ 2. 网络的全球性影响定价

消费者在互联网上决策购买产品时，不再受到地理位置的限制，商家在网上销售产品也可能接触到全球的消费者。因此，消费者可以在广泛的商家中间自由选择。而通过增加潜在竞标者的数量，商家可以受益于产品出售（更多的消费者能提高产品的出价）和获取供应（更多的潜在竞标者导致供应合同的出价降低）。

▶ 3. 网络的交互性影响定价

互联网是双向交流的媒体，交互性是网络媒体相对传统媒体的一大优越性。在网络传播中，受众与传播者或受众与受众之间可以在一定程度上进行直接双向交流，这一方面有利于低成本、高效率地实施动态定价策略；另一方面更容易接受客户关于价格情况的反馈，了解客户对某一产品的意愿支付，并实现价格歧视策略。通过深入了解客户如何在Web站点中导航或获取客户相关的信息，公司就能更容易为单个客户制定价格。

▶ 4. 网络的个性化力量影响定价

尽管网上信息总量很大，但每一个信息用户、每一个人只对其中的一小部分感兴趣，他们有着不同的兴趣爱好和不同的信息需求。互联网为满足用户各自不同需求的系统提供了实现的平台，从而使企业更容易提供有针对性的、个性化的定价促销。

二、网络定价策略

（一）低价定价策略

借助互联网进行销售，比传统销售渠道的费用低廉，因此网上销售价格一般来说比传统市场的价格要低。由于网上的信息是公开和易于搜索比较的，因此网上的价格信息对消费者的购买起着重要作用。研究表明，消费者选择网上购物，一方面是因为网上购物比较方便；另一方面是因为从网上可以获取更多的产品信息，从而以最优惠的价格购买商品。

直接低价定价策略由于定价时大多采用成本加一定利润，有的甚至是零利润，因此这种定价在公开价格时就比同类产品要低。它一般是制造业企业在网上进行直销时采用的定价方式，如 Dell 公司计算机的定价比其他公司的同性能产品低 10%～15%。采用低价定价策略的基础前面分析中已指出，企业通过互联网进行销售可以节省大量的成本费用。

另外一种低价定价策略是折扣策略，它是在原价基础上进行折扣来定价的。这种定价方式可以让顾客直接了解产品的降价幅度以促进顾客的购买。这类价格策略主要用在一些网上商店，它一般按照市面上的价格进行折扣定价。如 Amazon 的图书价格一般都要进行折扣定价，而且折扣达到 3～5 折。

如果企业是为拓展网上市场，但产品价格又不具有竞争优势时，则可以采用网上促销定价策略。由于网上的消费者面很广而且具有很大的购买能力，许多企业为打开网上销售局面和推广新产品，采用临时促销定价策略。促销定价除了前面提到的折扣策略外，比较常用的是有奖销售和附带赠品销售。

在采用低价定价策略时要注意的是：首先，由于互联网是从免费共享资源发展而来的，因此用户一般认为网上商品比从传统渠道购买商品要便宜，在网上不宜销售那些顾客对价格敏感而企业又难以降价的产品；其次，在网上公布价格时要注意区分消费对象，一般要区分一般消费者、零售商、批发商、合作伙伴，分别提供不同的价格信息发布渠道，否则可能因低价策略混乱导致营销渠道混乱；最后，网上发布价格时要注意比较同类站点公布的价格，因为消费者可以通过搜索功能很容易地在网上找到最便宜的商品，否则价格信息公布将起到反作用。

（二）定制生产定价策略

▶ 1. 定制生产的含义

作为个性化服务的重要组成部分，按照顾客需求进行定制生产是网络时代满足顾客个性化需求的基本形式。定制生产根据顾客对象可以分为两类。

第一类是面对工业组织市场的定制生产，这部分市场属于供应商与订货商的协作问题，如波音公司在设计和生产新型飞机时，要求供应商按照飞机总体设计标准和成本要求来组织生产。属于工业组织市场的定制生产主要通过产业价值链，由下游企业向上游企业提出需求和成本控制要求，上游企业通过与下游企业进行协作设计、开发并生产满足下游企业需要的零配件产品。

第二类是面向消费者市场的定制生产。由于消费者的个性化需求差异性大，加上消费者的需求量又少，因此企业实行定制生产在管理、供应、生产和配送各个环节上，都必须适应这种小批量、多式样、多规格和多品种的生产和销售变化。为适应这种变化，企业在管理上采用企业资源计划系统(enterprise resource planning，ERP)来实现自动化、数字化管理，在生产上采用计算机集成制造系统(computer integrated manufacturing system，CIMS)，在供应和配送上采用供应链管理(supply chain management，SCM)。

▶ 2. 定制定价策略

定制定价策略是在企业能实行定制生产的基础上，利用网络技术和辅助设计软件，帮助消费者选择配置或者自行设计能满足自己需求的个性化产品，同时承担自己愿意付出的价格成本。Dell 公司的用户可以通过网页了解各型号产品的基本配置和基本功能，根据实际需要和能承担的价格，配置自己最满意的产品，使消费者能够一次性买到自己中意的产品。在配置计算机的同时，消费者也相应地选择了自己认为价格合适的产品，因此对产品价格有比较透明的认识，增加企业在消费者面前的信用。这种允许消费者定制、定价、订货的尝试还只是初步阶段，消费者只能在有限的范围内进行挑选，还不能完全要求企业满足自己所有的个性化需求。

（三）许可使用定价策略

传统交易关系中，产品买卖是完全产权式的，顾客购买产品后即拥有对产品的完全产权。但随着经济的发展和人们生活水平的提高，人们对产品的需求越来越多，而且产品的使用周期也越来越短，许多产品购买后使用几次就不再使用，非常浪费，因此制约许多顾客对这些产品的需求。为改变这种情况，可以在网上采用类似租赁的按使用次数定价的方式。

所谓使用定价，就是顾客通过互联网注册后可以直接使用某公司的产品，顾客只需要根据使用次数进行付费，而不需要将产品完全购买。这不仅减少了企业为完全出售产品而进行的不必要的大量的生产和包装浪费，同时还可以吸引过去那些有顾虑的顾客使用产品，扩大市场份额。顾客每次只是根据使用次数付款，节省了购买产品、安装产品、处置产品的麻烦，还可以节省不必要的开销。

采用按使用次数定价，一般要考虑产品是否适合通过互联网传输，是否可以实现远程调用，比较适合的产品有软件、音乐、电影等产品。对于软件，如我国的用友软件公司推出网络财务软件，用户在网上注册后可在网上直接处理账务，而无须购买软件和担心软件的升级、维护等非常麻烦的事情；对于音乐产品，也可以通过网上下载或使用专用软件点播；对于电影产品，则可以通过视频点播系统来实现远程点播。另外，采用按使用次数定价对互联网的带宽提出了很高的要求，因为许多信息都要通过互联网进行传输，如互联网带宽不够将影响数据传输，势必会影响顾客租赁使用和观看。

（四）拍卖竞价策略

网上拍卖是发展比较快的领域，经济学家认为，市场要想形成最合理的价格，拍卖竞价是最合理的方式。网上拍卖由消费者通过互联网轮流公开竞价，在规定时间内价高者得。

根据供需关系，网上拍卖竞价方式有下面几种。

（1）竞价拍卖：最常见的是 B2C 的交易，包括二手货、收藏品，也可以是普通商品以拍卖方式进行出售，如 HP 公司将公司的一些库存积压产品放到网上拍卖。

（2）竞价拍买：竞价拍买是竞价拍卖的反向过程，消费者提出一个价格范围，求购某一商品，由商家出价，出价可以是公开的或隐蔽的，消费者将与出价最低或最接近的商家成交。

（3）集体议价：在互联网出现以前，这一种方式在国外主要是多个零售商结合起来，向批发商（或生产商）以数量换价格的方式。互联网的出现，使得普通的消费者能使用这种方式购买商品。集合竞价模式就是一种由消费者集体议价的交易方式，这在国内网络竞价市场中，还是一种全新的交易方式。提出这一模式的是美国著名的 Priceline 公司。在国内，雅宝已经率先将这一全新的模式引入了自己的网站。

（五）销售捆绑定价策略

产品捆绑定价是常用的策略。零售商为到商店购买产品的顾客提供免费停车的机会，交响乐团提供预售的可以看多种音乐会的套票，这些都是产品捆绑销售的例子。在软件业中最明显的例子就是微软的 Office 办公软件，该产品是由一个文字处理程序、一个电子表格工作、一个数据库和一个演示工具捆绑而成的。捆绑的方法有如下几种。

▶ 1. 选择性捆绑

选择性捆绑是指有些东西可以单独购买，也可以捆绑购买。捆绑购买的价格更加优惠。当有些顾客特别需要捆绑产品中的某一产品，而对其他产品不感兴趣时，选择性捆绑的方法比一律捆绑的方法对消费者更实惠。例如，一家刚刚在网上销售食品的美国公司，向食品的订购者提供了套餐(开胃品、正餐和饮料等)，也允许消费者以比较高的价格单独购买其中的一项。选择性捆绑是网络营销零售业如网上超市可以选择的定价方法，一些注重价格的消费者可能会对捆绑所带来的价格上的节约感兴趣。

▶ 2. 增值捆绑

增值捆绑是组合捆绑的一个变形。这种方法并不是对产品降价，而是附带提供其他服务。使用这种方法，公司可以吸引对价格敏感的用户。例如，澳大利亚航空公司 Quantas 只向旅客多收一美元，就使他们可以享受在澳大利亚小憩几日并观光的优惠。这种优惠对常出差的人来说没有什么吸引力，但对那些本来就是以旅游为目的的人来说，却有很大的吸引力。

▶ 3. 信息捆绑

杂志是由文章捆绑而成的，用户往往只对一本杂志的几篇文章感兴趣，但却不得不购买整本杂志。在网络上寻找信息也是一样，当你找到一条信息的时候，有时相关的信息会自动地跳到你的眼前。把信息捆绑在一起的好处是捆绑通常会减少顾客支付意图的分散性，从而增加公司的收入。

▶ 4. 定制捆绑

信息技术可以为捆绑策略提供最为隐蔽的方法。过去，流行音乐是用 CD 光盘进行捆绑销售的，消费者只是因为喜欢其中的几首歌曲而购买了整个 CD 光盘，但是现在已经出现了可以让消费者定制 CD 光盘的技术。MusicMaker 可以让你从它所有的 30 000 首歌曲的数据库中进行选择，生产出你自己定制的 CD 光盘，价格不到 20 美元。这是批量定制的一个很好的例子，是消费者在用新的技术创造出自己的音乐捆绑。

目前网络上流行报纸的个性化服务，个性化报纸也是自我创造捆绑的例子。消费者把自己的读报偏好输入计算机中，软件会根据你的偏好把你感兴趣的文章组合成一份报纸发送给你。

定制捆绑将是网络营销企业经常使用的一种价格方法。它在充分满足消费者需求的同时，也使消费者多买了公司的产品。

（六）免费价格策略

免费价格策略是市场营销中常用的营销策略，就是将企业的产品或服务以零价格或近乎零价格的形式提供给顾客使用，满足顾客需求。在传统营销中，免费价格策略一般是短期和临时性的；在网络营销中，免费价格策略是一种长期并行之有效的企业定价策略。

企业实施免费价格策略的目的不尽相同，主要分为三类。第一类是将免费策略作为一种宣传手段，利用免费效应来吸引眼球，以保证企业在各个宣传领域中都处于领先地位。如一些大型的工业品供应商和跨国公司往往把互联网看作一个新的宣传领域，将免费策略作为整个企业促销宣传的一个部分。第二类是将免费策略作为一种促销手段，先让用户免费使用，待用户免费使用形成习惯后，再开始收费，如微软在推出 Office 2007 的时候，授权计算机厂商们在新计算机上安装一个免费试用 60 天的零售版 Office 2007，两个月的试用期过后，消费者可以通过购买一个合法的密码来"解锁"你的 Office 2007。这种免费策略与传统营销策略类似。第三类是从战略发展的需要来制定定价策略，希望利用免费价格策略先占领一定的市场份额后，再发掘后续商业价值，从而再在市场上获取收益。如新浪网在 2005 年推出"名人博客"这一新闻形式之后，经过一年多的发展，使得新浪博客的日访问量过亿，巨大的访问量为新浪网的广告增收和无线业务增收打下了很好的基础。新浪网采取免费价格策略占领了未来市场，具有很大的市场竞争优势和巨大的市场盈利潜力。

免费价格策略有以下几类具体的形式。

▶ 1. 完全免费

产品（服务）完全免费，即产品（服务）从购买、使用到售后服务所有环节都不收取任何费用。网站为消费者提供的无差异化产品一般实行完全免费策略，因为一旦某个网站实行收费的话，其用户就会转向竞争对手的网站。如美国在线公司在成立之初，利用商业展览会、杂志封面、广告邮件等方式，免费赠送了数百万套桌面软件和浏览器软件，从而赢得大量的用户。

网站提供完全免费的产品，并不能直接从用户身上获得收入，但可以通过免费产品来吸引用户浏览网站，增加网站的人气和知名度，建立企业品牌形象，最终目的是先占领市场，然后再在市场获取收益。完全免费的产品和服务主要有新闻资讯、搜索引擎、电子邮箱、电子书籍、升级软件等。

▶ 2. 限制免费

产品（服务）实行限制免费，即产品（服务）可以被有限次地或有时间限制地免费使用，当超过一定使用次数或期限后，免费服务被取消，顾客必须付费才能使用。目前许多软件都使用这种定价形式，其好处是用户可以通过免费试用产品和服务，满意则付钱购买，不满意则不进行购买，让用户有选择余地。如金山软件公司免费赠送可以使用 99 次的 WPS 2000 软件，使用次数完结后，消费者需要付款申请方可继续使用。对产品实行限制免费，对于企业来说也不必担心用户在超过使用期限或次数后又多次重复下载产品，因为只有极少数用户会为了节省并不贵的产品购买成本而去付出巨大的精力和时间成本。

▶ 3. 部分免费

产品（服务）实行部分免费，即产品整体的某一部分或几种功能，以及服务全部过程中的某一环节可以享受免费。部分免费定价的优势主要体现在两个方面：一方面是让用户有免费试用产品的机会，这和限制免费的优势是一样的，如一批科研机构或一些调查研究公司在网站上免费公开自己的研究成果中的一部分，如果消费者想要获得所有的科研成果就必须付费了；另一方面是满足用户对产品部分功能的特定需求，如游戏商把一些网络游戏免费向游戏玩家开放，玩家可以享受到游戏的基本功能，但如果玩家需要实现更强大功能的话，就要通过付费购买游戏中的虚拟产品，从而更好地享受游戏的乐趣，而商家也因此实现了收益。

▶ 4. 捆绑式免费

产品（服务）实行捆绑式免费，即当顾客购买某产品或服务时，可以免费获取其他产品（服务），类似于传统营销中的买一送一等方式。这种捆绑手段，一方面可以提高顾客对所购买产品价格的满意度，降低顾客对价格的敏感程度；另一方面可以通过成熟产品的销售带动新产品进入市场。如微软公司将 IE 浏览器与 Windows 操作系统捆绑在一起销售，实际上是免费赠送 IE 浏览器，并利用 Windows 的影响力免费推广 IE。捆绑式免费策略并不能为企业带来直接收入，其好处是让企业的产品迅速占领市场份额。微软公司通过这一定价策略，利用 Windows 操作系统在市场中庞大的市场份额，带动 IE 浏览器迅速占据了全球大部分的浏览器市场份额。

经典案例

广汽丰田凯美瑞重整价格体系

1. 凯美瑞——中级轿车销量冠军

广汽丰田汽车有限公司（以下简称广汽丰田）投产的首款轿车凯美瑞是全球销量最大的中高档轿车之一，全球累计销售量已超过 1 000 万辆。全新的第六代丰田凯美瑞按照"创造中高级轿车全球新标准"的目标开发而成。2006 年 6 月 17 日，广汽丰田凯美瑞正式在全国上市，上市第二个月就进入中高级轿车市场三甲之列。2007 年以连续 12 个月份月销量冠军的成绩获得年度销量冠军，并创造了中高级轿车年度和月度销量的最高纪录。

凯美瑞取得这样的佳绩，既有产品品质的功劳，又得益于卓越的渠道管理和价格体系管理。

2. 2008 年 7 月，08 款凯美瑞价格混乱

2008 年 7 月，广汽丰田上海一家 4S 店告诉记者，由于市场不景气、购买力下降，商家库存压力与日俱增。凯美瑞全系车型现金让利 1 万余元。如果消费者进店面谈，优惠幅度很有可能增至 1.5 万元。二级经销商向记者传达的消息更为夸张，有家二级经销商向记者保证，在该店购买凯美瑞，现金优惠可以保证在 2.1 万元，另外还送车身装潢。

有消息传广汽丰田已经在 2008 年 7 月开始自上而下传达关于遵守并履行《反垄断法》

的相关文件。而记者在上海车市广汽丰田经销商处也了解到一些传闻,不同的是经销商只是透露本月广汽丰田将不对经销商的对外报价进行干涉,尚未提及其他方面的消息。不过从全国目前的情况来看,成都地区经销商率先自主调整凯美瑞车价,上海、广州、北京、南京等地凯美瑞的最终售价也有很大降幅,一时间凯美瑞的报价陷入混乱之中。按道理,一向管理卓越的广汽丰田是不会允许这些情况出现的。有理由认为,不论是不是广汽丰田率先遵循《反垄断法》,这种情况都是经销商不得已而为之,是长期库存积压所导致的。

3. 2008年9月,广汽丰田借09款凯美瑞重整价格体系

混乱的凯美瑞价格因09款的推出而重新统一。2008年9月22日,广汽丰田在穗发布09款凯美瑞。广汽丰田高层确认,凯美瑞G系列以后将重新统一价格,统一到厂商建议价。凯美瑞G系列销量占凯美瑞全系销量的80%左右,此次升级的正是G系列。数据显示,2008年前8个月,凯美瑞售出了92 826辆车,稍稍领先雅阁和新天籁。

凯美瑞自2006年上市以来,价格一直比较稳定,甚至2007年年底还在加价销售。在2008年新雅阁上市后,凯美瑞开始经受考验。2008年7月,借着《反垄断法》通过的机会,广汽丰田"放开"了对全国经销商的价格干预,放手让经销商自主定价。借着这个机会,早已感受到雅阁强大压力的经销商纷纷降价,导致价格参差不一。在短暂的混乱中,个别区域的优惠幅度甚至达2.5万元。

公司认为:"市场在放开后,价格是有一些混乱的,但只要公司采取相应措施,价格会回到厂商建议价上来。"

资料来源:广汽丰田借09款凯美瑞重整价格体系,统一厂商建议价.

思考:

(1) 凯美瑞终端零售价格混乱的原因是什么?

(2) 混乱的价格体系对顾客和中间商会产生什么影响?

│ 思考题 │

1. 产品定价的方法有哪些?

2. 如何理解"低价的趋势性"?

3. 企业产品降价的时机与策略有哪些?

4. 产品组合定价的主要形式有哪些?

5. 网络定价的策略有哪些?

第九章
渠道策划

知识目标

1. 理解营销渠道的本质、营销渠道的功能和营销渠道的模式；
2. 掌握营销渠道结构策划和渠道成员的管理与激励方法；
3. 理解渠道扁平化与决胜终端，掌握渠道一体化和客户关系管理；
4. 理解并掌握网络营销渠道策划方法；
5. 掌握招商策划和经销商大会的操作方法。

第一节 渠道策划概述

一、营销渠道的本质

4C营销理论强调企业在制定分销策略时，要更多地考虑顾客的方便，而不是企业自己方便。要通过好的售前、售中和售后服务让顾客在购物的同时，也享受到了便利。便利是渠道提供的重要客户价值，但渠道功能远不止便利本身。

二、营销渠道的功能

（1）销售功能。企业通过渠道实现产品销售，实现企业经营目标，获取利润，这是渠道具有的最基本也是最有效的功能。

（2）洽谈功能。洽谈是生产者或经营者寻找潜在的购买者，并与之接触，实现交易活动的基本手段。

（3）沟通功能。渠道具有上下沟通商品信息，联系渠道成员之间客情关系的功能。

（4）服务功能。渠道还承担着为下游渠道成员提供服务的功能。

（5）信息功能。分销渠道成员通过市场调研收集和整理有关消费者、竞争者、市场营销环境信息，并通过各种途径将信息传递给渠道内的其他渠道成员。

（6）物流功能。物流主要是商品在流通环节的运输、储存及配送活动。

（7）承担风险功能。承担风险是指在商品流通的过程中，随着商品所有权的转移，市场风险在渠道成员之间的转换和分担。

（8）融资功能。渠道也就是一个融资的通道。不论是制造商品，还是销售商品，都需要投入资金，以完成商品所有权转移和实体流转的任务。

渠道策划就是找到兼顾效率与成本的交易方式，建立以消费者为中心的多赢机制。

三、营销渠道的模式

（一）直接分销模式

直接分销模式简称直销模式，就是产品不通过中间商，直接由生产商销售的一种营销方式。这种方式降低了渠道成本，可以大幅降低产品价格，同时还能提高服务水平，增强产品竞争力。

直接分销渠道的形式是生产者→用户。直接渠道是工业品分销的主要类型。例如，大型设备、专用工具及技术复杂需要提供专门服务的产品等，都采用直接分销。

在消费品领域，直销实际上是最古老的商品销售方式之一。在人类社会商品经济不发达的时期，商家经营规模小，主要采用直销方式。现在，我们将凡是不经过中间商环节而直接零售给消费者的销售形式都称为直销。直销分单层直销和多层直销，比较典型的如美国安利公司、中国完美公司等都采用单一的直销模式。保险行业也普遍实行直销。其他直销方式还包括电视销售、邮购、自动售货机、目录销售、会议销售等。

近几年来，在企业的销售渠道体系中，直销一直是一种重要的销售手段。

（二）代理经销模式

代理经销模式是指厂家借助中间商网络进行产品销售的一种通路模式，这是现代企业最常见的通路模式。许多大众化商品以及选购品，因考虑到消费者的分散性，在企业所不能及的市场区域，依靠分销商的销售模式成为现代商家的重要选择。代理经销分为单层渠道和多层渠道。

单层渠道是指厂家直接面向大型零售终端销售，由零售商面向消费者。商家销售力度大，对价格和物流的控制力强。

多层渠道是指有两个以上层次，企业一般通过一层或多层代理商或经销商经营，再由他们面向零售商，适用于大众化产品。

由于多层渠道经营成本高，单层渠道逐渐成为一种发展趋势。

（三）连锁经营模式

连锁经营模式是指企业通过在不同区域自建专卖店或通过加盟的方式建立专卖店以销售企业产品的一种通路模式。连锁经营专卖店的特征主要有两个方面：一是选址在繁华商业区、商业街或百货店、购物中心内。随着现代房地产的发展，大型居民区近年来也成为连锁经营专卖店开设的重要场所。二是专卖店经营一般以著名品牌为主，必须有品牌商品支撑，且商品比较丰富，同时专卖店往往在装修上有统一风格并且别具一格。服装行业的雅戈尔、李宁，化妆品行业的屈臣氏、资生堂等都是其典型代表。

（四）网络直销模式

网络直销模式是指通过互联网实现产品或服务从生产者到消费者的过程，简称网络直销。这时，传统中间商的职能发生了改变，由过去的中坚力量变成网络直销渠道提供服务的中介机构，如提供货物运输配送服务的专业物流服务商，提供货款网上结算服务的网上银行，以及提供产品信息发布、网站建设的互联网服务提供商和电子商务服务商。网络直销渠道的建立，使得生产者与最终消费者直接连接和沟通成为现实。

网络直销渠道通常有两种做法：一种是企业申请网络域名，建立自己的网站，由网络管理员专门负责处理有关产品的销售事宜；另一种是企业依托互联网信息服务提供商在其站点上发布信息并与客户联系，直接销售产品，如阿里巴巴公司开发的天猫、淘宝，腾讯公司开发的微店等。

像戴尔计算机、亚马逊书店就是最早采用网络直销的成功企业。现在几乎所有企业都在尝试各种形式的网络直销模式，网络直销成为销售渠道的最重要发展趋势。

经典案例

IBM 的营销网络

图 9-1 是 IBM 的个人计算机（PC）产品的营销网络。

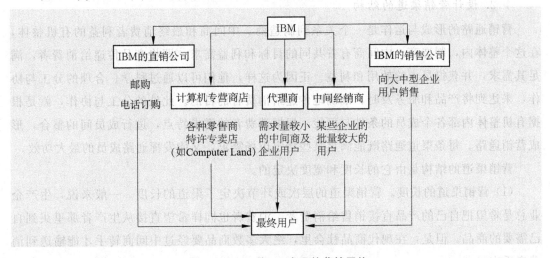

图 9-1 IBM 的 PC 产品的营销网络

IBM是美国著名的计算机制造商，它根据不同用户和消费者对计算机产品及相关服务的不同要求建立了图9-1所示的营销网络。在这个网络中，IBM选用多条通路来销售它的PC产品，有些通路是由IBM自己拥有和经营的，而有些通路则是独立的经销商或代理商。不同的通路向不同的顾客和用户销售产品。IBM的销售公司主要负责向大中型企业用户销售；而直销公司则负责向小型企业用户和一些个人职业用户（如律师、会计师等）销售计算机及其配件，销售方式是采用邮购和电话订购。上述两个销售通路都是由IBM所属并直接经营管理的。IBM营销网络的第三种销售通路是一些专门向某些领域销售计算机的代理商和中间经销商，他们向IBM购入计算机及相关的软件、硬件和配件，转而销售给诸如数据处理、保险、会计、审计、石油等行业的用户。IBM营销网络中最重要的通路是计算机专营商店，包括经销计算机的各种零售商和特许经营的品牌店，如Computer Land等。

四、营销渠道策划

（一）营销渠道的结构设计

渠道结构的设计是否合理，将直接影响企业的产品销售。渠道结构包括渠道的宽度、深度、关联性等要素。渠道模式的选择可以按以下步骤进行。

▶ 1. 分析用户需求与购买习惯

当我们在谈论渠道的时候，本质上还是在为"产品寻找目标消费者的最佳接触点"。所以，企业渠道设计的第一步便是分析企业产品的最终用户，即企业的产品到底是卖给哪些人、这些人在什么情况下购买和使用、如何接触用户最便利和最经济。例如，建材市场可细分为工程与家装两大市场，根据细分市场的消费者反应变量与消费者特征变量又可以进一步细分。由于消费需求的选择性以及分散性，就决定了企业渠道模式的多样性。不同的通路设计就是为了满足不同的细分群体的需求。

▶ 2. 设计营销渠道的结构

营销通路的形成与运作是一个关系到制造商、中间商和最终消费者利益的有机整体，在这个整体内，制造商、中间商有着共同的目标和利益需求，即将产品传递给消费者，满足其需求，并获得最大的效用和利益。正因为这样，他们可以通过科学、合理的分工与协作，来达到将产品和服务及时、准确地传递给消费者的目的。此处的分工与协作，就是根据有机整体内部各个成员的条件与可能，根据消费者的需求特点，进行成员间的整合，形成营销通路。每条渠道通路既能满足某些特定市场需求，又能发挥通路成员的最大功效。

营销渠道的结构是由它的长度和宽度决定的。

（1）营销渠道的长度。营销渠道的层次或环节决定了渠道的长度。一般来说，生产企业总是希望把自己的产品直接销售给消费者，消费者也同样希望直接从生产者那里买到自己需要的商品。但是，在现代商品社会里，绝大多数商品要经过中间商转手才能输送到消费者手中。

渠道分为直接渠道与间接渠道，其中，直接渠道还可称为直销，由商家直接面对消费者，长度最短；间接渠道要借助中间商（经销商、代理商、批发商、零售商）。直接渠道适用于工业品企业，间接渠道适用于消费品企业。近年来，网络直销快速发展，成为所有企业的一种重要选择。

（2）营销渠道的宽度。营销渠道的宽度是指渠道的每个层次使用同种类型中间商数目的多少。它与企业的营销策略密切相关，而企业的营销策略通常可分为三种：密集营销、选择营销和独家营销。

密集营销是指制造商在某一地区尽可能地通过许多负责任的、适当的批发商、零售商推销其产品。消费品中的便利品和产业用品中的供应品通常采取密集营销，使广大消费者和用户能随时随地买到这些产品。

选择营销是指制造商在某一地区仅仅通过少数几个精心挑选的、最合适的中间商推销其产品。选择营销适用于所有产品，但相对而言，消费品中的选购品和特殊品最宜于采取选择营销。

独家营销是指制造商在某一地区仅选择一家中间商推销其产品，通常双方协商签订独家经销合同，规定经销商不得经营竞争者的产品，以便控制经销商的业务经营，调动其经营积极性，占领市场。

每条渠道的每个层级都要设置合理的代理区域与业务目标。代理区域的大小取决于代理商的营销能力和它能获得的销售收益。每个代理商的经营目标包括销售量、资金回笼、库存、周转率、零售、营销等。需要注意的是，对于同一层级的代理商，其区域划分与营销目标应当具有均衡性。

（二）设计渠道组合系统

不同的消费群体需要不同的销售渠道。不同的通路之间通过相互补充和配合来共同满足整体市场需求，从而完成营销目标。由此，这个有机整体所形成的是一个包括多种营销通路的渠道网络系统。

渠道组合系统是指企业选择哪些渠道形式共同覆盖整体市场。一般来说，对于大客户倾向于选择直销模式或短渠道模式，对于分散的用户适合选择长渠道。企业的渠道组合应当包含长短不同的几条渠道，确保所有用户都能被有效覆盖。

五、渠道成员的管理与激励

（一）渠道成员的管理

渠道成员的管理工作包括以下内容。

（1）对经销商的供货管理，保证供货及时，在此基础上帮助经销商建立并理顺销售子网，分散销售及库存压力，加快商品的流通速度。

（2）加强对经销商广告、促销的支持，减少商品流通阻力；提高产品的销售力，促进销售；提高资金利用率，使产品成为经销商的重要利润源。

（3）对经销商负责，在保证供应的基础上，对经销商提供产品服务支持。妥善处理销售过程中出现的产品损坏变质、顾客投诉、顾客退货等问题，切实保障经销商的利益不受无谓的损害。

（4）加强对经销商的订货处理管理，减少因订货处理环节中出现的失误而引起发货不畅。

（5）加强对经销商订货的结算管理，规避结算风险，保障制造商的利益。同时避免经销商利用结算便利制造市场混乱。

（6）其他管理工作，包括对经销商进行培训，增强经销商对公司理念、价值观的认同，以及对产品知识的认识。还要负责协调制造商与经销商之间、经销商与经销商之间的关系，尤其对于一些突发事件，如价格涨落、产品竞争、产品滞销，以及周边市场冲击或低价倾销等扰乱市场的问题，要以协作、协商的方式为主，以理服人，及时帮助经销商消除顾虑，平衡心态，引导和支持经销商向有利于产品营销的方向转变。

（二）渠道成员的激励

经销商政策是保证渠道畅通，促进生产企业与经销商"双赢"的重要条件。企业制定经销商政策时，往往因为对经销商激励和约束不够，导致经销商对终端铺货不积极、相互窜货、彼此之间压价竞争等问题，使生产企业的营销网络混乱，企业难以控制渠道成员。所以，制定对经销商有约束和激励作用的经销商政策是渠道网络建设的重要内容。经销商政策主要包括以下几个方面。

▶ 1. 营销权及专营权政策

制定营销权及专营权政策的目的是限定经销商的销售区域，规范营销规模，防止窜货，同时确保经销商的专营权。这个政策的内容主要包括经销商区域限定、授权期限、营销规模、违约处理四个方面。

▶ 2. 返利政策

制定返利政策的目的是激励经销商销售的积极性。这个政策的内容包括返利的标准、返利的时间、返利的形式、返利的附属条件等。

▶ 3. 年终奖励政策

年终奖励政策实质上是返利政策的一种，但很多经销商和厂家比较看重这种形式，因而将其从返利政策中分离出来。在应用该政策时，应注意防止经销商为了拿年终奖励而将市场价格冲垮。

▶ 4. 促销政策

制定促销政策的目的是促进销售，激励经销商销售的积极性，其主要内容是设定促销目标、设计促销力度、确定促销内容、设计促销的时间、对促销费用的申报管理、促销活动管理及考评。

▶ 5. 客户服务政策

制定客户服务政策的目的在于尽最大努力使客户满意，其主要内容有客户投诉处理程序、售后服务政策、订发货制度、员工礼仪、客户接待制度等。将这些内容作为政策制定出来，并通报客户，从而确保客户满意。

▶ **6. 客户辅导培训政策**

制定客户辅导培训政策的目的在于提高经销商的经营能力，促进企业和经销商之间的沟通。这个政策的主要内容是确定培训对象、内容、时间、地点等。

经典案例

娃哈哈集团的渠道建设

1. 娃哈哈的渠道发展

纵观娃哈哈发展历程，其营销渠道模式经历了三个不同的阶段。

第一个阶段，改革开放初期，娃哈哈与国有的糖酒批发公司及其下属的二、三级批发站紧密合作，借用其现有的渠道进行推广。

第二个阶段，20世纪90年代中期，随着沿海省份各种专业及农贸市场的兴起，个体私营的批发商以其灵活多变的机制优势把国有糖酒公司原有的渠道网络冲得七零八落，中国农村城镇市场出现了一个大重组，娃哈哈及时顺应这一变化，与各地市场中的大户联手，很快编织起一个新的、无比灵活的市场网络。

到了20世纪90年代末期，随着中国保健品、饮料市场的繁荣，越来越多的民营企业加入战团。它们纷纷仿效娃哈哈，向专业和农贸市场大力进军，连可口可乐这样的跨国品牌也开始把营销重心下移，在县级市场与娃哈哈一争高下。厂商与经销商的关系变得复杂微妙起来，其存在的弊端便浮出水面：一是多头经销，公司无法控制市场；二是冲货现象严重；三是一旦市场出现暂时的滞销现象，就会造成恐慌性的降价。

第三个阶段，进入21世纪，娃哈哈开始淡出农贸市场，摒弃原有的粗放式的营销路线，进而开始编织自己的"联销体"网络。娃哈哈的营销组织结构是这样的：总部→各省区分公司→特约一级批发商→特约二级批发商→二级批发商→三级批发商→零售终端。

运作模式：每年开始，特约一级批发商根据各自经销额的大小打一笔预付款给娃哈哈，娃哈哈向其支付与银行相当的利息，然后每次提货前结清上一次的货款。特约一级批发商在自己的势力区域内发展特约二级批发商与二级批发商，两者的差别是，前者将打一笔预付款给特约一级批发商以争取到更优惠的政策。

娃哈哈保证在一定区域内只发展一家特约一级批发商。同时，公司还常年派出一到若干位销售经理和理货员帮助经销商开展各种铺货、理货和促销工作。在某些县区，甚至出现这样的情况：当地的特约一级批发商仅仅提供了资金、仓库和一些搬运工，其余的所有营销工作都由娃哈哈派出的人员具体完成。

2. 娃哈哈的渠道变革

近年来，在广袤的农村城镇市场，对经销商和终端点的争夺已经到了白热化的地步，跨国品牌、国内品牌在这一点上均不敢稍有松懈。在沿海的很多乡镇，食品营销商的理货员平均七天便会巡回到一个零售点，这已经成为一个指标性的天数，若达不到这个巡回能力，便几乎意味着弃权了。

在竞争异常惨烈的环境中，如何让自己的营销规避风险？宗庆后认为，营销安全的根本是市场的秩序，是整个营销体系中的每一个环节的有序互动和相互职责的确定化。娃哈哈悄然开始了一场雄心勃勃的营销网络建设工程：宗庆后要在未来三年内构筑起一个全封闭式的全国营销网络，在企业内部，这个计划被命名为"蜘蛛战役"。

宗庆后判断，中国市场的终端之争，首先将在批零渠道展开。娃哈哈的野心是在三年之内把目前国内最具实力的县域级饮料销售商都聚集到自己的旗下。宗庆后理想中的娃哈哈网络是这样的：娃哈哈在一个区域内只选择一个批发商，该一级批发商只卖货给自己的二级批发商，二级批发商只向划定区域内的三级批发商和零售店铺销售。整个销售网络是在一个近乎全封闭的、规范化的系统内进行的。这可能是当今中国市场上最具雄心和创造力的一个营销试验——娃哈哈试图把数十年来的自然性流向变为控制性流向。一旦这一营销网络大功告成，价格的规范和产品的推广自然可以收发自如，用宗庆后自己的话说就是"想怎么打，就怎么打"。

资料来源：中国管理传播网.

第二节　营销渠道发展趋势

一、渠道扁平化与决胜终端

（一）渠道扁平化的含义

渠道扁平化是以企业的利润最大化为目标，利用现代化的管理方法与高科技技术，最大限度地减少渠道层级，使生产者更便捷地把商品出售（传递）给最终消费者的渠道管理措施。

网络技术在商业中的广泛应用，极大地提高了企业的信息处理能力。在采用网络技术后，企业的管理跨度增大，企业可以减少渠道层次，使整个渠道结构缩短。其结果是既提高了经营的效率，也降低了营销渠道的成本。

（二）渠道扁平化的好处

渠道扁平化就是尽量减少流通环节，由此来实现成本优势，还可以减少中间环节过多导致的信息失真。扁平化渠道有以下好处。

（1）实行渠道扁平化有利于更好地满足消费者的需求，了解市场真实信息。只有渠道扁平化，厂家可以在终端与消费者做直接、互动的沟通，做好售前、售中、售后服务，才能更好地满足消费者的需求，了解消费者的真实需求，开发更好的产品。

（2）渠道扁平化有利于管理和服务经销商，又有利于控制和驾驭经销商。渠道的扁平化不是摒弃经销商，其核心是重视终端，操作的手法是通过对终端的精耕细作，更好地实现对经销商的服务和管理，同时也从根本上控制和驾驭了经销商。

（3）渠道扁平化有利于加大对消费者宣传力度，利于开展终端促销活动，其结果既能消化库存、提高市场占有率，也有利于建立品牌。

（三）决胜终端

从狭义上来看，终端可以理解为商品的零售卖场。作为产品和消费者直接接触的场所，终端已经成为产品销售的最重要的环节，就像足球场上队员之间的配合、盘带、传吊，以及场外啦啦队的呐喊助威，都是为了进球时关键的一脚。而所有商品的宣传、促销、渠道建设也都是为了终端的"临门一脚"——消费者的实际购买。尽管产品的分销渠道多种多样，但只有拥有了终端才算拥有了渠道，才能接近"球门"（消费者），才有"进球"（实现销售）的机会和可能。可以说，在市场竞争如此激烈的今天，谁掌握了终端，就意味着掌握了商战的主动权。

除了实现销售，终端作为企业产品与消费者直接接触的场所，还有着其他的作用。

（1）终端是展示产品、品牌和企业形象的最佳舞台。

（2）终端是开展促销活动的最理想也是最实效的场地。

（3）终端是接近消费者，了解消费者声音的最佳途径，从而完成信息反馈。

（4）终端可以对整个分销渠道形成有力的"反拉"，对中间商（代理商、批发商）形成最有效的鼓励和帮助。

（5）终端是拦截竞品的最后也是最有效的防线。

经典案例

可口可乐酷儿小学商店

可口可乐酷儿产品上市，承载着"可口可乐公司——全方位饮料公司"头一炮的空前的使命。由于这个产品是与可口可乐公司以前产品不同的消费者群体——15～20岁的消费人群，所以，新渠道建设摆在了市场人员的面前。可口可乐公司这次要在学校下功夫，而学校是不能有商业行为的！

怎么办？只要抓住营销渠道建设的精髓，营销难题便可迎刃而解。可口可乐公司将小学周围几百米都当作"渠道圈"或者说"终端圈"，那么，整个学校的学生，也就是酷儿的目标消费群体都被渠道囊括进去了，这也就打破了学校不能进行商品推广与销售的封锁，成就了一条必须要开发的新渠道。于是，可口可乐公司便称这方圆几百米的"渠道圈"为新渠道，从而可进行一切针对性的营销推广与销售了。

二、渠道一体化

（一）传统渠道的弊端

美国的一位学者曾这样描述传统的渠道：在支离破碎的网络中松散地排列着生产商、

批发商、零售商，他们在保持距离的情况下，讨价还价，谈判销售条件，并且在其他方面各行其是。在这样的渠道中，每个成员都是"机会主义者"，都要追求个人利益最大化，而这种个人利益的最大化必然引起渠道成员的冲突，结果导致了交易费用增加、收益受损。传统渠道的弊端集中体现在下列方面。

▶ 1. 沟通效率低，效果差

从传统销售渠道金字塔的顶端到底端，层级太多，对于各种信息的传达和反馈往往会因为层层过滤而导致信息失真，而且沟通时间较长，如此会影响决策的效率与效果。

而且渠道层挡在公司与消费者的中间，不利于公司对一线市场资讯的收集与处理，也挡住公司的视线，不能准确、及时地了解消费者的需求变化。

▶ 2. 厂家对渠道缺乏控制力

最常见的传统渠道模式为单边区域总代理制，这种操作模式能够很快切入市场、减少各种流通费用。但厂家对渠道的控制缺乏主动权和灵活性，特别是市场价格体系容易受制于区域经销商，一旦各区域经销商之间出现利益冲突，就容易导致厂家市场体系的瘫痪。

▶ 3. 渠道专业性差，不利于品牌形象建立

部分渠道中间商是什么品牌赚钱就做什么，可想而知，在以服务制胜的差异化战略大行其道的今天，不能做得专注，何以向消费者提供高品质、高内涵的新型服务？何以打造企业品牌与企业形象？

▶ 4. 中间商离心离德，客户流失严重

传统渠道中，越往终端，中间商对公司的向心力、忠诚度越弱。这些客户转而代理其他品牌时，随之也将其下游客户大部分带走，这样无疑给厂家带来很大的经营风险和潜在威胁。

因此，必须在渠道系统中设计一套创新有效的制度，以保证渠道成员在经济活动中确定如何受益、如何受损以及如何补偿，从而提高流通效率，降低交易费用。渠道一体化策略为该问题的解决提供了思路。

(二) 渠道一体化的含义

渠道一体化包括垂直一体化和水平一体化。垂直一体化是指由生产企业、批发企业和零售企业组成的统一系统；水平一体化是指由两个或两个以上具有相同渠道职能的企业联系起来的渠道系统。一体化渠道系统既可以是资本一体型的，也可以是管理一体型或契约型的。

垂直一体化的好处在于把市场交易内部化，降低了交易费用，同时，由于提高了进入障碍，竞争对手进入一体化渠道花费的成本较高，保护了渠道成员的利益。市场交易可由生产商，也可由批发商或零售商控制，它们依靠经营规模、讨价还价的能力及消除重复服务来达到经济节约的目的。垂直一体化具体有三种方式。

▶ 1. 所有权式垂直营销渠道结构

所有权式垂直营销渠道结构是指由同一投资系统，把相关的生产和销售单位联合起

来，成为一个有效的营销渠道结构。其特点在于所有权单一，有利于渠道的统一掌握和控制。

▶ 2. 管理式垂直营销渠道结构

管理式垂直营销渠道结构是指由于某企业规模大、实力强、声誉高而吸引了大批零售商合作而形成的渠道结构，这种结构不是以所有权为基础，主要依赖于营销企业自身的实力及影响而构成。

▶ 3. 契约式垂直营销渠道结构

契约式垂直营销渠道结构是由相关的生产企业和商业企业，用契约联合起来，以期能取得比单独行动更有效、更经济的营销效果，主要有自愿批发商联合组织、零售商合作组织、特许专营组织。

水平一体化的好处在于可以使一体化各成员实现低成本扩张，壮大其竞争实力，同时也可以分散风险，更好地开拓新的市场营销机会。

（三）渠道一体化策略

完全的一体化只是理想化的目标，基本上不可行，与其说它是一个变革方案，不如说是个经营理念，能给渠道管理者提供一点渠道改革的战略方向的参考。一体化变革所遵循的原则应该是大同小异的。

▶ 1. 合作理念升级，从"唯利"转变为"共同永续发展"

在渠道变革中，首当其冲的是要改变中间商的经营思路，经营合作的目的不再是以短期利益为重心，而是通过根本的体制性变革，厂家与中间商之间通力合作，追求共同成长，永续发展。经销商不再只是赚取价差利润，而是在做市场，追求长期发展，把自己做大、做强。厂家与中间商之间形成战略合作伙伴关系，这样更容易形成共同一致的愿景，形成整体组织的"核心思想"，是互相保持协调一致的先决条件。

▶ 2. 厂家与中间商互相融合、渗透，合力作战

改变过去厂家与中间商相互独立的局面，厂家更应降低姿态，不要总是高高在上，通过向终端逐步融合、渗透，以贴近消费者，达到渠道在实际意义上的扁平化，而不仅仅是在形式上减少层级。而且，单纯的减少层级，当中间商的能力不能快速提升，管理不了更多的下游客户，其效果往往是适得其反。再者，厂家融入中间商之中，可以优势互补，更充分地整合、利用各方资源。

▶ 3. 职能统一，共同协调

在渠道变革中，完善和强化经销商与中间商的职能，以达到中间商与厂家在管理、营销、财务和物流各个方面的纵向协调，甚至要逐步在系统内推行标准化的作业流程，建立数据库共享平台等，以提高整个系统的作业与管理效率。

例如，在系统内推行标准化的财务流程和数据收集、处理流程，可大大提高会计信息与市场信息的收集与处理速度，更有利于公司高层了解市场一线的实际情况，提高决策的

效率与准确性。

三、客户关系管理

(一) 客户关系管理的含义

客户关系管理(customer relationship management，CRM)是一个获取、保持和增加可获利客户的方法和过程。CRM 既是一种崭新的、国际领先的、以客户为中心的企业管理理论、商业理念和商业运作模式，也是一种以信息技术为手段、有效提高企业收益、客户满意度、雇员生产力的具体软件和实现方法，其最终目标是吸引新客户、保留老客户以及将已有客户转为忠实客户，增加市场份额。

(二) 客户关系管理的基本特征

▶ 1. CRM 是一种管理理念

CRM 的核心思想是将企业的客户(包括最终客户、营销商和合作伙伴)视为最重要的企业资产，通过完善的客户服务和深入的客户分析来满足客户的个性化需求，提高客户的满意度和忠诚度，进而保证客户终生价值和企业利润增长的实现。

▶ 2. CRM 是一种管理机制

CRM 也是一种旨在改善企业与客户之间关系的新型管理机制，可以应用于企业的市场营销、销售、服务与技术支持等与客户相关的领域。

▶ 3. CRM 是一种管理软件和技术

CRM 是信息技术、软硬件系统集成的管理办法和应用解决方案的总和。它既是帮助企业组织管理客户关系的方法和手段，又是一系列实现销售、营销、客户服务流程自动化的软件乃至硬件系统。

(三) CRM 的内容

CRM 的主要含义就是通过对客户详细资料的深入分析，来提高客户满意程度，从而提高企业的竞争力的一种手段，主要包含以下 7 个方面的内容，简称 7P。

(1) 客户概况分析(profiling)，包括客户的层次、风险、爱好、习惯等。

(2) 客户忠诚度分析(persistency)，是指客户对某个产品或商业机构的忠实程度、持久性、变动情况等。

(3) 客户利润分析(profitability)，是指不同客户所消费的产品的边缘利润、总利润额、净利润等。

(4) 客户性能分析(performance)，是指不同客户所消费的产品按种类、渠道、销售地点等指标划分的销售额。

(5) 客户未来分析(prospecting)，包括客户数量、类别等情况的未来发展趋势、争取客户的手段等。

(6) 客户产品分析(product)，包括产品设计、关联性、供应链等。

（7）客户促销分析（promotion），包括广告、宣传等促销活动的管理。

四、网络营销渠道

（一）网络营销渠道的形式

在传统营销渠道中，中间商是其重要的组成部分。中间商之所以在营销渠道中占有重要地位，是因为利用中间商能够在广泛提供产品和进入目标市场方面发挥最高的效率。中间商凭借其业务往来关系、经验、专业化和规模经营，提供给公司的利润通常高于自营商店所能获取的利润。但互联网的发展和商业应用，使得传统中间商凭借地缘原因获取的优势被互联网的虚拟性所取代，同时互联网的高效率的信息交换，改变了过去传统营销渠道的诸多环节，将错综复杂的关系简化为单一关系。可以说，互联网的发展改变了营销渠道的结构。

利用互联网的信息交互特点，网络营销市场得到大力发展。网络营销渠道可以分为两大类：网络直接营销渠道和网络间接营销渠道，如图9-2所示。

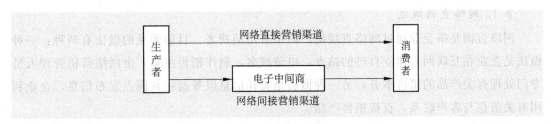

图9-2 网络营销渠道

▶ **1. 网络直接营销渠道**

网络直接营销渠道是通过互联网实现的从企业到消费者的营销渠道，简称网上直销。这时，传统中间商的职能发生了改变，由过去的环节的中间力量变成为直销渠道提供服务的中介机构，如提供货物运输配送服务的专业配送公司，提供货款网上结算服务的网上银行，以及提供产品信息发布和网站建设功能的ISP和电子商务服务商。网上营销渠道的建立，使得企业和最终消费者直接连接和沟通。

▶ **2. 网络间接营销渠道**

网络间接营销渠道是通过融入互联网技术后的中间商机构提供的间接营销渠道。传统中间商由于融合了互联网技术，大大提高了中间商的交易效率、专门化程度和规模经济效益。基于互联网的新型网络间接营销渠道与传统间接分销渠道有着很大不同，传统间接分销渠道可能有多个中间环节，如一级批发商、二级批发商、零售商，而网络间接营销渠道只需要一个中间环节。

（二）网络营销渠道的功能

与传统营销渠道一样，以互联网作为支撑的网络营销渠道也应具备传统营销渠道的功能。一个完善的网络营销渠道应有三大功能：订货功能、结算功能和配送功能。

▶ **1. 订货系统**

订货系统为消费者提供产品信息，同时方便厂家获取消费者的需求信息，以求达到供求平衡。一个完善的订货系统，可以最大限度地降低库存、减少销售费用。

▶ **2. 结算系统**

消费者在购买产品后，可以有多种方式方便地进行付款，因此厂家（商家）应有多种结算方式。目前流行的结算方式有信用卡、电子货币、网上划款等。

▶ **3. 配送系统**

一般来说，产品分为有形产品和无形产品，对于无形产品，如服务、软件、音乐等，可以直接通过网上进行配送；对于有形产品的配送，要涉及运输和仓储问题。世界著名的美国联邦快递公司，它的业务覆盖全球，实现全球范围内快速的专递服务，以至于从事网上直销的戴尔公司将美国货物的配送业务都交给它完成。因此，专业配送公司的存在是网上商店发展较为迅速的一个原因所在。

（三）网络直销

▶ **1. 网络直销概述**

网络直销是指企业通过网络直接把产品销售给消费者。目前常见的做法有两种：一种做法是企业在互联网上建立自己的站点，申请域名，制作销售主页，由网络营销管理人员专门处理有关产品的销售事务；另一种做法是委托信息服务商在其网点发布信息，企业利用有关信息与客户联系，直接销售产品。

网络直销型企业网站的价值在于企业基于网站直接面向用户提供产品销售或服务，改变传统的分销渠道，减少中间流通环节，从而降低总成本，增强竞争力。网络直销与传统直接分销渠道一样，没有营销中间商。网络直销渠道与其他网络营销渠道一样，应具有订货功能、支付功能和配送功能。网络直销与传统直接分销渠道不一样的是，生产企业可以通过建设网络营销站点，让顾客可以直接从网站进行订货；通过与一些电子商务服务机构如网上银行合作，可以通过网站直接提供支付结算功能，简化了过去资金流转的问题。对于配送方面，网络直销渠道可以利用互联网技术来构造有效的物流系统，也可以通过互联网与一些专业物流公司进行合作，建立有效的物流体系。

创立于1984年的戴尔计算机公司，首创了具有革命性的"网上直销模式"，该模式使戴尔公司能够提供具有最佳价值的技术方案，与大型跨国企业、政府部门、教育机构、中小型企业以及个人消费者建立直接联系，在美国，戴尔公司已经成为占领这些领域市场份额第一的个人计算机供应商。戴尔公司在1994年就建立了自己的企业网站，并在1996年加入了网络营销功能，现在该网站包括80个国家的站点，每季度有超过4 000万人浏览，网站的销售额占公司总收益的40%～50%。戴尔公司中文网站首页是一个非常简洁的界面，除了公司介绍、技术支持和联系信息之外，最醒目的就是产品目录和链接了，所有详细的产品介绍和在线订单处理程序都恰到好处地安排在应该出现的地方，如图9-3所示。从网站表面上看，像戴尔公司这样的网上直销型网站内容并不复杂，真正复杂的是网站背后的高效管理模式。

图 9-3　戴尔公司(中国)公司主页

▶ 2. 网络直销的主要形式

(1) 网络直销根据双方交易对象的不同，可以分为 B2B(商家对商家)、B2C(商家对个人)、C2C(个人对个人)、C2B(个人对商家)等形式。

(2) 网络营销根据交易方式与业态特征的不同，先后出现了不同的模式，包括平台模式(主要有综合平台模式，如阿里巴巴、京东商城)，垂直电商模式(如当当网、唯品会)，针对服务行业的 O2O 模式，以及基于微博、微信等社交媒体的微店模式。

(四) 网络中间商

▶ 1. 网络中间商概述

在传统分销渠道中，商品需要经过多个环节才能送到消费者手中，要依靠中间商的分销和传递作用才能得以实现。这些中间环节必然要耗费大量的物资资源和时间投入，并且中间商能够在流通中取得这种地位是以拥有资金、囤积商品为条件的，如此则既增加了商品的成本，又拉长了资金的周转周期。而网络中间商通过减少分销层次缩短供应链的长度，节省物资资源的耗费和时间的浪费。

企业可以充分利用网络中间商所建立的基础设施，因为网络中间商已经使库存保持在接近消费点的水平，它们可以为企业创造一个"虚拟仓库"。如果企业接到来自消费者或小企业的直接订单，这些订单可以在经过中央处理之后，由最接近于订单发出地的合作伙伴完成配送。组织良好的企业能够利用网络中间商迅速地将在线订购的商品送到订购者手中。同样的安排也可以体现在退货当中，即由当地的或距离最近的网络中间商来处理退货并补充库存。

▶ 2. 网络中间商的类型

电子商务的发展对中间商提出了更高的要求。网络中间商使厂商和消费者之间的信息不对称程度显著降低，提高了网络交易的效率和质量，增加了网络市场的透明度，在电子商务的价值链中扮演着重要的角色，具有不可替代的作用和功能。网络中间商的存在促进了电子商务的应用和发展。

互联网环境下的新型网络中间商有以下 10 种类型。

（1）目录服务。目录服务商对互联网上的网站进行分类并整理成目录的形式，使用户从中能够方便地找到所需要的网站。现在有三种目录服务，第一种是通用目录（如 Yahoo），可以对各种不同站点进行检索，所包含的站点分类按层次组织在一起；第二种是商业目录（如 Internet 商店目录），提供各种商业 Web 站点的索引，类似于印刷出版的工业指南手册；第三种是专业目录，针对某个领域或主题建立 Web 站点（如 hao123 网址之家、2345 网址导航）。

（2）搜索服务。与目录不同，搜索站点（如百度、Google、雅虎）为用户提供基于关键词的检索服务，站点利用大型数据库分类存储各种站点介绍和页面内容。搜索站点不允许用户直接浏览数据库，但允许用户向数据库添加条目。

（3）虚拟商场。虚拟商场是指包含与两个以上的商业性站点链接的网站，如淘宝网、京东商城、当当网等。虚拟商场与商业性目录服务商的区别在于，虚拟商场为需要加入的厂商或零售商提供建设和开发网站的服务，并收取相应的费用，如租用服务器的租金、销售收入的提成等。

（4）互联网内容供应商。互联网内容供应商即在互联网上向目标客户群提供所需信息的服务提供者，如新浪、搜狐等。这类站点提供了访问者感兴趣的大量信息，目前互联网上的大部分网站都属于这种类型。然而现在大多数互联网内容供应商的信息服务对网络浏览者是免费提供的，其预期的收益主要有以下几方面的来源：在互联网上免费提供信息内容，以促进传统信息媒介的销售；降低信息传播的成本，从而可以提高利润率；为其他网络商家提供广告空间，并收取一定的广告费或销售提成。

（5）网络零售商。如同传统零售商一样，网络零售商通过购进各种各样的商品，然后再把这些商品直接销售给最终消费者，从中赚取差价，如亚马逊、eBay 等。由于在网上开店的费用很低，因而网上零售商店的固定成本显著低于同等规模的传统零售商店，另外由于网上零售商店的每一笔业务都是通过计算机自动处理完成的，节约了大量的人力，使零售业从原来的劳动密集型行业转变为技术密集型行业，并使网上零售商店的可变成本也显著低于同等规模的传统零售商店。网上零售商店还可以比传统零售商店更容易获得规模经济和范围经济，所以具有极强的价格竞争优势，很多网上零售商店也往往会以打折、优惠券等促销方式来吸引消费者购物，既促进了销售又使消费者剩余得到了增加。如亚马逊公司、ebay、Zippos 等。

（6）虚拟评估机构。虚拟评估机构是对网上商家进行评估的第三方机构，如淘宝评价体系。互联网是一个开放性的网络，任何人都可以在互联网上设立站点，对基于互联网而形成的网络市场来说也同样如此，任何人都可以在网络市场中开设商店、销售商品，也就是说网络市场的进入障碍非常低，以至于无法将具有不良企图的经营者从一开始就排除在市场之外。虚拟评估机构就是根据预先制定的标准体系对网上商家进行评估的第三方评价机构，通过为消费者提供网上商家的等级信息和消费评测报告，降低消费者网上购物的风险，对网络市场中的商家的经营行为起间接的监督作用。

（7）网络统计机构。电子商务的发展也需要其他辅助性的服务，例如，网络广告商需要了解有关网站访问者特征、不同的网络广告手段的使用率等信息，网络统计机构就是为用户提供互联网统计数据的机构，如 CNNIC、Forrester Research 公司、A. C. Nielsen 等。

（8）网络金融机构。网上交易的完成还需要得到金融机构的支持，例如，网上交易过程中的信贷、支付、结算、转账等金融业务，网络金融机构就是为网络交易提供专业性金融服务的金融机构，包括各类网上银行。

（9）虚拟集市。虚拟集市为那些想要进行物品交易的人提供一个虚拟的交易场所，如淘宝网、京东商城、拍拍等。任何人都可以将想要出售的物品的相关信息上传到虚拟集市的网站上，也可以在站点中任意选择和购买。虚拟集市的经营者对达成的每一笔交易收取一定的管理费用，网上拍卖站点是较具代表性的一种虚拟集市。

（10）智能代理。智能代理就是利用专门设计的软件程序（智能代理软件），根据消费者的偏好和要求预先为消费者自动进行所需信息的搜索和过滤服务的提供者。随着电子商务在全球范围内的飞速发展，网上的商业信息量正以指数级数增长，消费者不得不花费更多的时间和精力进行筛选和处理。智能代理软件还可以根据用户自己的喜好和别人的搜索经验自动学习、优化搜索标准，如酷买网、中华比较网、迅购网等，都使用了智能代理帮助消费者更快地选出想要的东西。

经典案例

亚马逊的间接销售渠道

当你从亚马逊公司在线购买书籍时，这些书籍最早是源于某个出版商，然后由批发商将其买断。亚马逊公司的工作只是通过它的互联网网站收集、整理消费者的订单，然后将订单发给批发商处理。批发商如能供货则将书发到亚马逊公司的仓库里，接着在亚马逊公司的仓库里，批发商发来的书籍经过分装后再最后递送到各个消费者手里。

（五）线上、线下渠道的冲突与融合

众所周知，线上销售使得传统销售受到冲击，传统销售渠道蒙受很多损失，造成线上与线下两种渠道的冲突。出于提高销售效率和降低成本的考虑，生产者更愿意绕过线下中间商，直接与消费者交易。同时，由于线上销售的成本优势和竞争压力的存在，生产者必然采取低价策略抢夺终端消费者。因此，生产者必然与传统渠道中间商产生严重的利益冲突。但目前的传统中间商仍具有一定的优势，如服务优势、专业化与本地化优势等，生产者还离不开传统渠道。因此，生产者必须实现线上与线下渠道的协调与配合。这种融合主要体现为以下三种策略。

▶ 1. 渠道隔离策略

由于网络渠道将侵蚀公共产品的市场份额的传统渠道，因此企业可以避免公共产品在两个渠道同时出现，即互联网上出售的部分产品不在传统的市场销售，这种方式称为渠道隔离策略。例如，耐用品企业面临网络渠道和传统渠道的冲突，这些公司推出专门针对网络销售的产品。家电品牌中的海尔、美的、夏普、海信、TCL、创维、奥克斯、九阳、奔腾，数码品牌中的宏碁和联想，以及其他超过40个家电3C品牌，都已经尝试在天猫上销售专供款。因为价格优势，许多产品创造了惊人的销售业绩，其中九阳豆浆机在短短的几个小时内产生近100万个的销售业绩，奥克斯在线定制空调10 000台。

▶ 2. 渠道整合策略

与渠道隔离策略不同，渠道整合策略对线上、线下渠道进行统一规划，协调分工，加强合作，有效地解决网络渠道与传统渠道之间难以合作的矛盾，简单地说，就是消费者从网上订购的消费渠道整合。消费者网上下单后，销售店供货的供应商从最近的销售地点进行发货，可以有效解决传统商店的库存问题，同时也解决了渠道物流网络布局和配送时间过长的问题。这一方式实现了优势互补。例如，"联华OK"网上购物中心利用了上海的上千家门店和便利店进行销售，成立"联华OK"网上购物中心，这一形式有效地解决了经销商送货难的问题，不仅使商品配送时间缩短了1小时，而且在网上购物超过50元的用户可以享受免费送货上门的服务。

▶ 3. 零售业转型

大型零售商通过自建网络平台销售自己生产的产品，更大范围、更快速地了解顾客需求，推出个性化的设计产品，满足顾客的需求，获得更大的利润。大型零售业的根基深厚，可以在发展实体门店的同时，利用网络销售平台增加自身的竞争力，逐步实现实体门店销售向全方位服务为一体的销售方式转变。中小型零售商在网络销售的冲击下多数出现经营不善的现象，很多商家不得不退出市场，但一些精明的零售商却在这一时间发现商机，抓住机会进行转型，利用网络销售平台推广自己的品牌和产品，更加强调客户体验。这对传统营销模式的转型和发展都非常有利。

经典案例

李宁公司网络营销渠道管理

1. 李宁公司网络营销渠道选择

2008年4月10日，李宁公司在淘宝商城开设的第一家直营网店上线，接着相继在新浪商城、逛街网、拍拍、易趣上通过直营和授权的形式开设了网店。可以看出，李宁公司刚开始选择的网络营销渠道是网络商城模式。

2008年6月，李宁公司推出了自己的官方商城——www.e-lining.com。

李宁公司在网络营销渠道选择上，刚开始在自己对网络营销渠道不是很了解的情况下，主要是利用现有的网络营销渠道资源，对一些网络店铺进行授权、整合，纳入自己的渠道范畴内，同时也积极在各大商城上开设自己的网络直营店铺，接着在此基础上推出了自己的网络直销平台。

2. 渠道协调

为了更好地协调网络营销渠道和传统渠道之间的关系，李宁公司主要做了以下工作。

(1) 在销售的商品上进行区分。李宁公司在线下各专卖店的销售以正价新品为主；在专门的打折店中的销售以库存产品为主；网上商城主要以正价新品的推荐和限量商品为主，包括明星签名的商品，这些商品瞄准的是少数消费者；淘宝商城的网店则进行一部分库存商品的销售。

(2) 网络渠道和传统渠道产品价格一致。李宁公司把各种网店纳入自己的价格体系中。在 B2C 方面，李宁公司沿用地面渠道与经销商合作的方式，与网上的 B2C 平台签约授权李宁产品的销售；对于 C2C 网店，李宁公司虽没有与之签订正式的授权协议，但通过供货、产品服务以及培训的优惠条件，将其纳入自己的价格体系中。据李宁公司电子商务部林力介绍，目前已有 400 余家 C2C 网店纳入李宁公司的管理体系。

(3) 整顿网络渠道和传统渠道。为了协调好网络营销渠道和传统渠道之间的关系，李宁公司对很多网店及传统渠道进行了一次整顿，目的是杜绝线下经销商、制造商违规出货。

第 三 节　渠道策划实务

一、招商策划

(一) 招商策划的要点

企业招商，往往是建立销售渠道的第一步。很多小企业由于策划能力有限，对招商工作不重视或者操作不当，明明是个不错的产品，问津者却寥寥无几。所以在确立招商之前，一定要认真筹划，制定切实可行的招商方案。

招商策划书一定要阐明以下几个要点：一是科学的市场潜力和消费需求预测；二是产品卖点的提炼，即产品的优势是什么；三是详细分析经销本产品的盈利点，经销商自身需要投入多少费用；四是要让经销商知道如何操作本产品的市场，难题在哪儿，如何解决；五是相配套的销售政策。

通常比较有想法或者想有所作为的经销商比较注重以下五点：一是企业的实力；二是企业营销管理人员的素质；三是产品市场需求和潜力；四是经营该产品的盈利情况；五是推广方案的可操作性。

（二）招商活动

招商活动是招商企业通过会议、活动等方式介绍推广项目，通过宣传介绍项目的经营环境、投资规模、发展规划、招商条件及优惠政策等相关信息，以达到对外宣传，吸引商户的一系列活动。

招商活动可分为直接招商活动和间接招商活动。直接招商活动主题明确、方法直接、重点突出、参加人员集中，直接将招商的信息传达出去，如招商说明会。间接招商活动往往利用展销会、品牌连锁加盟会、采购会、商业论坛等活动，将招商的内容隐含在其中，间接将招商信息传达出去。

▶ **1. 招商说明会的方案策划**

招商说明会的方案策划是对整个招商活动进行创意、组织等工作内容的安排过程。在策划过程中，必须完成以下五个方面的主要工作。

（1）活动的目标与规模。

（2）活动的主办单位、时间、地点的安排。

（3）活动的形式、人员、流程、场所的安排。

（4）参加活动的对象、客人及媒体的邀请。

（5）活动的经费预算与预期效果。

▶ **2. 招商说明会的预热**

为了达到最佳的效果，可以通过不同的传播媒体提前对招商活动进行信息发布和宣传，以吸引更多的目标客户参加招商活动。

信息发布首先应事先统一策划，统一宣传口径。对传播媒体需做适当的选择，既要考虑面对的对象，又要注意宣传的时效性，同时也要兼顾支出的合理性。

▶ **3. 贵宾和重要商户的邀请**

合适的贵宾参加活动，会提高活动的层次，增强商户进驻经营的信心，可以收到理想的招商效果。

一般的会议和活动，贵宾邀请对象可以包括政府行业主管、本行业的知名人士、当地的工商界领袖、已经签约和即将签约的企业负责人（最重要的是已经有签约意向的企业负责人），以及当地有影响的新闻媒体记者等。

邀请贵宾要有比较郑重的邀请函，重要的贵宾一定要专门派人送达，以表诚意。对发出的邀请函一定要在活动前几天用电话等方式落实。如有可能，应在邀请函中附上活动或会议的宣传资料和招商资料。

▶ **4. 招商说明会的场所安排**

一般情况下，活动场所在选择上一定要能展示本地水平和特色，活动场所要考虑交通的方便性、环境的舒适性，要有利于企业形象的提升。

会场布置可委托当地礼仪公司完成，也可以委托酒店的相关部门完成。主要的工作环节包括：主席台、贵宾席、接待处的布置；室内横幅、标语摆放；投影仪、照明、音响等设备的检查；记者接待、贵宾休息的安排等。场外要布置拱形门、彩带、标语、气球、花篮等。

▶ 5. 招商说明会的资料

招商说明会需要的资料如下。

（1）主要资料，包括主要领导讲话稿、主题发言稿、招商手册、市场调查概况、新闻发布稿及相关资料。

（2）会务资料，包括会议议程表、领导小组名单、贵宾名单及席位安排、接待安排、会议须知等。

▶ 6. 招商跟进

招商说明会结束后，后续工作就要抓紧进行。招商活动的后续工作就是要求招商人员对所有与会的潜在客户进行分析及跟进。跟进的工作分三个层次进行。

（1）对已有很大进展，并在活动中得到进一步促进的客户，要全力跟进，促成合作的成功。

（2）对已发现有进驻意向的商户，要立即建立热线联系，联络感情，介绍情况，提供条件，增强信任，并适时组织回访或提出邀请，进一步激发其进驻欲望。

（3）对于暂时还没有表示出进驻意向的其他参会人员，也要表示出热情和真诚。活动结束后不久，就要通过定期或不定期的通话、通信或登门拜访，保持联络使其成为招商工作的义务宣传员和项目的储备客户。

二、经销商大会

（一）会议目的

部署贯彻阶段性的市场运作思路和工作计划，最大限度调动经销商对本公司产品的销售热情和忠诚度，实现野心勃勃的营销战役目标。

（二）会议准备

（1）会议筹备，包括成立会务组、拟订会议主题与内容、做出会议费用预算。

（2）选择合适的会场及会议时间，统筹食、宿、行问题。

（3）与会名单确认及跟催。

（4）会议资料的准备。

（5）会议用品准备。

（6）会场布置。

（三）会议议程

（1）总结成绩、表彰奖励。

（2）提出阶段性的战役目标。

（3）介绍新产品及战役策划方案。

（4）介绍经销商实施方案，提出经销商的活动内容与营销目标，明确对经销商的支持与激励政策。

（5）其他，包括行业形势讲座、必要的营销培训课程、典型营销经验介绍、新产品的演示与体验、娱乐性项目等。

（四）成功的经销商大会的关键

▶ 1. 会议地点

会议地点的选择大体可以分为两个层面，即城市与会议场地。会议地点的选择除了与预算有关系外，还需要考虑品牌调性、营销策略、会议的目的等。

选择城市就要考虑城市的调性与特质，属于大环境，例如，选择在井冈山和深圳召开，那传递的信息和体验感受必定不同。如果会议目的是强化鼓舞士气，发扬革命精神的，井冈山是个不错的选择；而深圳则强调现代气息，开放自由。

召开场地的甄选则属于选择小环境，一般备选的有大中型商务酒店、风景区内田园山庄等，都是需要根据会议目的来选择与其配套的会场特质。

▶ 2. 时间

什么时候召开要尽早确定，召开时间一般提前一个月确定为好。因为召开时间直接牵涉后期诸多工作的开展，如酒店宾馆的会议室、房间的预订，会场的设计与布置，经销商的行程准备。时间提前确定，还会有利于场地价格的选择和谈判。

▶ 3. 会议组织

当前面的要素都确定后，就需要确定组织人员，操作模式一般有三种：由外部人员全盘操作、由内部人员全部操作，以及内外人员结合。会议规模较大的或者企业本身人员结构不足以胜任的，可以找专业外部机构来完成会议组织，这个模式往往企业比较轻松，可以把主要精力放在会议的内容和议程上来，不过要注意考核外部机构的实操能力。

经典案例

格兰仕的渠道变革

格兰仕执行总裁梁昭贤在 2007 年"3·28 年会"时庄严宣布："2007 年，格兰仕将在中国市场推进销售子公司经营模式，从根本上前移营销平台，清晰公司治理结构。"格兰仕将年会的主题定为"合·赢未来"，"合"字正是指格兰仕总部、销售子公司、代理商、经销商与大型家电连锁的一次营销结构战略性整合。

1. 销售子公司体系下的"平台前移"

谈到销售子公司的优势时，销售人员举了个例子："过去，每年格兰仕在微波炉赠品上的花费，大概有 1.4 亿元人民币（国内市场年 600 万台的销量）；而将 1.4 亿元的赠品从顺德运到全国各地，需要支付 2 000 万元的运费。销售子公司成立以后，格兰仕将这 1.4 亿元的赠品采购权归属当地销售子公司，让他们根据市场情况来灵活掌握。这样，格兰仕总部不仅可以把 2 000 万元的运费省下来，还能提高各销售子公司的积极性和市场效率。"

在谈到 52 家销售子公司中的 8 家合资销售子公司时，销售人员举例说："成立成都和福州的合资销售子公司，我们看中的就是他们能够认同我们总部的战略。经销商来牵头，比我们总部派去的营销中心的人，在实践经验方面强了很多。但是合资的经销商只允许经营格兰仕的品牌——格兰仕之所以要控股，就是不允许销售子公司在经营理念上和我们产生任何偏差。"

2. 上山下乡

2007年，正是格兰仕下定决心开发中国三、四级市场的"乡村行动年"，格兰仕开始大规模"上山下乡"。"开品牌专卖店是最适合的办法，将专卖店开在农民的家门口，并为他们提供方便、快捷的服务——农村市场的成本较低，因此服务的空间十分巨大。"营销人员如是说。

销售人员举例说："2006年10月以前，全四川只有4家代理商。原有模式下实行总部远程管理，一直没有代理商去开发三、四级市场，因为经销商认为在三、四级市场的利益得不到保障。现在，销售子公司的机制能够彻底避免窜货等渠道问题，从而能帮助经销商们把三、四级市场做细，份额做大。"

格兰仕开发三、四级市场的思路是，以一个地级城市为单位，至少在5个县级市场建立销售专卖店，进而在每个县的每一个镇上都建立网点。

业界专家认为："过去，家电连锁企业对家电制造商的威胁不仅是收取进店费和占用现金流，它已影响到企业的生产计划。厂商想要在一、二级市场快速走货，必须看国美、苏宁等家电连锁巨头的脸色。而在销售子公司的体系下，针对三、四级市场进行区域细分以后，还可以使原本在一、二级市场上突出的问题得到很好的协调。"

资料来源：企业信息化联盟.

思考：

(1) 格兰仕实行销售子公司制体现了格兰仕公司什么样的渠道管理思想？

(2) 格兰仕的销售子公司制的优势有哪些？

思考题

1. 营销渠道策划的内容有哪些？
2. 营销渠道成员的激励策略有哪些？
3. 何谓渠道一体化？如何实施渠道一体化？
4. 简述客户关系管理的含义与特征。
5. 网络中间商的类型有哪些？
6. 企业招商策划的要点是什么？

第十章
广告与营业推广策划

1. 理解促销的本质，了解促销方法的含义与特点，了解网络促销的含义与特点，掌握促销流程和网络促销的方法；
2. 理解广告的作用，掌握广告促销的方法，能够撰写广告策划方案；
3. 了解营业推广的作用与分类，掌握基本的营业推广方法。

第 一 节　促销策划概述

一、促销的本质

4C营销理论认为，企业应通过与顾客进行积极、有效的双向沟通，建立基于共同利益的新型企业/顾客关系。这不再是企业单向的促销和劝导顾客，而是在双方的沟通中找到能同时实现各自目标的通途。与消费者的沟通包括：向消费者提供有关商店地点、商品、服务、价格等方面的信息；影响消费者的态度与偏好，说服消费者光顾商店、购买商品；收集消费者信息，建立与消费者的联系渠道，塑造品牌形象，实现与消费者心理的沟通。

随着时代的发展，促销的作用越来越重要。20世纪90年代，整合营销传播理论得到企业界和营销理论界的广泛认同。美国广告公司协会给整合营销传播的定义是"整合营销传播是一个营销传播计划概念，要求充分认识用来制订综合计划时所使用的各种带来附加值的传播手段，如普通广告、直接反映广告、销售促进和公共关系，并将之结合，提供具有良好清晰度、连贯性的信息，使传播影响力最大化。"唐·E. 舒尔茨认为，整合营销传播理论是通过资源整合和内容整合实现关系整合。资源整合应该发掘关键"接触点"，了解如何才能更有效地接触消费者；内容整合包括广告、直销、公关、包装、商品展示、店面促销等。无论是资源整合还是内容整合，两者都统一到建立良好的"品牌—顾客"关系上来。内容整合是资源整合的基础，资源整合推动内容整合的实现，关系整合是传播的最终目的。

二、促销的基本工具

(一) 广告

广告作为一种大众传播手段，它有三大职能，即信息传播、说服购买和打造品牌。其中，信息传播实现商品信息告知功能，是广告的基本功能，也就是俗语说的"广而告之"。其他两个功能是广告的高级功能，其中"说服购买"是其战术功能，"打造品牌"是其战略功能，通常称为品牌广告或公关广告。

广告的特点如下。

(1) 公开展示性。广告是一种高度公开的信息沟通方式，使目标受众联想到标准化的产品，许多人接受相同的信息，所以购买者知道他们购买这一产品的动机是众所周知的。

(2) 广泛性。广告突出"广而告之"的特点，也就是普及化、大众化，销售者可以多次反复向目标受众传达这一信息，购买者可以接受和比较同类信息。

(3) 艺术的表现力。广告可以借用各种形式、手段与技巧，提供将一个公司及其产品戏剧化的表现机会，增大其吸引力与说服力。

(4) 单向、非人格化。广告的非人格化体现在沟通效果上，广告不能使目标受众直接完成行为反映。这种沟通是单向的，受众无义务去注意和做反映。

作为一种大众传播方式，广告能将信息传达给处于广阔而又分散的地域中的广大消费者，因此，是一种效率极高、成本相对较低的沟通模式，被企业广泛使用。广告既能促进快速销售，也适用于创立一个公司或产品的长期形象。

(二) 公共关系宣传

公共关系宣传的目的是为企业营造良好的经营环境。企业要处理好与各种社会公众的关系，如顾客关系、政府关系、媒体关系等，其中最主要的当然是顾客关系。

现代顾客关系在理念上要求企业重视老客户，与客户建立稳固的一体化、立体化关系，实现利益捆绑、心灵相通。

公共关系宣传的特点如下。

(1) 高度可信性。与广告相比，新闻故事和特写的可信性要高得多。

(2) 消除防卫心理。公共关系宣传是以一种隐避、含蓄、不直接触及商业利益的方式进行信息沟通，从而可以消除购买者的回避、防卫心理。

（3）新闻价值。公共关系宣传具有新闻价值，可以引起社会的良好反映，甚至产生社会轰动效果，从而有利于提高公司的知名度，促进消费者发生有利于企业的购买行为。

企业运用公共关系宣传手段也要开支一定的费用，但这与广告或其他促销工具相比要低得多。公共关系宣传的独有性质决定了其在企业促销活动中的作用，如果将一个恰当的公共关系宣传活动同其他促销方式协调起来，可以取得极大的效果。

（三）营业推广

营业推广的目的是刺激消费者购买。除了传统的基于利益输送的刺激外，近来越来越重视精神刺激，强调体验营销。

营业推广的特点如下。

（1）迅速的吸引作用。营业推广可以迅速地引起消费者注意，把消费者引向购买。

（2）强烈的刺激作用。通过采用让步、诱导和赠送的办法带给消费者某些利益。

（3）明显的邀请性。营业推广以一系列更具有短期诱导性的手段，显示出邀请顾客前来与之交易的倾向。

在公司促销活动中，运用营业推广方式可以产生更为强烈、迅速的反映，快速扭转销售下降的趋势。然而，它的影响常常是短期的，营业推广不适合形成产品的长期品牌偏好。

（四）人员推销

人员推销是一种高度综合性的促销方式。它不仅具有强大的沟通、谈判、促销功能，还能实现市场调研、签订合同、完成交易等各种营销活动。

人员推销的特点如下。

（1）面对面沟通。营销人员是以一种直接、生动、与客户相互影响的方式进行营销活动。营销人员在与客户的直接沟通中，通过直觉和观察，可以探究消费者的动机和兴趣，从而调整沟通方式。

（2）客户关系培养。营销人员与客户在交易关系的基础上，建立与发展其他各种人际沟通关系，客户关系的培养使营销人员可以得到购买者更多的理解。

（3）直接的行为反映。人员推销可以产生直接反映，即客户听后觉得有义务做出某种反映。与人员推销的显著特性相关联的是人员推销手段的高成本。人员推销是一种昂贵的促销方式。

三、网络促销

（一）网络促销的含义

网络促销是指生产者通过多媒体技术在互联网上向虚拟市场传递有关商品和服务的信息，并与消费者建立良好的关系，来促进消费者的了解、信任，并通过各种促销手段来激发消费者购买欲望、促成购买的各种活动。

（二）网络促销的特征

虽然传统的促销和网络促销都是让客户认识产品，引起客户的注意和兴趣，激发他们的购买欲望，并最终实现购买行为的活动，但由于互联网强大的通信能力和覆盖面积，网络促销在时间和空间观念上、在信息传播模式上，以及在客户参与程度上都与传统的促销活动有较大的不同。

网络促销是基于互联网技术的促销活动，与传统的营销活动相比，具有以下特点。

▶ **1. 网络促销手段具有先进性**

网络促销是通过网络技术传递产品和服务的存在、性能、功效及特征等信息。它是建立在现代计算机与通信技术的基础之上，并且随着计算机和网络技术的不断改进而改进。

多媒体信息处理技术提供了近似于现实交易过程中的产品表现形式：双向的、快捷的、互不见面的信息传播模式，将买卖双方的意愿表达得淋漓尽致，也留给对方充分思考的时间。在这种环境下，形成了对传统促销方法的巨大挑战。

▶ **2. 网络促销面向全球性虚拟市场**

网络促销是在虚拟市场上进行的，这个虚拟市场就是互联网，而互联网是一个媒体，是一个联结世界各国的大网络。在互联网上聚集了全球的消费者，这个消费群体拥有广泛的人口，融合了多种生活和消费理念，形成了一个巨大的具有高度差异化的市场，企业必须采取全新的思维方法，制定统一的促销策略，才能同时满足广大消费者，应对激烈的国际竞争。

▶ **3. 网络促销强化与顾客的关系**

在传统促销中，企业难以与顾客建立紧密关系。在网络促销中，由于网络具有强大的信息处理能力，企业除了告知客户产品信息外，还能通过与客户之间的双向沟通了解并满足客户的需求，与客户之间建立一种相互信赖的合作关系，并在与客户保持长期关系的基础上开展各类促销活动。

（三）网络促销的形式

网络营销是在网上开展的促销活动，网络促销组合是网络广告、站点推广、网络销售促进和网络公共关系的总称。

▶ **1. 网络广告**

网络广告就是在网络上做的广告。首先，应选择广告平台，网站平台各有优缺点，差异性较大，主要的网站平台包括信息门户网站、视频网站、搜索网站、自媒体平台；其次，选择合理的投放形式，可以选择网页广告、文本链接、多媒体广告等多种不同的广告投放形式。与传统的四大传播媒体（报纸、杂志、电视、广播）广告及近年来备受青睐的户外广告相比，网络广告具有得天独厚的优势，是实施现代营销媒体战略的重要部分。

▶ **2. 站点推广**

网络营销站点推广就是利用网络营销策略扩大站点的知名度，吸引上网者大流量地访问本网站，起到宣传和推广企业以及企业产品的效果。站点推广主要有两类方法：一类是通过改进网站内容和服务，吸引用户访问，起到推广效果；另一类是通过网络广告进行站点推广。前一类方法费用较低，而且容易形成稳定的客户访问群，但推广速度比较慢；后一类方法可以在短时间内扩大站点知名度，但费用较高。

▶ 3. 网络销售促进

网络销售促进就是在网络这一虚拟市场环境下，利用销售促进工具刺激顾客对产品的购买。互联网作为新兴的网上市场，网上的交易额不断上涨，而网络销售促进能够有效地促进交易增长。互联网本身的优势使企业更易于与客户建立互动关系、了解客户的需求和对产品的评价。企业一定要依靠网络上的一切资源和手段，设计有创意的销售促进方案，从而实现预期的促销效果。

网络销售促进的主要形式有网上折价、网上赠品、电子优惠券、网上抽奖、网上积分促销、网上拍卖促销、网上集体议价、网上联合销售促进等。

▶ 4. 网络公共关系

网络公共关系与传统公共关系功能类似，只不过是借助互联网作为媒体和沟通的渠道，建立企业与公众的良好关系。与传统公共关系相比，网络公共关系具有主动性强、传播时空广泛、效能高的优势，所以网络公共关系越来越被企业所重视和利用。企业通过网络上的各种途径，采取各种沟通方式与网络公众增进了解、互动交流，维持与公众的良好关系，以此来加强品牌的影响力，促进品牌的推广。

▌ 四、促销策划流程

任何活动都应该有一套合理的活动流程，根据经验，制定一份完美的促销策划方案应该包括三个阶段、五个步骤，具体的促销策划过程可以用图 10-1 进行直观的描述。

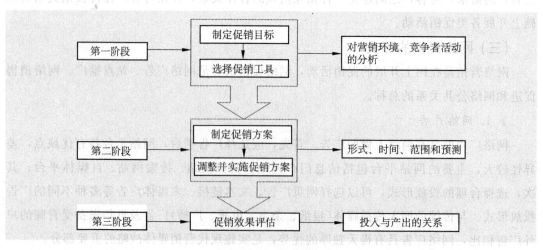

图 10-1　促销策划流程

（一）制定促销目标和选择促销工具

第一阶段是制定促销目标和选择促销工具。

▶ **1. 制定一个具体、明确的促销目标**

在制定目标时，应该确保促销目标和企业营销总目标的内在一致性；确保促销目标的具体化、数字化和可评估化；确保促销目标必须具有高度针对性和可竞争性；确保促销目标必须以实际可达成的促销效果来设定。

▶ **2. 在广泛分析的基础上依据促销目标对促销工具进行选择**

促销工具有各自的特点和适用范围，所以在选择时要考虑以下几个因素。

（1）促销目标。特定的促销目标一般对促销方式的选择有着较为明确的条件要求和制约，选择的促销工具必须与促销目标有内在的一致性。

（2）市场的类型。不同的市场类型需要不同的促销工具。例如，在消费品市场上，应选择广告作为重点促销手段，此类市场上的商品消费需求广、品种多、更新换代快，需要利用广告频繁地向消费者进行宣传；在生产资料市场上，宜采用人员推销的方式。促销工具在不同的产品市场上的相对重要性如图 10-2 所示。

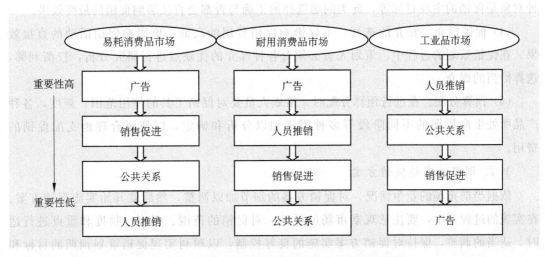

图 10-2　促销工具在不同产品市场上的相对重要性

（3）竞争条件和环境。选择促销工具时，除了考虑企业本身的条件、优势和劣势，资金、人力，以及企业外部竞争者的数量、实力、营销方式等因素，还要考虑政府的法律法规、人们的消费习惯等制约因素。

（4）促销预算分配。任何企业用于促销方面的费用总是有限度的，促销费用占营销总费用的比例往往成为选择促销方式的一种硬性约束。企业为了使有限的资金发挥最大的效益，达到促销的最佳效果，就必须要充分考虑各种促销工具的预算水平。

（二）制定、调整并实施促销方案

第二阶段从实际组织促销活动的需求出发，对促销活动进行补充与完善。

▶ **1. 制定促销方案**

促销方案的内容包括以下几个方面：①活动目的，对市场现状及活动目的进行阐述；②活动对象，活动针对的目标人群；③活动的时间、地点与主题；④活动方式，即具体的活动安排，包括具体操作流程、人员安排、广告宣传、现场秩序维护等；⑤活动预算，做好活动的预算和结算，控制成本。

以上五个方面的内容是制定促销活动方案必不可少的。企业制定的活动方案要有创意，内容要具体可行。另外，企业在制定促销方案时，还要明确以下几个活动要素。

（1）促销时机和促销持续时间。促销活动开始的时间及促销持续时间的长短对促销的最终效果有很大的影响。一般来说，促销活动何时开始应依据消费需求和市场竞争的特点，结合整体的市场战略来确定。

（2）刺激程度。促销活动要想获得成功，最低限度的刺激是必要的。一般来讲，刺激程度与顾客反映成正比，但也存在边际效应递减的规律。因此，策划人员在制定促销方案时，要依据以往的促销实践分析和总结，结合新环境条件下的促销确定适当的刺激程度。

（3）促销对象。促销是面向目标市场的每一个人，还是面向有选择的某一部分人，哪种对象是促销的主攻目标等，此类问题选择的正确与否都会直接影响促销的最终效果。

（4）促销媒介。媒介的选择，不仅影响促销费用的高低，更影响促销活动的直接效果。在促销策划的过程中，策划人员必须对各种媒介的优缺点进行研究分析，权衡利弊，选择恰当的媒介。

（5）预算分配。在进行预算分配时，策划人员要对促销工具的使用范围、频度，各种产品所处生命周期的不同阶段等多种因素加以分析和确定，以便更合理地支配促销的费用。

▶ **2. 调整并实施促销方案**

依据当前市场的竞争情况，对促销方案的细节加以调整，然后就开始实施促销方案。在实施的过程当中，要注意观察市场的反映，对促销的范围、强度、频度和重点进行适时、适当的调整，保持对促销方案实施的良好控制，以顺利实现促销策划预期的目标和效果。

（三）促销效果评估

第三阶段就是促销效果的评估。

促销策划的评估就是对促销活动投入与产出的评比和估算。为了测定本次活动成功与否，并为下一次促销活动提供现实的参考依据，促销的评估可分为事前评估和事后评估两大部分。

事前评估通常需要测定的工作主要有：促销工具的选择是否合适？促销时间的选择是否符合消费者的消费习惯？设置的促销范围和既定的促销目标是否具有一致性？在促销活动计划付诸实施之后，对促销活动的实际成果进行测试评估称为促销的事后评估。事后评估的内容包括消费者认知度、忠诚度的提升、销售的变化等。

对促销效果进行认真的评估和总结，将为下一次的促销策划提供宝贵的经验，因此，企业策划人员必须重视促销评估工作。

经典案例

可口可乐雅典奥运会整合营销

1. 项目概况

整个奥运营销的核心概念沿用品牌主题"要爽由自己"，从 2004 年 2 月瓶装厂奥运营销推广大会开始至 10 月奥运会庆功大会，可口可乐公司在奥运会前、中、后三期在营销渠道和消费者层面展开了多层次的整合营销，包括装瓶厂推广大会、奥运火炬接力、奥运火炬接力纪念罐、奥运新包装、"看奥运，赢大奖"促销活动等。广告活动包括以三位奥运夺金选手为主角的整套售点广告及陈列。

2. 营销策略

(1) 奥运会前：瓶装厂推广大会召开，推出奥运火炬接力纪念罐、火炬路演和"可口可乐奥运中国行"迷你嘉年华。

(2) 奥运会中：打造奥运主题广告，邀请了刘翔和滕海滨等世界冠军出演，设计奥运包装，举办"看奥运，赢大奖"家庭装促销活动。

(3) 奥运会后：推出了"为奥运英雄举杯喝彩"的报纸庆贺广告和电视广告，以及奥运新包装。

3. 市场效果

2004 年 6—8 月，可口可乐销售量比 2003 年同期增长 19％，其中个人普通装的销售量增长 21％，家庭大瓶装增长 17％。同期，可口可乐品牌偏好度（最受欢迎的品牌）与 2003 年同期相比上升 2％，购买意向上升 5％。可口可乐的奥运主题广告在媒介独立调查中成为提名率最高的广告（87％）。可口可乐成功的奥运营销得到了北京奥组委的充分肯定。北京奥组委确信可口可乐公司将是 2008 年北京奥运会的一个值得信赖的、强大的合作伙伴。

第 二 节　广 告 策 划

一、广告的作用

广告在本质上是大众传播工具，它最基本的职能是向目标受众传递有关商品的信息，以影响目标受众对产品的态度和行为为最终目的，其作用如下。

▶ **1. 广告是最大、最快、最广泛的信息传递工具**

通过广告，企业能把产品与劳务的特性、功能、用途及供应厂家等信息传递给消费者，沟通供、需双方的联系，引起消费者的注意与兴趣，促进购买。因此，广告的信息传递能迅速沟通供求双方，加速商品流通和销售。

▶ 2. 广告能激发和诱导消费

消费者对某一产品的需求，往往是一种潜在的需求，这种潜在的需求与现实的购买行动有时是矛盾的。广告造成的视觉、感觉印象以及诱导往往会勾起消费者的现实购买欲望。有些物美价廉、适销对路的新产品，由于不为消费者所知晓，所以很难打开市场，而一旦进行了广告宣传，消费者就纷纷购买。另外，广告的反复渲染、反复刺激，也会扩大产品的知名度，甚至会引起一定的信任感，也会导致购买量的增加。

▶ 3. 塑造品牌个性，提升商品的价值

为什么多明戈只喝法国原装的依云矿泉水？依云矿泉水是最好喝的水吗？未必，但无疑依云矿泉水是通过做广告而成为最具有知名度的水。广告本身不能改变产品的品质，但是却能通过塑造独一无二的品牌个性在消费者心目中提升产品的价值。在市场竞争日趋激烈、产品高度同质化的今天，品牌日渐成为商家重要的竞争手段，而广告是塑造品牌个性最有力的手段。它使相同的商品具有与众不同的特性和品牌形象。

■ 二、广告策划的核心

(一) 广告主题

广告主题是广告的中心思想，是广告诉求的核心。广告主题源自广告定位，为广告目标服务。

广告主题可分为以下几类。

▶ 1. 理性诉求

理性诉求即通过真实信息，准确、公正地传达企业、产品、服务的客观情况，使受众理智地做出决定。其优点是可以准确、完整地表达商品信息。缺点是文案生硬、枯燥，不吸引人。例如，日本索尼贵翔 DRC 电视的平面广告的内容。

标题：至真世界，至真体验

文案：索尼贵翔 DRC 系列彩电，独有突破性 DRC 数码精密显像技术，运用独特的数码信号演算方式，令画质的表现动感流畅，静态细腻，影像提升至无比真实的完美境界，达到近乎 HDTV 画质，带来前所未有的感官享受和无与伦比的震撼体验。

文案强调该电视使用了突破性的显像技术，从而产生了完美的画质。

▶ 2. 感性诉求

感性诉求即通过表现目标消费者与产品相关联的情绪或情感来传达广告主题，诱发消费者的购买动机。感性诉求贴近受众感受，能有效激发受众兴趣。缺点是容易掩盖商品信息的传达。例如，兰薇儿春夏系列睡衣平面广告的内容。

广告画面：一个美丽的青春少女身着睡衣舒适地俯卧在床上，悠闲自得地在灯下翻阅画报。

主标题：长夜如诗，衣裳如梦

副标题：兰薇儿陪伴您，在夜的温柔里！

广告正文：月色淡柔，灯影相偎，夜的绮思悄悄地升起……在这个属于你的季节里，兰薇儿轻飘飘的质感，高雅精致的刺绣，更见纤巧慧心。尤其清丽脱俗的设计，让你一见就喜欢！今夜起，穿上兰薇儿，让夜的温柔轻拥你甜蜜入梦！

广告塑造了一位青春少女舒适惬意的生活场景，并对睡衣加以描绘，使人们不由得喜欢上这个产品。

▶ **3. 情理结合的诉求**

情理结合的诉求既有理性表达，又有感性表达。该诉求方式兼具理性诉求和感性诉求的优点，消除了两者的缺点，但该诉求方式信息量大，信息点分散。例如，旁氏双重美白润肤霜广告的内容。

标题：黑、白

正文：白皙的肌肤就是美，女人钟爱的纯净之美。旁氏双重美白润肤霜，懂得女人的肌肤美学，双重配方，日夜美白不停顿——日间防护配方，有效隔离紫外线，防止黑色素生成；夜间更新配方，更新白天变黑的表皮细胞，给予肌肤营养滋润。短短四周，肌肤真的变得白皙柔润！

哪个女人不怕黑？当柔嫩的肌肤变得黯淡；当阳光的阴影遮掩了光洁的容颜；当男友傻笑着说："其实，皮肤黑点不要紧，你很有内涵！"当那个只会撒娇嗲声嗲气的邻桌又在夸耀她的美白秘密；当穿着你爱死了的那件素浅的衬衫走出试衣间，却听到服务员小心翼翼地规劝："也许你选那件深色的会比较好看。"也许你真的不怕黑，但拥有白皙的面庞，你的笑会更加明净，更加灿烂。

该广告上半部分使用了理性诉求，下半部分使用了感性诉求。两者相互补充，相得益彰。

（二）广告创意

▶ **1. 广告创意的含义**

广告创意是指通过独特的艺术手法，突出体现产品特性和品牌内涵，并以此促进产品销售。

▶ **2. 广告创意的程序**

杨氏程序是美国著名广告大师詹姆斯·韦伯·杨在其所著的《创意法》一书中提出的，分五个步骤：

（1）收集资料，为心智收集原始资料。

（2）品味资料，在大脑中反复思考、咀嚼、品味、消化资料。

（3）放松思维，顺其自然，抛开问题，不做任何努力。

（4）创意诞生，灵感突然出现，创意产生。

（5）定型实施，形成并发展这一创意，将其实际应用。

▶ **3. 广告创意的 ROI 理论**

ROI 理论是一种实用的广告创意指南，是 20 世纪 60 年代的广告大师威廉·伯恩巴克创立的 DDB 广告国际有限公司根据自身创作积累总结出来的一套创意理论。该理论的制造者伯恩巴克是广告唯情派的旗手，是艺术派广告的大师，他认为广告是说服的艺术，广告"怎么说"比"说什么"更重要。ROI 理论的基本主张是优秀的广告必须具备三个基本特征，即关联性（relevance）、原创性（originality）、震撼力（impact）。广告与商品没有关联性，就失去了意义；广告本身没有原创性，就欠缺吸引力和生命力；广告没有震撼性，就不会给消费者留下深刻印象。

（1）关联性。所谓关联性，就是广告创意的主题必须与商品、消费者密切相关。伯恩巴克一再强调广告与商品、消费者的相关性，他说过："如果我要给谁忠告的话，那就是在他开始工作之前要彻底了解广告代理的商品，你的聪明才智、你的煽动力、你的想象力与创造力都要从对商品的了解中产生。"商品广告最重要的是传达商品的有效信息。为了强调商品的特点，生动形象地表达商品的个性特征，广告常常需要为产品找一个关联体，把产品的有关特征从关联体身上反映出来。

关联体必须具备下面几个特性：①关联体是生活中司空见惯的；②关联体生动、形象；③关联体为大众所喜爱。

（2）原创性。所谓原创性，即广告创意应与众不同，广告创作的一个根本要求就是新颖。广告必须有所创新以区别于其他的商品广告，创新首先要突破常规的禁锢，善于寻找诉求的突破。

（3）震撼力。所谓震撼力，就是指广告作品在瞬间引起受众注意并在心灵深处产生震动的能力。一条广告作品只有在视觉、听觉以及心理上对受众产生强大的震撼力，其广告传播效果才能达到预期的目标。

▶ **4. 广告创意的思考方法**

美国广告大师詹姆斯·韦伯·杨说："创意不仅是靠灵感而发生的，纵使有了灵感，也是由于思考而获得的结果。"创意是从"现有的要素重新组合"而衍生出来的，创意并非天才者的独占品。广告创意的思考方法有以下三种。

（1）垂直思考法，即按照一定的思考路线进行的、向上或向下的垂直式思考，是头脑思维的自我扩大方法。垂直思考法一向被评价为最理想的思考法，优点是比较稳妥，有一个较为明确的思考方向；缺陷是偏重于以往的经验、模式，只是对旧意识进行重版或改良。

（2）水平思考法又称横向思考法，即在思考问题时向着多方位、多方向发展。此方法有益于产生新的创意却不能取代垂直思考法，只能弥补后者不足。水平思考法可提醒创意者在思考问题时不要故步自封，而应与垂直思考法相互配合，加以灵活运用，方可收到事半功倍的效果。

（3）头脑风暴法又称脑力激荡法，这种方法是由 BBDO 的阿克列斯·奥斯本（Alex

Osborn)于1938年首创，指两个或更多的人聚在一起，围绕一个明确的议题共同思索、相互启发和激励，填补彼此的知识和经验的空隙，从中引出创造性设想的连锁反应，以产生更多的创造性设想。讨论可以涉及广告活动的任何环节，但某一个会议一般应集中在一个议题上，且议题不宜太大，以便探讨能够深入。同时为了确保产生更多更好的创意，头脑风暴法必须遵循以下几条原则：

①　自由畅想原则。与会者大胆敞开思维，排除一切障碍，无所顾虑地异想天开。

②　禁止批评原则。任何创意不得受人批评，也不必自我否定，没有任何创意是错的。

③　结合改善原则。鼓励在别人的构想上衍生新的构想，相互启发，相互激励。

④　以量生质原则。构思越多，可供选择的空间越大；组合越多，产生好创意的可能越大。

所有的创意都应记录在案，以备将来参考。这种方法的最大好处是可以避免孤军作战，弥补个人局限与不足，通过团队合作，集合众人的智慧，产生出大创意。

（4）对头脑风暴法的改造，即默写式头脑风暴法。荷立肯提出了一种以"默写"代替"发言"的头脑风暴法，规定每次会议有6人参加，以5分钟为时间单元，要求每个人每次提出3个构想，故又称"635法"。

先由主持人宣布议题→发给每人几张卡片→5分钟→针对议题填写3张设想→把卡片传给另一个人→下一个5分钟→在他人卡片上对其设想再提3个设想→依此类推，传递6次→完成108个设想→再在此基础上形成创意。

（5）卡片式头脑风暴法。规定与会者（3～8人）填写卡片（每人50张），每人宣读自己的构想，并回答他人的质询，讨论中诱发新构想，又叫CBS法。卡片式头脑风暴法分为四个阶段：会前准备期阶段、独奏阶段、共振阶段、商讨阶段。

经典案例

可口可乐的广告创新

20世纪90年代之后，可口可乐广告日见陈腐，而百事可乐以更具时髦感的广告，让消费者心中一度产生百事可乐超越了可口可乐的感觉。可口可乐主管们担心自己牌子内涵将变得模糊，以致最终过时。经过商讨，公司雇用了CAA作为自己的创意顾问。CAA是好莱坞首屈一指的智囊机构，能向可口可乐公司提供大众文化。CAA知道好莱坞流行什么——语言、音乐、服装、体育等，而流行于好莱坞的东西也很快会在各地流行起来，这也是可口可乐公司所需要的。接着，CAA就和M-E争夺1993年度对可口可乐公司广告的创意控制权，这项争夺是可口可乐公司有史以来最大的广告宣传项目争夺。在一个宣传日中，M-E公司拿出6个很平常的广告。形成鲜明对照的是，CAA疾风骤雨的60分钟影片（包括50个内容）让可口可乐公司管理人员看得眼花缭乱又激动不已。

CAA的做法摆脱了广告大佬麦迪逊大道的套路。广告和广告之间似乎格调目标相去甚远，没有相关的主题：蝉鸣之夏，水汽滤滤的可乐瓶；一支用可乐瓶演奏的环球乐队；

追溯从 20 世纪 20 年代起，伴随了他们几十年的哈利巧遇萨丽式爱情；聚集在浮冰上的北极熊抱着可口可乐望北极光……这些广告或具体，或模糊，或高雅，或通俗，但所有的广告都带有"永远"这一口号和可口可乐的圆形标识。通过视觉、听觉、味觉向大众传播这样的主题："可口可乐，时间上永远，空间上永远。无处不在地和你永远可口可乐。"从这一角度来说，广告格调和目标并没相去甚远。

广告播出，广告界议论纷纷，但是最有发言权的莫过于可口可乐公司的主管们了。1994 年，CAA 为可口可乐制作的广告继续登场，并且赢得老对手 M-E 公司一位高层人士的评价：CAA"永远的可口可乐"广告，使这个已有 107 年历史的品牌表现得并不像 107 岁的老人。他们很有创见，抛弃教条，创造性地探索出一个崭新的广告体系。

从生活、文化的角度，而不是从广告传统和专业角度去理解和表现主题，那么公司的信息传播就能更加丰富多彩、引人入胜，又不失明确主题。

资料来源：应届毕业生网.

(三) 广告媒体策略

▶ **1. 媒体分类及其特点**

(1) 印刷媒体，主要指印在各类印刷品上的广告，是历史上应用最早、应用最广泛、成本低、形式多样、传播方便的广告媒体形式。应用最为普遍的是报纸和杂志广告。报纸广告受众范围广，传播速度快。杂志广告受众精准，针对性强。

(2) 电子媒体，主要指以电子技术形成的音视频媒体，最为典型的是广播与电视。这种媒体出现的时间不长，但一度成为主流媒体形式，尤其是电视广告。电视广告由于具有多媒体的特征，传播效果又好又快。而且自诞生以来，电视媒体一直是新闻传播的主要形式，广受欢迎，受众面极广。

(3) 户外媒体，主要是指位于城市街道两边的各类广告形式。由于城市居民的聚居性，户外广告具有极大的受众面，而且其持久性强，广告的力度大。

(4) 交通媒体，指依附于各类交通工具的广告。人们的工作与生活都离不开交通工具，因此，交通媒体能接触大量受众，而且同样具有持久性强、广告力度大的特点。

(5) POP(point of purchasing)广告，即售货现场广告。研究发现，消费者购物有 75% 属于冲动购买，因此，售货现场广告就具有无可比拟的优势。

(6) DM 直邮广告，又称带瞄准镜的广告。由于属于自控媒体，因此，具有极强的精准性和控制性。

(7) 网络广告媒体，最为新兴的媒体。据调查，2016 年，网络广告媒体已经取代所有媒体形式，成为第一大广告媒体。与传统广告相比，互联网广告的两大优势是可以实现精准投放和广告效果可以衡量。网络广告投放有不同的途径，主要包括信息门户平台、搜索网站平台、视频网站平台、自媒体平台等。

(8) 包装广告，是指印刷在商品包装上的广告，被称为最后的 5 秒广告，具有成本低、受众精准的优势。

▶ 2. 广告媒体发布时间策略

(1) 广告媒体发布长期安排决策。

① 先多后少法：适用于新产品的投入期。

② 滚雪球法：先少后多，渐次加强，适用于不明朗市场或广告财力有限时。

③ 水平支出法：均衡投放，适用于日常生活用品。

(2) 广告媒体发布短期安排决策。

① 持续广告法：每天一次或隔天一次，把整个广告期排满，适用于新产品、消费量大的产品、经常购买的日用品。

② 交替安排广告轻重法：运用遗忘规律，定期播放与定期停止播放交替安排，节省费用，适用于大部分商品。

③ 闪动法：交替安排，但频率较高，是上述两种方法的折中。

④ 脉动法：不间断安排，但投放量有变化。

▶ 3. 媒体组合决策

(1) 单一媒体策略。采用单一媒体做持续性广告发布，是一种进攻型广告发布策略（针对固定的人群），如在杂志的每一期做全页广告。单一媒体策略虽到达率低，但持续性高，适用于购买频次高的日用消费品。

(2) 多媒体组合策略。

① 同类媒体组合：如多家不同的电视台投放广告。

② 非同类媒体组合：视觉媒体与听觉媒体的组合，如报纸与电视媒体组合；瞬间媒体与长效媒体的组合，如广播媒体与杂志媒体组合；可控制媒体与不可控制媒体的组合，如企业宣传册与电视广告组合；跟踪环绕，即围绕消费者日常工作、生活中能接触到的媒体做广告。

（四）互联网媒体广告

▶ 1. 互联网媒体

互联网媒体又称网络媒体，就是借助国际互联网这个信息传播平台，以计算机、电视机以及移动电话等为终端，以文字、声音、图像等形式来传播新闻信息的一种数字化、多媒体的传播媒介。互联网媒体相对于早已诞生的报纸、广播、电视等媒体而言，是第四媒体。

基于互联网的网络媒体集三大传统媒体的诸多优势为一体，是跨媒体的数字化媒体。网络媒体传播除具有三大传统媒体传播的"共性"特点之外，还具有鲜明的"个性"特点，主要有即时性、海量性、全球性、互动性、多媒体性。

▶ 2. 互联网广告发布渠道

互联网媒体的形式很多，各有不同特征。目前，可供选择的广告发布渠道主要有以下几种。

(1) 公司主页。建立自己的主页，对于企业来说，是一种必然的趋势，它不但是企业树立良好形象的途径，也是宣传产品的良好工具。从今后的发展来看，公司的主页地址很像公司的地址、电话一样，是独有的，是公司的标志，将成为公司的无形资产。

（2）公共网站。

① 网络内容服务商：如新浪、搜狐、网易等，它们提供了大量的互联网用户感兴趣的免费信息服务，包括新闻、评论、生活、财经等内容，因此，这些网站的访问量非常大，是网上最引人注目的站点。目前，这些网站是网络广告发布的主要阵地，在这些网站上发布广告的主要形式是旗帜广告。

② 专类销售网：这是一种专业类产品直接在互联网上进行销售的方式。进入这样的网站，消费者只要在页面中填上自己所需商品的类型、型号、制造商、价位等信息，然后按一下搜索键，就可以得到你所需要商品的各种详细资料。

③ 企业名录：一些互联网服务商或政府机构将一部分企业信息融入他们的主页中，如香港商业发展委员会的主页中就包括汽车代理商、汽车配件商的名录，只要用户感兴趣，就可以通过链接进入选中企业的主页。

④ 黄页形式：互联网上有一些专门提供查询检索服务的网站，如 Yahoo、Infoseek、Excite 等，这些站点就如同电话黄页一样，按类别分类，便于用户进行站点的查询。采用这种方法的好处：一是针对性强，查询过程都以关键字区分；二是醒目，位于页面的明显处，易于引起被查询者注意，是用户浏览的首选。

⑤ 网络报纸和网络杂志：随着互联网的发展，国内外一些著名的报纸和杂志纷纷在互联网上建立了自己的主页，更有一些新兴的报纸和杂志，放弃了传统的纸媒体，完完全全地成为网络报纸和网络杂志。目前，网络报纸和网络杂志的影响非常大，访问的人数不断上升。对于注重广告宣传的企业来说，在这些网络报纸或杂志上做广告，也是一个较好的传播渠道。

（3）搜索引擎广告。搜索引擎广告是指广告主根据自己的产品或服务的内容、特点等确定相关的关键词，撰写广告内容，并自主定价投放的广告。当用户在搜索网站上搜索到广告主投放的关键词时，相应的广告就会显示，用户点击后，网站会按照广告主对该关键词的出价收费，无点击不收费。由于搜索引擎用户需要输入关键词才能找到其想要的信息，这是一个对用户筛选的过程，因此，这些用户具有针对性，广告效果更加显著。

（4）电子邮件广告。电子邮件广告是指通过互联网将广告发送到用户电子邮箱的网络广告形式，它针对性强、传播面广、信息量大，其形式类似于植入广告，只是将广告的载体变成了电子信息。真正意义上的电子邮件广告是基于用户事先许可的，即用户需要事先同意加入该电子邮件的广告邮件列表中，以表示同意接受这类的广告信息。而那些未经许可而收到的广告，通常被视为垃圾邮件。

（5）视频广告。视频广告是指以视频文件形式存在，可以在视频网站上通过视频播放器播放和观看的广告内容。网络视频服务商主要包括视频分享类（如优酷网、土豆网、酷6、六间房等）、P2P 流媒体类（网络电视，如 pplive、悠视）、分享视频点播类（如激动网、第一视频)和其他提供视频服务的传统门户网站。与传统电视媒体相比，网络视频媒体的广告表现形式更加多样，既有贴片广告、视频缓冲(暂停)广告，也有作为播放器背景的广告形式，还有字幕广告、播放区域外的图文广告等。

(6) 游戏广告。随着数字游戏的迅猛发展以及游戏玩家数量的激增，经营性信息对数字游戏的大量植入成为必然，催生了游戏广告的迅速兴起与发展。游戏广告具有传统广告不可比拟的优越性。在游戏上做广告，不但成本低、方式灵活，而且不具有传统广告带有的强迫性，能够引起受众更高的接受度和互动性。现阶段游戏广告主要有两种形式：广告宣传游戏和游戏内置广告。

(7) 新闻组。新闻组是人人都可以订阅的一种互联网服务形式，阅读者可成为新闻组的一员。成员可以在新闻组上阅读大量的公告，也可以发表自己的公告，或者回复他人的公告。新闻组是一种很好的讨论和分享信息的方式，广告主可以选择与本企业产品相关的新闻组发布广告，这是一种非常有效的网络广告传播渠道。

(8) 社交媒体广告。社交媒体也称社会化媒体、社会性媒体，是指允许人们撰写、分享、评价、讨论、相互沟通的网站和技术，如知乎、豆瓣等，当然也包括微信、微博。社交媒体广告的重要特性就是能与受众高度互动，使受众参与进来，不是简单的关注，而是让受众觉得有参与的意义，包括一般的展示广告、活动参与广告、明星推荐等。

▶ **3. 表现形式**

(1) 网幅广告(包含 Banner、Button、通栏、竖边、巨幅等)。网幅广告是将以 GIF、JPG、Flash 等格式建立的图像文件定位在网页中，大多用来表现广告内容，同时还可使用 Java 等语言使其产生交互性，用 Shockwave 等插件工具增强表现力。

(2) 文本链接广告。文本链接广告是以一排文字作为一个广告，点击可以进入相应的广告页面。这是一种对浏览者干扰最少，但却较为有效果的网络广告形式。有时候，最简单的广告形式的效果却最好。

(3) 电子邮件广告。电子邮件广告具有针对性强(除非你肆意滥发)、费用低廉的特点，且广告内容不受限制。特别是其针对性强的特点，它可以针对具体某一个人发送特定的广告，为其他网络广告方式所不及。

(4) 赞助式广告。赞助式广告多种多样，比传统的网络广告给予广告主更多的选择。

(5) 与内容相结合的广告。广告与内容的结合可以说是赞助式广告的一种，从表面上看起来，它们更像网页上的内容而并非广告。在传统的印刷媒体上，这类广告都会有明显的标示，指出这是广告，而在网页上通常没有清楚的界限。

(6) 插播式广告(弹出式广告)。访客在请求登录网页时强制插入一个广告页面或弹出一个广告窗口。插播式广告有点类似电视广告，都是打断正常节目的播放，强迫观看。插播式广告有各种尺寸，有全屏的也有小窗口的，而且互动的程度也不同，从静态的到全部动态的都有。浏览者可以关闭窗口不看广告(电视广告是无法做到的)，但是它们的出现没有任何征兆，而且肯定会被浏览者看到。

（7）富媒体。一般指使用浏览器插件或其他脚本语言、Java 语言等编写的具有复杂视觉效果和交互功能的网络广告。这些效果的使用是否有效，一方面取决于站点的服务器端设置；另一方面取决于访问者浏览器是否能查看。一般来说，富媒体能表现更多、更精彩的广告内容。

（8）其他新型广告。其他新型广告包括视频广告、路演广告、巨幅连播广告、翻页广告、祝贺广告、论坛版块广告等。

（9）EDM 直投。通过 EDM 直投软件或平台向目标客户定向投放对方感兴趣或者需要的广告及促销内容，以及派发礼品、调查问卷，并及时获得目标客户的反馈信息。

（10）定向广告。可按照人口统计特征，针对指定年龄、性别、浏览习惯等的受众投放广告，为客户找到精确的受众群。

三、广告策划书

广告策划书是对广告运作过程的每一部分做出分析和评估，并制订相应的实施计划，是广告策划的纲领性文件。

下面简要阐述广告策划书的内容。

▶ 1. 第一部分——前言

前言部分首先要交代广告活动的时限、目标和任务，概要地说明企业的广告战略、策略和要采取的主要措施。前言是全部计划的纲要，它的目的是把广告计划的要点提出来，让企业最高层次的决策者或执行人员快速阅读和了解。这部分内容不宜太长，以数百字为佳，所以有的广告策划书称这部分为执行摘要。

▶ 2. 第二部分——市场分析

（1）市场分析，包括市场成长与市场特征，以产品种类、价格、使用者、品牌为内容进行各区域市场的消费量构成分析及预测。

（2）消费者分析，包括对购买者的人口特征、需求特征、消费特征分析描述，对消费者的品牌偏好、忠诚度进行分析。

（3）竞争品牌分析。从优势、劣势两方面对竞争产品的品种、价格、品质、服务、渠道、传播等做出分析。

（4）企业经营分析。对企业自身经营的优缺点进行分析。

▶ 3. 第三部分——市场营销战略

从现状分析中寻找出问题点和机会点，提出企业要解决的战略课题，包括市场定位战略、市场开发规划、市场竞争对策等内容。

▶ 4. 第四部分——广告战略

（1）广告目标，也称广告传播目标，主要指广告活动结束后，消费者对商品的认知、态度转变、消费行为情况。通常用认知度、理解度、偏爱度、忠诚度等指标来衡量，也可以广告活动结束一定时间后的销售情况作为参考。

（2）广告定位。定位是为一个产品在消费者心中确定一个有别于竞争者的位置。广告定位主要有四个角度：产品定位、消费者心理定位、品牌定位和竞争定位。

（3）广告对象，主要根据产品定位和市场研究来分析广告对象的人口特征、需求特征、媒体特征等。

（4）广告地区，确定广告对象分布的地理范围。

▶ 5. 第五部分——广告策略

（1）广告主题诉求。根据市场定位要求，从广告目标、消费者心理或竞争角度确定广告主题。简单地说，可以采用理性诉求、感性诉求或情理结合诉求等方式确定广告主题。

（2）广告创意与表现。针对广告主题，结合媒体特点，确定表达策略，要说明表达形式、语言文字、人物情节、表现要求等信息。对形象代言人则应审视其是否具有权威性、亲和性、信赖度、传播性等，并与企业形象相吻合。

（3）广告作品草案。完整的策划书中应包含广告作品的草案、效果稿。电视广告应有广告脚本。

▶ 6. 第六部分——媒介策略

（1）媒介选择。从成本效益和企业产品适宜性两方面初选媒介，根据收视率、阅读率及偏好度等指标确定媒介。

（2）媒介组合策略。明确要选择的媒介形式，它们的主次关系，分别针对哪些受众，以及各媒介如何相互协调、补充。

（3）媒介发布时机及周期。根据企业产品的上市时机、购买周期、广告作品风格、竞争态势等综合因素来考虑广告发布的分配密度、发布间隔、时间长短等。

▶ 7. 第七部分——传播整合

指出公关策略、促销策略等各传播策略如何配合运用，包括公关活动、新闻、直效营销、展示等传播活动。评估的重点应为目标的一致性、主题的统一性、内容的可行性、执行的落实性等。

▶ 8. 第八部分——广告预算

要根据广告策略的内容，详细列出媒体选用情况及所需费用、每次刊播的价格，最好能制成表格，列出调研、设计、制作等费用，还包括公关、促销费。

▶ 9. 第九部分——广告效果评估

广告活动实施前对产品知名度、广告认知度、产品偏好度、购买欲望、销售量等指标做出调研分析，提出在一定阶段内的广告效果达成目标，广告活动实施后进行对照评估。在策划书中对其效果指标、评估时间、方法等应予以充分说明。

▶ 10. 第十部分——附录

写广告策划书一般要求简短、易读、易懂，避免冗长和重复。重要内容要说明资料的来源，提高策划书可信度。图表及有关说明材料可放在附录中。

在撰写过程中，视具体情况，有时也将媒体策划、广告预算、总结报告等部分专门列出,形成相对独立的文案。

经典案例

"当家"洗衣液全国市场广告策划书

一、市场分析及其对策

(一)替代品市场分析及其对策

我们认为,对"当家"洗衣液产品构成主要威胁的替代品是洗衣粉和专用洗衣剂。

1. 洗衣粉市场

(1)市场分析。当前,国内洗衣粉市场的竞争特征主要表现在:

① 品种功能日渐丰富。由于市场需求的拉动和科技开发步伐的加快,洗衣粉产品已由几年前单纯的普通洗衣粉迅速发展成为包括有浓缩、超浓缩、特白超浓缩、低泡、无泡、高效、增白、加酶、加香、灭菌、消毒、无磷等在内的多品种、多功能的产品类型。

② 名牌产品瓜分市场。目前,高富力、白猫、加佳、天津加酶、活力28、熊猫、海鸥、佳丽、芳草加酶等国产洗衣粉十大品牌的销量占到全国洗衣粉总销量的40%左右。同时,美国的宝洁(P&G)、日本的花王(KAO)、英国的联合利华(Unilever)和德国的汉高(Henkel)四大国际民用洗涤剂公司与国内企业合资生产的洗衣粉品牌,在高消费阶层中的指名购买率很高。

(2)对策。由于洗衣粉的产品概念已为广大的消费者所接受,消费者对洗衣液缺乏足够认知。因此,我们以为,必须认真做好以下两种工作:①进行洗衣液与洗衣粉的功能比较,突出其无可比拟的优点,从理性上引导消费;②树立一种消费新潮的产品概念,首先吸引一批具有超前意识和赶潮心态的消费者试用产品,创造一个崭新的洗衣用品消费市场。

2. 专用洗衣剂市场

(1)市场分析。此市场的明显特点是分工日渐精细。目前已出现的有羊毛衫专用洗涤剂,丝绸专用洗涤剂、丝毛香波,专门用于清洗高级衣物的干洗精,专用于清洗衣领袖口污迹的衣领洁、衣领净,专用于漂白浅色织物的漂白水,可使颜色织物色彩鲜艳的彩漂粉等。

(2)对策。针对这一市场的竞争策略,我们的看法是依然采取比较的方式,其比较侧重点如表10-1所示。

表10-1 "当家"洗衣液与专用洗衣剂的比较

比较项目	"当家"洗衣液	专用洗衣剂
功能	综合(增白、彩漂与特效助洗),既能重点去污,又能全面干净	专项,只能重点去污
价格	综合洗涤成本低	综合洗涤成本高
使用	方便,一瓶通用	不方便,需准备多个品种

（二）洗衣液市场分析及其对策

1. 市场分析

（1）就目前国内洗涤用品市场来看，虽然洗衣粉与专用衣物洗涤剂的竞争已日趋白热化，但是洗衣液产品的竞争并不激烈。主要竞争品牌有上海的扇牌超浓缩高级洗衣液、西安的开米涤王超浓缩多功能中性洗衣液、南京的鼓楼牌液体皂及芭蕾多功能液体皂、唐山的丽华王和广州的高富力快洁超浓缩洗衣液等几个品牌。其广告投放及促销攻势均未大规模铺开，且广告诉求并未形成强有力的个性，消费者对以上品牌的认知度和好感度都未有明显的倾向。因此，消费者对洗衣液的产品概念并不全面，品牌认知度不高，正是"当家"洗衣液切入市场的有利时机。

（2）各品牌同类产品推向市场的功能诉求点几乎都集中在以下几点：

① 含有高效助洗剂，去污力特强。

② 含有漂白成分，无需再加漂白剂。

③ 不用浸泡，省时省力。

④ 在冷水中发挥同样效能。

⑤ 适用于各种布料和衣物的洗涤。

⑥ 当今国际洗衣用品最新潮流。

2. 对策

（1）鉴于市场上其他品牌的洗衣液在其产品推广中主要着重于产品功能的介绍，并没有强调其特殊的科技含量，更没有进行一种科学概念上的关联与诉求，而从消费者的接受心态来说，科技含量高的产品更容易使消费者产生兴趣与信任。因此，突出"当家"产品因特别含有"SILO"高效助洗剂、去污力特强的个性特点，强调其领先国际科技水平的高科技含量，并在"SILO"与"当家"品牌之间建立一种相应的关联，才能在短期内有效建立起"当家"品牌实力雄厚、品质超群的个性形象。

（2）加强广告宣传和媒体投放的力度和广度，以期在尽可能短的时间内迅速抢占市场空当，创造国内洗衣液市场的第一品牌。

二、广告战略

（一）广告目标

（1）协助完成公司 12 936 万元的年总体销售目标。

（2）促成目标消费群体由使用洗衣粉到使用洗衣液的消费习惯的转变，达到引领消费时尚的目的。"当家"洗衣液市场推广的总体指导思想应以创造一种消费时尚为主，并由此开辟更广阔的市场空间，而不能仅仅徘徊在与洗衣粉瓜分市场这一档次。

（3）树立"当家"为国内浓缩洗衣液市场第一品牌的形象。第一品牌的含义包括：

① 江苏当家洗涤剂有限公司是我国第一家生产超浓洗衣液的企业。

② 江苏当家洗涤剂有限公司是我国生产超浓洗衣液规模和产量最大的企业。

③ "当家"超浓洗衣液目前在国内是质量最好的。

（二）广告定位

洗衣液目前在国内尚属高档日用消费品，广告宣传应侧重于突出产品超凡的功能品质、高科技含量、方便的使用性能和创造时尚消费的新潮流。

（1）市场定位：本期重点目标市场为北京、上海、广州、西安四大城市。

（2）商品定位：替代洗衣粉，更具优异性能的新一代高科技洗涤用品。

（3）广告定位：更方便、更高效、更适合现代生活消费习惯的新一代洗涤用品。

（三）广告对象

城市中有一定超前意识的家庭主妇、赶时潮的年轻人、单身贵族。

（四）广告阶段策略

全年共分为三个阶段：

（1）前期——以功能诉求为主，情感诉求为辅，重在突出产品与众不同的个性特点，迅速抢占市场空当，打开知名度，创立第一品牌的先导形象。

（2）中期——在继续进行产品功能诉求的基础上，加强情感诉求的力度，有效增强产品和企业对市民尤其是家庭消费者的亲和力，用观念引导和情感打动相结合的方式，进一步扩大市场的占有份额。

（3）后期——强化公司企业形象的宣传，通过展示公司实力推动产品的市场拓展。

三、广告策略

（一）广告诉求

因为同类洗衣液产品并未构成实质性的威胁，而该时期的广告重点在于首先给予目标消费群体灌输"当家"洗衣液产品无论在性能、品质还是使用方式上均优于洗衣粉及其他专用洗衣剂产品，代表着国际洗衣用品新潮流的产品概念。因此，我们认为，该时期的广告策略重在比较，采取与间接对手进行功能比较的方式，强力诉求"当家"作为新一代创潮流的洗涤用品与众不同的功能品质，重点突出"当家"独具优势的含有"SILO"高效助洗剂的科学配方，借助这一新名称的科学内质，创造一种高科技含量的产品概念。如果能通过广告的手段，在"当家"与"SILO"之间建立起一种同位的关系，"当家"作为一种新一代高科技产品的概念才能既快又牢固地在消费者头脑里建立起来。

在重点进行"SILO"产品概念的诉求的同时，对于其不用浸泡、内含增白剂、在冷水中能发挥同样效能等有异于一般洗衣粉的功能品质，在这一时期的广告诉求中将作为其个性买点进行强力诉求。

在进行功能诉求的时候，要坚持以功能带品牌的原则。只有功能，没有品牌，只是为他人作嫁衣。在具体诉求和告知的时候，要集中强调只有"当家"才具有独特的功能，只有"当家"才能满足这些功能，以此树立"当家"品牌在消费者心中的地位。

（二）广告语

（1）我们今天用"当家"！

（2）用"当家"，当好家。

（3）"当家"洗衣，省心爽意。

（4）"当家"，好舒心！

（5）"当家"做主，全家无忧！

（三）广告创意

1. 电视广告

（1）将基于以下三个创意点：

① "SILO"与"当家"产品概念的形象树立。

② "重击污垢，全面干净"的视觉冲击效果。

③ 产品的其他功能展现。

（2）创意构想。我们在这一时期拟推出的广告片分别为以下三条。

① 去污篇：主要诉求"SILO"功能。

② 浪潮篇：主要诉求"当家"品牌形象。

③ 当家篇：主要诉求"当家"品牌特征和功能。

2. 报纸广告

拟采用悬念广告的出街模式，推出"当家"产品的系列报纸广告，系列广告一共有八款，前三款为悬念，以吸引消费者的强烈关注、第四款点题，承上启下、后四款分别为功能强化，全面、细致而有重点、有特色地介绍"当家"产品的独特功能。一方面可以采取一个广告诉说一个功能的单兵突进、各个击破的战术；另一方面也可以将四个功能综合成一篇推出。在投放策略上有分有合，从而强化消费者对于产品的充分认知和全面了解，有力配合电视广告，形成全方位的广告攻势。

（1）悬念系列。

30年代用皂角洗衣服，我们今天用什么？

50年代用肥皂洗衣服，我们今天用什么？

70年代用洗衣粉洗衣服，我们今天用什么？

洗衣第三次浪潮由"当家"掀起——我们今天用"当家"

（2）比较系列。

一样的溶解，不一样的时间

一样的去污，不一样的力度

一样的洗衣，不一样的增白

一样的价格，不一样的效果

（3）功能篇。

"SILO"开道，重击污垢

3. 其他媒体

以电视和报纸广告的基调和内容为基础，进行创意和设计。

四、公关促销活动实施设想

（一）我也来当一回家（或当家一日）活动

（1）主题：我也来当一回家

（2）地址：北京、上海、广州、西安四大城市，每个城市选择十所学校。

（3）时间：今年夏季

（4）内容：在四大城市的不同区域各选择一所质量较好、知名度较高的小学，每个城市选择十所左右。

给学校每个孩子发一个制作精美的"当家"袋，袋内装有一张产品宣传单页，一个精美小卡片和两包"当家"洗衣液试用装。让孩子们回家帮妈妈当一回家，完成卡片上规定的家务活，帮妈妈洗衣、煮饭、扫地、擦桌子。卡片上所有评语由妈妈填写。孩子们根据当天感受写一封给妈妈的信，连同卡片一并上交学校参加统一评选，优秀作品将在当地电台少儿节目播出，并评出一、二、三等奖。一等奖 10 名，奖品价值 100 元；二等奖 50 名，奖品价值 50 元；三等奖 200 名，奖品价值 5 元。在活动前后，策划各大城市新闻报道，制造新闻热点。

（5）可行性分析：该活动可带动全体家庭成员参与，有针对性地在直接消费者群体里加强产品宣传促销，尤其在直接目标受众孩子们的妈妈心中树立良好产品形象，有助产品市场导入。同时，动用新闻、教育力量制造新闻热点，才有促销效果。

（二）众说纷纭话"当家"与优秀当家人评选活动

联合新闻单位及妇联、工会等社会组织，以电视论坛、报刊征文、街谈巷议等形式，调动全社会对"如何当好家"为主题的婚姻、家庭问题的公开讨论，制造热点。

（三）向工人派送产品

向易粘油污及其他污染工种的工人派送产品，同时策划新闻的追踪报道，造成社会的轰动效应。

五、广告媒介计划

（一）媒介组合

（1）主媒介：深入家庭的大众媒介，如有线电视、晚报、电视报、家庭杂志等。

（2）次媒介：①户外广告媒介，如灯箱、车体内外、候车亭等。户外视觉效果好，到达率高，价格相对低廉，主要突出产品品牌。②邮递广告、招贴、海报、说明书、声像影带等。

（二）媒介组合策略

（1）时间组合策略：户外媒体先行，大众媒体跟进，其他媒体配合。

（2）空间组合策略：中央电视台先行，地方媒体为主，全国性媒体跟进。

（三）媒介选择

（1）电视：选择目标市场省会城市的省、市有线电视台。

（2）报纸：选择目标市场的晚报、党报媒介。

（3）杂志：选择全国发行量超过 100 万份的《家庭》《女友》和《知音》。

（4）广播：选择目标市场城市的经济台、音乐台。

六、各阶段的媒介投放与费用预算

略。

资料来源：MBA智库.

第 三 节　营业推广策划

一、营业推广的作用

营业推广的作用是刺激消费者行动，实现快速销售，主要体现在以下几点。

（1）促进购买，扩大销售。

（2）新产品上市时抢占市场。

（3）打击竞争产品，提高市场占有率。

（4）处理过季商品，回笼资金。

二、营业推广分类

（一）按营业推广对象分类

▶ 1. 面向消费者

（1）赠送营业推广。向消费者赠送样品或试用品，赠送样品是介绍新产品最有效的方法，缺点是费用高。样品可以选择在商店或闹市区散发或在其他产品中附送，也可以公开广告赠送或入户派送。

（2）折价券。在购买某种商品时，持券可以免付一定金额的钱。折价券可以通过广告或直邮的方式发送。

（3）包装营业推广。以较优惠的价格提供组合包装和搭配包装的产品。

（4）抽奖营业推广。顾客购买一定的产品之后可获得抽奖券，凭券进行抽奖获得奖品或奖金，抽奖可以有多种形式。

（5）现场演示。企业派营业推广员在销售现场演示本企业的产品，向消费者介绍产品的特点、用途和使用方法等。

（6）联合推广。企业与零售商联合营业推广，将一些能显示企业优势和特征的产品在商场集中陈列，边展销边销售。

（7）参与营业推广。消费者参与各种营业推广活动，如技能竞赛、知识比赛等活动，能获取企业的奖励。

（8）会议营业推广。各类展销会、博览会、业务洽谈会期间的各种现场产品介绍、推广和销售活动。

▶ **2. 面向中间商**

（1）批发回扣。企业为争取批发商或零售商多购进自己的产品，在某一时期内给经销本企业产品的批发商或零售商加大回扣比例。

（2）推广津贴。企业为促使中间商购进企业产品并帮助企业推销产品，可以支付给中间商一定的推广津贴。

（3）销售竞赛。根据各个中间商销售本企业产品的业绩，分别给优胜者以不同的奖励，如现金、实物、免费旅游、度假等，以起到激励的作用。

（4）扶持零售商。生产商对零售商专柜的装潢予以资助，提供 POP 广告，可派遣厂方信息员或代培销售人员，以强化零售网络，促使销售额增加。生产商这样做的目的是提高中间商推销本企业产品的积极性和能力。

▶ **3. 面对内部员工**

内部员工主要指企业内部的销售人员，鼓励他们热情推销产品或处理某些老产品，或促使他们积极开拓新市场。一般可采用的方法有销售竞赛、免费提供人员培训、技术指导等形式。

（二）按营业推广策略分类

▶ **1. 无偿 SP——免费赠送**

无偿 SP 是指针对目标顾客不收取任何费用的一种促销手段，包括以下三种形式。

（1）无偿附赠，以"酬谢包装"为主。"酬谢包装"是指以标准包装为衡量基础，但给消费者提供更多价值的一种包装形式。

额外包装，即在包装内额外增加分量，无偿赠予。

包装内赠，即将赠品放入包装内无偿提供给消费者。

包装外赠，即将赠品捆绑或附着在包装上无偿提供给消费者。

功能包装，即包装具有双重以上使用价值，不但可以做包装物，还可另做他用。

（2）无偿试用——以"免费样品"为主。免费样品是指将产品直接提供给目标对象试用而不予取偿。

实施"免费样品"促销，最主要的问题在于如何将样品发送到目标顾客手中。

（3）免费抽奖——以"实体产品"为主。免费抽奖是受消费者欢迎的一种促销方式，但需要注意开奖规则的真实性和抽奖的公平性。抽奖促销由于消费者参与成本低、操作简单，往往参与人数多，但转化效果不好。

▶ **2. 惠赠 SP**

惠赠 SP 是指对目标顾客在购买产品时给予一种优惠待遇的促销手段。

（1）买赠，即购买获赠。只要顾客购买某一产品，即可获得一定数量的赠品。最常用的方式，如买一赠一、买五赠二、买一赠三等。

（2）换赠，即购买补偿获赠。只要顾客购买某一产品，并再略做一些补偿，即可再换取到其他产品，如花一点钱以旧换新、再加 1 元送××产品、再花 10 元钱买另一个等。

（3）退赠，即购买达标，返利获赠。只要顾客购买或购买到一定数量的时候，即可获得返利或赠品，包括消费者累计消费返利和经销商累计销售返利。例如，当购买量达到 1000 万元之时返利 5%，当购买到 10 个商品时赠 1 个商品，当消费三次以上时退还一次的价款等。

▶ **3. 折价 SP**

折价 SP 是指在目标顾客购买产品时，给予不同形式的价格折扣的促销手段。

（1）折价优惠券，通称优惠券，是一种古老而风行的促销方式。优惠券上一般印有产品的原价、折价比例、购买数量及有效时间，顾客可以凭券购买并获得实惠。

（2）折价优惠卡，是一种长期有效的优惠凭证。它一般有会员卡和消费卡两种形式，使发卡企业与目标顾客保持一种比较长久的消费关系。

（3）现价折扣，即在现行价格的基础上打折销售，这是一种最常见且行之有效的促销手段。它可以让顾客现场获得看得见的利益并心满意足，同时销售者也会获得满意的目标利润。因为现价折扣过程一般是讨价还价的过程，通过讨价还价，可以达到双方基本满意的目标。

（4）减价特卖，即在一定时间内对产品降低价格，以特别的价格来销售。减价特卖的一个特点就是阶段性，一旦促销目的完成，即恢复到原来的价格水平。减价特卖促销一般只在市场终端实行，但是，制造商一旦介入进来，就可能是一种长久的促销策略。减价特卖的形式通常有"包装减价标贴""货架减价标签"和"特卖通告"三种。

▶ **4. 竞赛 SP**

竞赛 SP 是指利用人们的好胜和好奇心理，通过举办趣味性和智力性竞赛，吸引目标顾客参与的一种促销手段。

（1）征集与有奖竞赛，即竞赛的发动者通过征集活动或有奖问答活动吸引消费者参与的一种促销方式。有奖竞赛是才华加参与并获得消费利益的活动，最终竞赛的获奖者必是在比赛中的佼佼者，如广告语征集、商标设计征集、作文竞赛、译名竞赛等。

（2）竞猜比赛，即竞赛的发动者通过举办对某一结局的竞猜以吸引顾客参与的一种促销方式，如猜谜、体育获胜竞猜、自然现象竞猜、揭谜竞猜等。

（3）优胜选拔比赛，即竞赛的发动者通过举办某一形式的比赛，吸引爱好者参与，最后选拔出优胜者的促销方式，如选美比赛、健美大赛、选星大赛、形象代言人选拔赛及饮酒大赛等。

（4）印花积点竞赛，即竞赛的发动者指定在某一时间内，目标顾客通过收集产品印花，在达到一定数量时可兑换赠品的促销方式。印花积点是一种古老而具影响力的促销术，只要顾客有一定量的凭证（即印花，如商标、标贴、瓶盖、印券、票证、包装物等），即可依印花量多少领取不同的赠品或奖赏。

竞赛 SP 的参与对象主要有三个，促销竞赛的发动者应根据需要选定目标顾客参与。

▶ **5. 活动 SP**

活动 SP 是指通过举办与产品销售有关的活动，来达到吸引顾客注意与参与的促销手段。

（1）商品展示会，即活动举办者通过参加展销会、订货会或自己召开产品演示会等方式来达到促销目的。这种方式每年可以定期举行，不但可以实现促销目的，还可以沟通网络、宣传产品。这种方式亦可以称为会议促销。

（2）抽奖与摸奖，即顾客在购买商品或消费时，对其给予若干次奖励机会的促销方式。可以说，抽奖与摸奖是消费加运气并获得利益的活动。这种促销活动的其他形式还有很多，如刮卡兑奖、摇号兑奖、拉环兑奖、包装内藏奖等。

（3）娱乐与游戏，即通过举办娱乐活动或游戏，以趣味性和娱乐性吸引顾客并达到促销的目的。娱乐与游戏促销需要组织者精心设计，不能使活动脱离促销主题。特别是当产品不便于直接做广告的情况下（如香烟），这种促销方式更能以迂为直、曲径通幽，如举办大型演唱会、赞助体育竞技比赛、举办寻宝探幽活动等。

三、推广专题活动策划

（一）买赠促销策划

▶ **1. 买赠促销的含义**

买赠促销是指商业企业向购买一定金额商品的消费者实施馈赠的促销活动。对于消费者而言，在购买自己需要的产品的同时，免费获得了其他商品，将获得极大的内心满足。

▶ **2. 选择设计有吸引力的赠品**

有吸引力的赠品是赠送活动成功的关键。赠品一定要新颖、独特、切合促销主题、富有吸引力。若所选赠品没有新鲜感，就不足以吸引消费者。显然，赠品的选择是一个非常有技巧性的问题。在选择赠品时，应该遵循一定的原则。

（1）应该依据目标消费群体选择赠品。不同的消费群体对于产品的需求是不同的，如果选择一种主消费群体完全不需要的产品作为赠品的话就会毫无意义，买赠促销对他们来讲也就没有吸引力了。例如，儿童食品袋子中附送的小玩具、小连环画会令小顾客喜不自禁，但若赠送一小袋奶粉则会令小顾客大失所望。

（2）赠品的选择要与促销主题、主推产品相关联。每次促销活动都有明确的促销主题，尤其是针对特定的节日举办的促销活动，更要注意赠品的选用，如母亲节赠送康乃馨、儿童节送欢乐卡等。这样做的好处主要是给消费者带来便利和增加其消费兴趣，增加赠品的吸引力。

（3）尽量挑选形象好、有名气的产品做赠品。一是赠品本身最好富有强烈的时代特色，属于时尚产品。二是选择与社会消费热点有关的产品。1994 年，德国汉堡公司成功地借助美国迪士尼公司推出的卡通片《狮子王》的社会影响推出玩具赠品，对购买价值 1.99 马克的"儿童总汇汉堡餐"者赠送塑胶狮子、土狼等玩具，结果深得小消费者的欢心，不到一个半月就送出 3 000 万个玩具。三是可以选择形象高、成本低的产品，如玉兰油选择有品牌知名度的依泰莲娜项链作为促销赠品，体现了赠品高形象、低成本的原则。

（4）赠品的品质要高，最好具有稀缺性。一是不论赠品的价值高低，一定要保证赠品的质量。即使是一张明信片，也必须保证其印刷精美、清晰，不能粗制滥造，因为赠品直接影响产品的信誉。二是最好选择一些在市场上不易买到的物品作为赠品。

▶ **3. 赠品成本的控制**

选择赠品时除了应考虑其吸引力，还需考虑其成本是否能为产品所负担。

一般来讲，举办一个赠品促销活动需考虑以下费用与事项：赠品本身的花费、赠品的包装、广告宣传的配合、通路展示的配合。

（1）赠品的价值不宜过高。

（2）企业在策划买赠促销时，不要忽略了赠品的隐性成本，如赠品的数量、赠品的包装、宣传与管理费用等。

▶ **4. 赠品的管理**

（1）好的赠品若包装不妥容易引起偷盗或被批发商、零售商占为己有，因此对赠品的包装、仓储与收发管理要求较高。附在产品包装上的赠品可能会造成货架陈列上的困难，而包装外的赠品由于和商品分开，零售商需增辟额外的地方陈列，会增加赠品管理上的麻烦。

（2）除了对赠品的收、发、使用等需做好库存记录外，如果采用将赠品与产品包装在一起的方法，也要确保包装的牢固，还有新的礼品装与老货在零售店的换货工作。

（3）在结账时，店员还必须分清促销商品，以免将赠品也一并收费，有时候还要提醒顾客某品牌附有赠品。

▶ **5. 活动的时间**

一般来讲，活动刚推出时，消费者会因新鲜而感兴趣，随着时间的推移，想得到赠品的顾客都已购买了，还留于市场上的赠品就很难再吸引消费者购买。因此，赠品活动不宜时间过长，一般为 8～12 周为宜。当然，也要视产品、通路状况及市场的不同，做相应调整。

经典案例

买电脑，送宽带

2004—2006 年，连续三年，吉林联通与联想公司达成合作协议，由两家公司合作推出"买电脑，送宽带"活动。凡是购买联想电脑，都可以免费安装宽带上网，并赠送一个月的网费。通过这种促销活动，联想电脑和联通公司的宽带销售业绩都有了大幅度的提高。从联想电脑的角度来讲，"安装宽带，赠送网费"作为一种赠品，对消费者很有吸引力；从联通公司的角度来讲，在消费者初次购买电脑之际安装联通宽带，这是绝好的促销时机。

（二）特价促销策划

特价促销是指在短期内的直接降价促销。由于特价促销对消费者具有特殊的吸引力和强烈的视觉冲击力，因此可以在短时间内有效刺激消费者的购买欲望，快速提升企业和产品的竞争力。特价促销简单易行，是企业最常用的一种方法。

虽然有不少业内人士认为特价促销是最简单、最有效、最易操作的促销方法，但是特价促销本身有其先天性的缺陷，若操作不当，将会给企业的利润、形象、品牌美誉度等带来巨大的损害。所以，在策划特价促销时，必须把握住以下几个关键点。

▶ 1. 特价产品的选择

特价产品是企业需要处理的产品和快速提升销量的产品。还有一种特价产品专门用于招揽顾客，作为招揽顾客的促销品适合选择适应面广、消耗量大、购买频率高的快速消费品，即大众用品，如洗衣粉、卫生纸等，商家又称其为"走量的产品"。

▶ 2. 特价幅度

策划特价促销时，要注意使特价幅度适中适当。若特价幅度太小，则对顾客没有吸引力，不能引起顾客的购买欲望，从而造成资源的白白浪费；若特价幅度太大，虽然能在短期之内提升销售额，但是会扰乱价格体系，大幅度降低企业利润。一般情况下，品牌知名度较低的产品，其特价幅度要大些；而知名品牌只需小幅度降价便会取得不错的促销效果。一个品牌大幅度降价的效果比几个品牌同时小幅度降价的效果要好得多。

▶ 3. 特价促销的时机和持续时间

正确的时机是特价促销活动取得成功的重要前提。策划人员应该先根据市场的热点及顾客的利益点找出一个恰当的时机，例如，新店开张庆祝、庆祝企业销售业绩突破10亿元大关等。一般来说，劳动节、国庆节、情人节等节假日、换季之时、竞争对手大幅度降价时都是特价促销的好时机。

对特价促销时间的有效控制是巩固、扩大促销战果的关键一环。根据有关的调查显示，特价促销的持续时间一般以15天之内为最佳。若持续时间太长，一则促销效果递减，二则顾客一旦习惯特价，将无法再恢复价格弹性；若持续时间过短，则达不到最佳的促销效果。

▶ 4. 特价促销信息的发布

策划特价促销时，一定要重点把握住特价促销信息的发布这一环节，因为只有针对目标消费群将促销信息发布到位才能让更多的人知道特价的信息。此时，广告的宣传，海报、横幅、特价标签、特价POP等的张贴，导购人员的推荐等都是向顾客传递特价信息的重要手段。这些都是需要策划人员认真考虑并精心准备的。

▶ 5. 特价促销策划的注意事项

（1）建立应急机制，备足货源，及时补货。策划特价促销之前，应预估销量、查清库存，并准备好充足的货源，以防止出现库存不足产品脱销的情况。

（2）要保证特价产品的品质和服务。一旦特价产品的质量或服务出现问题，那么企业面临的将是消费者的不断抱怨和投诉，甚至是品牌美誉度的彻底丧失。所以，在策划特价促销时，必须慎重地选择特价商品。

（3）要考虑竞争对手可能做出的反映，随时准备应战。一般情况下，一个品牌实行特价时，其他竞争品牌也会随之跟进做特价销售。若特价促销效果明显，会引起竞争对手更加猛烈地反击，甚至会导致恶性竞争。所以，企业在策划之初必须想好应对之策，力求避免卷入价格战的旋涡。

（4）要及时恢复产品的正常价格。特价的时间过长，消费者一旦习惯特价，将很难恢复正常的价格，企业将为此遭受重大的损失。因此，企业在策划时就应该率先想到此点，在促销活动结束后，及时将产品恢复到正常价位。

经典案例

"肯德基"优惠券

"肯德基"与老竞争对手"麦当劳"的优惠券之争由来已久。这些优惠券以套餐优惠、折价优惠、学生优惠等折价方式，通过上门免费派送和消费赠送的途径，派送到消费者手中。虽然这些优惠券都标明有效日期，但新一轮的优惠券很快就产生，同时优惠内容组合也有新的变化。作为一种促销手段"肯德基"似乎打破了"产品促销期不宜太长"的促销原则，事实上这种长期促销手段已经成为一种变相的降价销售手段。他们的目标并不是促销后能提高多少销量，而是在长期促销价下能产生的销量。

（三）抽奖活动策划

▶ 1. 抽奖活动的含义

企业为鼓励购买或扩大宣传活动，常会举办抽奖活动，以奖品来吸引消费大众的注意力。企业的抽奖活动促销手段，通常是设定一个参与者的资格办法（常是购买商品的限制条件），再提供有吸引力的奖品（如送汽车、洋房、招待国外旅行等），用事先言明的抽奖方式抽出中奖名单。

▶ 2. 抽奖活动的规划

企业要成功举办抽奖活动，必须对影响该活动的因素进行详细的规划，其要点有以下几个方面。

（1）参加资格。企业通常会设置参加者资格，符合此条件即可参加本活动。例如，某汽车厂商可限制参加者条件为拥有驾照的人；香烟厂商则可限定年满20岁才可参加。除了"参加资格"的基本条件，厂商也许会另外设定"购买要求"条件。例如，厂商为鼓励消费扩大消费量，特别规定"一次购买一整箱"才具备参加抽奖资格，或是"寄回产品包装袋"才能参加抽奖活动。

各地区均有不同的促销法规，厂商必须了解并加以尊重，以免届时惹麻烦。此外，为了避免徇私的嫌疑，厂商常严格规定公司员工及广告公司或促销公司的员工均不得参与抽奖活动。

（2）活动形式。抽奖活动的方式五花八门，应以吸引消费者参加，且有利于厂商操作为原则。

① 直接式抽奖，是指消费者凭有效购物票即可抽奖。

② 填卡抽奖，是指只要填妥姓名、地址的资料卡，寄至某地址，便可参加抽奖（应详述附寄购物凭证、产品标签纸、产品盒盖等条件）。

③ 产品包装内含有"抽奖单"，可凭此兑奖。

④ 幸运对号抽奖，是指消费者将手中的抽奖卡与厂商公布的中奖号码核对，如果相同即表示中奖，然后详填姓名、地址，连同抽奖卡一并挂号邮寄至某信箱，即可获奖。

⑤ 机遇式抽奖，是指采用一种更快速的兑奖式抽奖方式——"刮刮乐"卡片。参加者获得此卡片后，可简单地刮去上面的涂料，再将卡片上显示的数字或标志与厂商事先选妥的数字或标志比对，如若符合，即可中奖。

⑥ 凭厂商售货后所开立的发票，核对发票号码后三位，与开出奖项号码相符者，即可对号领取奖品。

⑦ 反映产品意见的抽奖活动，是指在指定的参加表格内详填姓名、地址，并以规定字数完成"我最喜欢甲商品原因是……"连同商品盒盖一起邮寄至××地址即可。

（3）奖品的规划。奖品及奖品组合的情况是竞赛或抽奖活动成败的关键。首先，奖品要有吸引力，很多抽奖活动失败的原因是奖品诱惑力不足；其次，奖品应当是一个组合。通常奖品组合均采用金字塔形，即一个高价值的大奖，接着是数个中价位的奖品，以及数量庞大的低单价小奖或纪念品。

（4）参加次数。要明示消费者可参加的次数，例如：

① 每人仅限一次，或每次购物仅能抽奖一次，或每件商品限1次抽奖。

② 不限次数，随兴参加。未抽中者可连续参加抽奖，直到结束活动。

（5）抽奖的可信度。为提高可信度，应采用令人信服的抽奖方式进行抽奖。抽奖现场宜有公证人员（律师、会计师）、消费者代表、官方人物、记者等在场监督，以避免因为"内部操作"而遭人疑忌。

（6）时间限定。不论任何抽奖活动，均应特别标明截止日期、收件地址，而对于邮寄参加者，其截止日期应以邮戳为凭。抽奖日期或评选结果日，以及中奖名单的公告与宣传日，亦应详细注明。

经典案例

李医生的化妆品抽奖促销方案

一、形式

答卷后抽奖。

二、目的

(1) 可以收集更多消费者资料，建立信息库，便于日后公关，巩固消费者忠诚度。

(2) 了解更多产品反馈信息，便于改进产品结构和加强产品质量，更好地满足消费者需求。

三、实施

(1) 时间：全年

(1) 地点：李医生官方网站

(3) 执行方式：消费者登录李医生官方网站，进行个人资料、购买李医生产品经历、感受等相关信息的填写。每月抽出 10 名幸运消费者，邮寄赠送价值 38 元的李医生产品套装。

(4) 人员：网络管理人员、公证处公证人员、负责与中奖消费者联系和产品邮寄的人员。

四、步骤

(1) 网络资源设置。

(2) 赠送奖品的确定：冬季(1月、2月、12月)赠送李医生补水面膜套装，主题"滋润一冬"；春季(3—5月)赠送李医生眼影套装，主题"缤纷春公主"；夏季(6—8月)赠送防晒套装，主题"阳光丽人"；秋季(9—11月)水果水分美白套装，主题"果然漂亮"。

(3) 广告宣传，可在各类广告中加入此抽奖信息，还要在包装上宣传此活动。

(4) 消费者上网填写资料。

(5) 工作人员以标准抽奖的形式进行随机抽奖，每月月初抽出中奖者，并由公证人员进行公证。

(6) 工作人员与中奖消费者进行联络，确认收货地址。

(7) 工作人员寄送奖品。

(8) 奖品收到的反馈。

(9) 将收集到的消费者信息整理和总结(定期)。

五、费用预算及效果评估(略)

资料来源：第一营销网·李医生的化妆品国庆促销方案.

(四) 节日促销策划

节假日是消费者集中消费的时间，因此也是企业开展推广活动的好时机。中国除了传统的劳动节、国庆节、中秋节、元旦、春节等节日外，还有近些年日益流行的圣诞节、情人节等新兴节日，这些都成为众多商家利用各种促销高招抢占市场份额的精彩时段。

节假日消费除了具有假日消费的特点外，还有节日消费的特点。消费者既有休闲消费的需求，又有节日庆贺的心理需要。不同于平常的售卖形式，企业通过在大卖场开展节假日推广活动，营造合适的促销氛围，会使消费者扩大购买欲望，增加产品的销售。

企业如何在节日期间创造销售业绩的高峰？如何通过促销来扩大市场份额，提高品牌的美誉度？如何在产品高度同质化的市场中显示出独特的促销主张？应从以下几个方面进行节日促销的策划。

▶ 1. 明确目标

首先是主题鲜明，明确目标是新产品上市、品牌形象宣传还是提升销量，不要简单地搞成甩卖、折价的促销误区。另外也需要了解竞争对手的动态，特别是在几个大的节假日竞争对手最新的促销意图以及促销形式，例如新品引进、折扣情况、赠品派发等。

▶ 2. 确定策略

（1）促销主题创新。富有新意的促销主题是做好节日促销的灵魂。策划人员应精心设计节日促销的主题，多一些创意，少一些雷同。例如，在"三八妇女节"来临之际，必胜客餐厅掀起了一场主题为"编织下午茶"的女性活动。必胜客餐厅希望通过这种方式，让更多的白领女性在快节奏的都市生活中放松心情、回归传统，品味精彩人生。这一主题就极富创造性。

（2）精心设计，烘托节假日氛围。节假日是休闲的日子、欢乐的日子，策划人员应捕捉人们的节假日消费心理，寓动于乐，寓销于乐，制造热点，把顾客吸引到自己的柜台前，营造现场气氛，实现节假日销售目的。

（3）借助文化，充实促销内涵。节日促销策划与文化相结合，将"节日促销"上升到文化的高度。几乎所有的企业在搞节日促销时，都大打"送礼牌""促销牌"，虽然此类促销方式在短期内能够提高销售量，但也只是停留在产品诉求的表面。现在，随着人们收入水平的提高，消费者的消费观念已经从讲究实惠逐渐上升到讲究品位，应当将节日的文化背景与企业的经营理念相结合，开展有针对性的节日文化型促销。

一是充分挖掘和利用节假日的文化内涵，赋予产品有针对性的文化诉求，更能带来良好的促销效果；二是将节日文化与企业文化、理念相结合，在给消费者艺术享受的同时，树立良好的企业形象。

（4）互动参与，增强品牌亲和力。生活水平的提高使消费者的需求开始从大众消费逐渐向个性消费转变，个性服务和体验营销成为新的需求热点，商家要把握好这一趋势，设计出消费者喜欢、乐于参与的促销活动，提高消费者的品牌认同感。

（5）多种促销手段联合使用。策划节日促销时，要多种促销手段联合进行，营造节日的促销气氛。策划人员要把广告、人员推销、营业推广、公共关系等促销手段进行有效的组合，以最大限度吸引消费者的眼球。作为促销活动的重要环节，促销信息应在第一时间传递给顾客，及时有效的信息传播也是促销策划成功的关键。

▶ 3. 节日促销存在的问题

由于节日促销的频率过高，致使活动方案设计过于雷同，促销活动缺乏新意。而且众多厂家促销活动互相攀比，导致促销费用投入也比平时大许多，使得促销活动效果不佳。企业要想摆脱节日促销的尴尬局面，需要从节日促销存在的问题进行分析研究，寻找破解问题的对策。

通常情况下，节日促销存在以下四大问题。

（1）促销策划没有以市场调查为基础，设计的活动方案对节日市场缺乏理性的思考和系统的规划，未能结合节日市场的特点进行促销组合，具有很强的盲目性。

（2）节日促销理念不清，活动主题缺乏特色。商家在搞节日促销时，过分关注商品的销售，在宣传方面准备不足，广告、海报、条幅等张贴不规范，商场购物环境不佳，而且忽视了对商家和厂家的宣传；节日促销的主题千篇一律，吸引力不强，缺乏新意，没有特色，消费者出现"审美"疲劳。

（3）节日促销的方式陈旧老套，促销手段司空见惯，毫无创意。企业进行节日促销的方式通常是免费使用、有奖销售、折价、凭证优惠、凭证退费、会员制、礼品赠送等，这类活动，消费者已经见怪不怪，对消费者的刺激力度已经大大减弱。

（4）节日促销人员的促销水平低，缺乏亲和力。企业往往为了节省成本或者因策划考虑不周全而忽视了对节日促销人员的培训，使得促销人员的促销技巧不足、水平较低，导致促销人员对顾客的消费心理把握不准确，不能与消费者进行良好的沟通。此外，促销人员因为不了解活动的意义和重要性，不能持续保持饱满的工作热情，影响促销活动的效果。

经典案例

"玫瑰心情"——把爱人带回家

2月14日情人节，昆明某图书城在书城入口附近显著位置摆放一个由竹子和花泥制成的大型"双心结"。凡是在2月14日当天进书店购书的顾客都可以获得一个为爱情许愿和祝福的机会，即每人获得一支红玫瑰（代表"一生一世"）和一张标签（代表"一生承诺"）。顾客可以在标签上写出对自己、对他人爱情的愿望和祝福，然后系在玫瑰花上一同插在"双心结"上，以此来表达对完美爱情的祈盼和祝愿。凡参与的顾客就有机会参加心动礼品抽奖活动（全天不定时抽取10次，每次5位），礼品为专为情人节定制的巧克力。同时，"双心结"在书城展览一个星期，期间顾客可以拍照留念。

经典案例

蒙牛的广告策略

1. 创业初始，甘做第二

蒙牛创立时，在呼和浩特市买下500多块户外广告牌，打出了"蒙牛乳业，创内蒙古乳业第二品牌""向伊利学习，为民族工业争气，争创内蒙古乳业第二品牌"的广告。

这样的广告给蒙牛带来了实际利益：其一，成立之初，蒙牛和伊利的关系很不愉快，这样的广告能够降低伊利的敌意，变被动为主动；其二，创立时，启动资金少，利用伊利的名声来宣传自己，既节省成本，又可以在很短的时间里让消费者记住自己。

2. 广告媒体投放：相信品牌的力量

央视代表什么？蒙牛集团副总裁孙先红认为："央视代表着收视率加观众的信任。"蒙牛产品1999年4月问世，5月初便与中央电视台签订了第一份广告合同。创始初期，央视广告费占到整个广告费的70%~80%。正因为有央视广告的带动，使得蒙牛最初在消费者心智资源中确立了高端定位：蒙牛是全国名牌。

自1999年开始，每年蒙牛都将大部分广告费用投入央视，它是央视招标的常客，也是央视的大客户之一。强势品牌一定要与强势媒体结合在一起，蒙牛搭乘央视，走上快速发展的轨道，使其真正成为中国人的蒙牛，而不仅仅是一个地域性的品牌。

3. 优先策略

蒙牛首先提出"来自大草原的牛奶"的概念，并以此优先策略走进全国市场，广告语"请到我们草原来""来自大草原的牛奶"。

从草原走出来，就致力于保护草原。此后，蒙牛多次在央视播放保护环境、关注草原的公益广告，既体现企业的公益心和责任感，也体现蒙牛对奶源的重视。

4. 蒙牛的牛奶强国梦

从"神五""神六"到雅典奥运、北京奥运，再到非典……蒙牛惯用事件进行自我营销，配合新闻手法的广告片，借助新闻事件有意识、有目地树立品牌形象。重要的是，蒙牛放低姿态，在每次事件的宣传中都表现出大气的品牌形象，坚持"事件为先，营销在后"。广告语"一杯牛奶强壮一个民族""每天一斤奶，强壮中国人"，塑造为国为民的民族品牌形象。

2003年，"神舟五号"前脚刚刚着陆，蒙牛广告后脚落地，迅速占领北京、上海、广州等核心城市的路牌广告。蒙牛航天人形象席卷万家超市，数十家电视台播出30秒长幅广告，数百家报纸自发报道，若干座大楼还包上了庆祝红绸。

这些广告语，一方面，给蒙牛注入了民族个性，爱国、公益和责任感；另一方面，又向消费者传达了"蒙牛，中国航天员专用牛奶"的品牌信息，用等同于航空食品的严格标准来证明蒙牛产品的健康和营养，从而有力地推动终端销售。

5. 蒙牛的北京奥运"中国，牛！"

2008年北京奥运会，蒙牛仍然大打"事件营销"牌，但是，并没有直接提出蒙牛是北京奥运会的"运动员特选产品"，而是将蒙牛的"牛"巧妙地融入口号之中，并且在广告片中反复穿插蒙牛标志，自然而不惹消费者讨厌。将品牌注入了爱国、公益和责任感，表示出大气的品牌形象。

口号：中国，牛！

6. 蒙牛的酸酸乳

最初的酸酸乳不光是蒙牛的，它还是超女的。广告歌、广告语——"酸酸甜甜就是我"，广告代言人张含韵，一时间借助湖南卫视"超级女声"，红遍全国。

之后的酸酸乳不光有超女，广告词——"酸酸甜甜我做主"，还有SHE、飞轮海两大人气组合的广告代言，实现了蒙牛酸酸乳在"后超女时代"的华丽转身。

蒙牛一直致力于塑造民族品牌，创造中国人对牛奶的蒙牛印象。也许，这就是一个大品牌成功的关键，从一开始就定位于大品牌，做大品牌该做的事，承担大品牌应尽的责任。

思考：

1. 蒙牛的广告有什么特点？

2. 蒙牛通过广告塑造了什么形象？

思考题

1. 企业促销工具有几种？各种促销工具的作用是什么？

2. 简述促销策划的流程。

3. 广告定位与广告主题有什么关系？

4. 广告创意在广告作品中的作用是什么？

5. 互联网广告的发布渠道有哪些？

6. 企业常用的营业推广工具有哪些？

第十一章
公共关系策划

第 一 节　公共关系策划概述

公共关系是指某一组织为改善与社会公众的关系，促进公众对组织的认识、理解及支持，达到树立良好组织形象、促进商品销售目的等的一系列公共活动。

一、公共关系的职能

从公共关系主体方面分析，公共关系所涵盖和发挥的职能可分为以下几个方面。

（一）收集信息，检测环境

社会组织要运行得当，就必须准确地了解自己、了解自己运行的现实环境，尤其是现实环境中的公众。而通过公共关系获取大量信息，是了解自己与环境及其关系的最有效手段。组织的环境信息主要包括政府的法规信息及决策信息、公众需求信息、公众对产品形象评价的信息、公众对组织形象评价的信息，以及其他社会信息，这些信息起到了组织"环境监测器"的作用。

（二）输出信息，提升形象

现代社会中，尽管社会组织的目标各不相同，但在目标的实现过程中有一点是相同的，就是要公众了解自己。公众越了解自己，目标就越容易实现，而要公众了解自己的最好途径就是输出信息，提高组织的知名度和美誉度。组织要想发展壮大，首要的工作是要保证产品或劳务的质量，另外也要搞好宣传工作，即使公众认可组织的产品或劳务。外部公共关系是塑造组织形象的重要环节，名牌战略及名牌效应、名流关系及名流效应就是最好的验证。

（三）协调关系，增进合作

公共关系是"内求团结，外求发展"的一门艺术，协调关系是公共关系最直接的职能之一。协调就是"协"和"调"的统一。协，是协商，即遇事不能自己一方说了算，要双方坐下来协商讨论，取得利益的一致；调，是调和，即坚持互利互惠的原则，求得双方利益的统一。

协调关系网络一般包括以下两个方面。

▶ 1. 组织内部的协调沟通

对组织内部的协调主要可以从两个方面着手：第一，建立沟通渠道，促进组织内部的信息交流；第二，建设组织文化，培养员工共同的价值观和道德取向，培养协作意识，增强员工对组织的向心力和凝聚力。

▶ 2. 组织与外部的协调沟通

对组织外部关系的协调工作也可以从两个方面着手：第一，与社会公众建立广泛的联系，增进组织和公众之间的相互了解，使组织与公众建立起真诚、有效的密切合作关系；第二，运用公共关系的各种沟通协调手段广交朋友、广结人缘、消除敌意，创造一个"人和"的环境。

（四）沟通引导，联络感情

沟通是公共关系的基础，任何公共关系的建立、维护与发展都依赖于主客体的交往沟通。只有交往，才能实现信息沟通，从而使企业与公众达到相互协调、相互理解，产生共鸣，增强亲和力、向心力。引导功能是指通过广泛、细致、耐心的劝服性教育和优惠性服务、赞助性服务，来诱导公众对企业产生好感。

（五）咨询建议，参与决策

社会组织的运行是在决策的指导下进行的，决策的可行与否及可行度的大小，均取决于决策者的选择，而选择的依据则在于对信息量的掌握程度。公关部是公众向组织反馈信息的中间环节，收集到的信息都是来自社会各方面的与组织有关的真实信息，它将信息有选择、有分析地传递给组织的决策者，为决策者的选择提供服务。

（六）危机管理，处理突发事件

组织所处的环境可分为已知和未知两部分，而未知部分又必然会带来组织运营、发展中的某种不确定性。当这种不确定性在短时间内变为现实时，就会发生种种管理人员未曾预料到的事件，即所谓"突发事件"。由于这类事件具有突然性、变化快、影响大、处理难度大、余波长等特点，因此，组织的管理者时刻要有危机管理意识。公共关系在危机管理中的作用体现在：事先预报，避免发生；提前准备，减少损失；紧急关头，稳定人心；做好善后，挽回损失。

二、公共关系活动策划

（一）公共关系活动的类型

公共关系的功能是指公共关系在组织运行中所发挥的实际作用。根据公共关系功能的不同，公共关系活动模式主要有四种：交际性公共关系、宣传性公共关系、服务性公共关系、社会性公共关系。

▶ **1. 交际性公共关系**

交际性公共关系活动模式是一种运用各种交际方法和沟通艺术开展公共关系工作的模式，它是公共关系活动中应用得最多的、极为有效的公共关系活动模式。交际性公共关系通过人与人的直接接触，进行感情上的联络，为组织广结良缘，建立广泛的社会关系网络，形成有利于组织发展的人际环境。

交际性公共关系的活动方式包括团体交际和个人交往活动。团体交际包括各式各样的招待会、座谈会、工作餐会、宴会、茶会、谈判、慰问、舞会等；个人交往活动有交谈、拜访、祝贺、电话、个人署名、信件往来等。

经典案例

IBM 公司的金杯庆典会

美国 IBM 公司每年都要举行一次规模隆重的庆功会，称为"金杯庆典会"，以表彰那些在一年工作中做出突出贡献的企业员工。在被邀请参加庆典的人中，不仅有股东代表、工人代表，还有那些做出特殊贡献的企业员工的家属和亲友。在庆典中，IBM 公司的最高层管理人员始终在场，并主持盛大、庄重的颁奖酒宴，然后放映由公司自己制作的、反映有突出贡献的员工及其家庭生活情况，乃至业余爱好的影片。整个庆典活动自始至终都被录制成电影片，然后到公司的每一个单位去放映，在内部广为宣传。IBM 公司的这些公共关系宣传活动取得了显著效果，一方面表彰了有贡献的人员，大大激发了员工的工作热情；另一方面与企业员工联络感情，增强了企业的向心力和凝聚力，从而保证了企业在竞争中立于不败之地。

分析：IBM 公司的庆典会如何达到交际性公共关系活动的效果。

▶ **2. 宣传性公共关系**

宣传性公共关系是指组织利用大众传播媒介和内部沟通方法，开展宣传工作，树立良好的组织形象的公共关系活动模式，其目的是利用各种传播媒介和交流方式进行内外交流，让各类公众充分了解组织、支持组织，形成有力的社会舆论，使组织获得更多的支持者与合作者，达到促进组织发展的目的。

根据宣传对象的不同，宣传性公共关系的活动方式可分为内部宣传和外部宣传两类。

(1) 内部宣传。内部宣传的对象是内部公众，如员工、股东等。宣传的目的是让内部公众及时、准确地了解与组织有关的各方面的信息，如组织的现行方针和决策、组织各部门的工作情况、组织的发展成就或困难和挫折、组织正在采取的行动和措施、外界公众对组织的评价，以及外部社会环境的变化对组织的影响等，以便鼓舞士气，取得内部理解和支持。常用的宣传媒介有企业报纸、职工手册、黑板报、照片、宣传窗、闭路电路、电影、座谈会、演讲会、讨论会等形式。对于企业内部的特殊公众——股东，采用年终总结报告、季度报告、股东刊物、股东通信、财务状况通告等形式进行宣传。

(2) 外部宣传。外部宣传的对象包括与组织有关的一切外部公众，宣传的目的是让公众迅速获得对本组织有利的信息，形成良好舆论。外部宣传常用的方式有刊登广告、新产品展示会、举办记者招待会、经验或技术交流会、对外开放参观、各种典礼和仪式、制作公共关系刊物和各种视听材料等。

▶ 3. 服务性公共关系

服务性公共关系是一种以向社会公众提供优惠、优质、特色服务为主的公共关系活动，其目的是以实际行动来获得社会公众的好评，以自己的优质服务树立良好的组织形象。

服务性公共关系的活动方式包括各种消费教育、消费培训、消费指导、售后服务、免费保用保修、接待顾客和访问用户、为公众提供优惠服务，以及其他各种完善的服务措施等。

▶ 4. 社会性公共关系

社会性公共关系是社会组织利用举办各种社会性、公益性、赞助性活动塑造组织形象的公关模式，其目的是通过积极的社会活动，扩大组织的社会影响，提高其社会声誉，赢得公众的支持。这种公共关系模式往往不会在近期给组织带来直接的经济效益，但从长远来看，却为组织树立了较完备的社会形象，为组织创造了一个良好的发展环境。

社会性公共关系活动模式有以下三种。

(1) 以组织本身为中心而开展的公共关系活动。例如，利用公司的开业剪彩、周年纪念的机会，邀请各界宾客，渲染喜庆气氛，借此播下友谊的种子。

(2) 以赞助社会福利事业为中心开展的公共关系活动。例如，支持社区福利事业、慈善事业，赞助教育组织、残疾人组织，赞助公共服务设施的建设，参与国家、社区的重大活动等，以此在公众心目中树立本组织注重社会责任的形象，提高组织的美誉度。

(3) 资助大众传播媒介举办的各种活动。例如，冠以组织名称或产品名称的"××杯"智力竞赛、唱歌比赛、影星评选等，既活跃了社会文化生活，又提高组织的知名度，宣传了组织形象。

经典案例

联合利华的社会性公共关系

联合利华公司曾借助举办社会性公共关系赢得人们的好感。由联合利华奥妙品牌与江苏省妇联、浙江省妇联、上海市妇联、上海东方电视台联合主办，上海视点公共关系有限公司承办的"寻找新生活的奥妙——2000 奥妙贤内助"评选活动在苏、浙、沪三地举行。面向奥妙品牌的主要目标公众，取得三地妇联组织的支持，让原本构成奥妙洗衣粉消费者的一批"贤内助"成为这一活动的主角，登台亮相，展示风采，促使社会公众重新思考家庭伦理道德问题，倡导一种既有现代特色又有中国传统的新型伦理观念。而作为出资举办这一活动的联合利华奥妙品牌，也更显其亲和力，更加深入人心。

分析：联合利华公司如何通过社会性公共关系赢得人们的好感。

（二）公共关系活动策划的内容

公共关系目标的实现必须依靠组织开展多方面的公共关系活动，而高水平的公共关系策划是确保每一项公共关系活动取得预期效果的关键。公共关系策划是科学性和创造性的完美统一，它具体表现为一个系统、有序、动态的思维谋划过程。

公共关系活动策划的基本要素如下。

（1）收集信息。围绕所需解决的问题收集尽可能全面的信息，信息是策划公共关系活动方案的重要依据。

（2）确定目标和对象。确定此次公共关系活动的目的是什么？公共关系活动要达到的怎样的传播目标？公共关系活动的目标可以简单地归纳为知名度、美誉度、忠诚度等。

确定对象就是要准确界定公共关系活动所针对的公众的种类、范围，这是确定公共关系活动的具体形式、经费预算、传播策略及实施技巧等的重要基础。

（3）设计主题。主题是公共关系活动的"灵魂"，一项公共关系活动策划质量的高低、价值的大小，主要取决于主题是否新颖、独特和深刻。主题是公共关系活动的"立意"，它并不等同于公共关系活动的目标，它是为实现和表现公共关系目标服务的。设计主题必须做到：主题与目标一致，充分表现目标；表述独特新颖，有号召力；要适应公众的需求，有激情，有亲切感；简明扼要，易于记忆。

（4）时空选择。对开展公共关系活动的时间和空间的选定，以及对时机的捕捉、把握要准确、及时。时机策划应注意避开或巧妙利用某些重大节日或事件。如果公共关系活动的主题与这些节日或事件有着某种联系，则可"借机"烘托气氛，增加活动的效果；反之，一般都应尽量避开，以免由于公众注意力不够而使活动效果减弱。公共关系活动对于空间的选择应注意大小、位置、环境、条件等因素。

（5）确定活动方式。一定主题的公共关系活动总是要借助一定的活动形式来表现。选择适宜的公共关系活动形式，对于实现公共关系目标和达到预期的活动效果具有重要的影响作用。策划人员应开动脑筋、集思广益、不拘一格，设计形式灵活、令人难忘的活动。

（6）选择媒介。进行一次卓有成效的公共关系策划，要想达到预期的传播效果，还要进行媒体传播。公共关系策划者必须熟知各种媒介的优缺点，在此基础上，再根据一定的原则方法来选用并组合各种媒介，以便立体地、多方位地传播组织的信息，使公共关系策划取得最佳的效果。

（7）工作步骤。在公共关系活动策划的过程中，对活动开展、实施的具体步骤应有所策划。一般来说，一个完整的公共关系活动包括准备、实施、善后三个步骤。每个步骤要做的一系列工作事先都应考虑到，包括活动内容、人员分工、场地与物料、新闻传播等。

（8）经费预算。公关大师罗伯特·罗雷指出："公共关系活动的失败往往归于以下原因：第一，由于没有足够的经费，难以为继，关键时刻不得不下马；第二，因经费不足，只得削足适履，大幅度修改原计划；第三，活动耗资过大，得不偿失。"因此，策划公共关系活动时，经费预算必须精打细算。公共关系活动的经费开支主要包括四个方面：日常行政经费、器材设施费、劳务报酬费和具体活动项目开支经费。

（三）公共关系活动策划书

公共关系活动策划书的基本格式包括以下几项内容。

（1）封面。一般包括：①题目，必须具体清楚，一目了然。②策划者名称，系组织或群体完成，署组织或群体名称；系个人策划完成，则署个人姓名。③策划书完成日期，写明年、月、日。④编号。⑤如需要，可加内容提要，还应在题目下括号注明"草稿""修订稿"等字样。

（2）序文。如方案内容较多、较复杂，应以简洁的文字作为一个引导。

（3）目录。目录是标题的细化和明确化，要做到让读者通过看标题和目录，便知道整个方案的概貌。

（4）正文。正文是对策划的基本要素的文字表述，其主要内容有活动背景分析，活动主题，活动目标与宗旨，活动形式及活动时间、地点、人员安排等，活动中传播与沟通的方案，经费预算，效果预测、评估。

正文的写作各要素应考虑周全，以说明性文字为主，体现指导性、操作性。

（5）附件。不能在正文中详述的文字、图表，又是开展公共关系活动必须具备的内容，都应作为附件附在策划书的后面，以备指导公共关系活动的开展。

经典案例

鸿基五金建材市场已预购业主答谢酒会策划书

一、活动原因

六月下旬，项目开工已经进行一个月左右，项目销售进入关键时期。由于此项目的主要客户群为五金建材销售商，具有很强的专业性，而已预购业主周围存在大量熟识的同行业用户，具有极大的再挖掘潜力，故此次活动对于深入挖掘预购业主身边潜在客户资源具有积极、有效的促进作用。

二、活动目的

扩大鸿基五金建材市场的社会影响,树立鸿基五金建材市场的品牌形象,坚定投资业主的置业信心,从而发掘其隐含客户资源,还能给业主以亲切感,进一步增强本公司在业主心中的信誉。

三、活动安排

时间:初步拟订于 2002 年 4 月上旬双休日,上午 11:00～14:00。

地点:西城宾馆宴客厅或同档次酒店宴客厅。

参加人员:

(1) 特邀东营经济园区管委会主任等相关人士、已预购业主。

(2) 新闻媒体记者。

(3) 聘请专业主持人或者由鸿基置业公司副总主持宴会。

四、活动主要内容

(1) 相关单位领导讲话(1 人)。

(2) 开发区管委会主任讲话(1 人)。

(3) 鸿基置业公司负责人致答谢辞(2 人)。

(4) 业主代表发言。

(5) 宴会开始,总经理与市领导及管委会领导进行交流。

(6) 给业主发放相关表格,调查购买原因、项目优缺点、对我们的希望等内容。

(7) 企业大亨面对面(项目负责人进行礼节性敬酒交流活动)。

五、组织工作内容

(1) 利用媒体做宣传报道,积极与各大报纸、网站、电台联系,搞公共关系活动,在活动期间做有关的专题报道。如需要,也可组织人手撰写相关的宣传稿件。

(2) 订购活动纪念品,价值为百元左右,答谢业主,用统一企业形象包装袋包装,增强企业品牌效应。

(3) 请柬制作与分发。请柬的设计与制作应于答谢宴会 15 日前完成,要求有统一的企业形象标识(按企业 VI 形象策划书做)。

(4) 签到处设置安排与签到册的准备。

收集业务人员及客户档案管理部门手中所有已预购业主资料,于三月中旬以电话方式联系业主,然后由业务人员将请柬送至业主手中,并做好相应记录。此项工作应在宴会召开 10 日前完成。

六、费用预算

(1) 餐费(预计人数 50 人左右):2 500 元左右。

(2) 广告媒体及请柬制作费用:2 500 元左右。

(3) 纪念品费用:5 000 元。

(4) 宣传费用:10 000 元。

（5）其他费用1 000元。

共计：21 000元。

第二节 公共关系专题活动策划

公共关系专题活动是以某个公共关系主题为有效传播目的，有计划、有步骤地组织目标公众参与的集体活动。公共关系专题活动是综合运用公共关系理论知识和公共关系操作技术的专项公共关系实务。一个社会组织要实现预定的公共关系目标，常常要筹划多种多样的专题活动，以配合整体公共关系策略的实施。有计划、有步骤地策划、开展公共关系专题活动，是公共关系人员必须具备的一项基本素质。

一、新闻发布会

（一）新闻发布会的含义

新闻发布会是公共关系新闻传播的一种重要方式，并且是一种二级传播模式。首先通过新闻发布会，以人际沟通和公众传播的方式，将消息告知记者，然后由记者以大众传播的方式将消息告知社会公众。新闻发布会的主要目的是通过对新闻事件的报道和炒作，扩大品牌知名度，塑造企业的良好形象。

组织围绕所要发布的新闻，配合相关的其他活动，既可以营造会议气氛，加强宣传，又可以强化企业同新闻界的关系，增进相互了解，收到更好的效果。例如，会前举办同所发布新闻相关的图片展览或实物展览，会后组织记者们参观、举办小型宴请或联谊活动等。

（二）新闻发布会的时机

新闻发布会一般选择企业有重大活动，需要进行新闻报道和炒作的时候。例如，新的重大发展规划、新工厂建成投产；企业重组上市、合作签约、项目启动仪式、主题活动；新发明、新产品试制成功；出现先进典型人物；重大庆祝日或纪念日；重要人物来访；重要的人事变动；发生重大（或紧急）的危机事件等。

（三）新闻发布会流程

▶ 1. 会议筹划：制订计划、前期预热与日程准备

（1）确定新闻发布会的主题。主题是新闻发布会的中心议题，企业要从新闻媒介和社会公众的角度出发，确定会议的主题，再进一步考虑这个主题是否重要，是否具有新闻价值，能否对公众产生重大影响。

（2）组建会务组，明确会议的时间与地点。

（3）明确到会人员。

（4）初步预约嘉宾。

（5）确定具体日程。

（6）费用预算。应根据新闻发布会的规格和规模制定总体和分步骤的费用预算，并留有余地。费用项目一般有场租费、会议布置费、印刷品、邮电费、交通费、住宿费、音像器材费、相片费、茶点或餐费、礼品费、文具用品费等。

（7）制订前期推广计划。推广计划要素有媒体选择、投放内容、投放频率、投放时间。

▶ **2. 会前准备事项与要点**

（1）选择会议地点。会议地点要与会议的层次相匹配，要体现出新闻发布会的严肃性和权威性，以及组织的整体形象。通常新闻发布会选择在宾馆或新闻中心等地举行，但有时也可选择主办者单位或某一事件发生的现场。新闻发布会要考虑记者的方便性，注意考虑交通是否方便，硬件设施是否完备，如电话、传真、打字、照明设备、上网条件、音响设备、投影设备等。在以上因素中，重点考虑音响设备和投影设备是否符合要求。会场要具备必要的照明设备、视听设备和通信设备等，并且要安静，不受电话干扰，要有舒适的座椅以便就座记录。

（2）选择会议举办时间。会议的时间要尽量避免节假日、重大社会活动和其他重大新闻发布的日子，以免记者不能参加。会议时间一般宜控制在一小时以内，对无关或过长的提问应有礼貌地予以制止，会议应有正式结尾。

（3）选择会议主持人和发言人。由于记者的职业习惯，提问大都尖锐深刻，有时甚至很棘手，这对主持人和发言人提出了很高的要求。主持人和发言人必须对提问保持清醒的头脑，反应机敏，有较高的文化修养和口头表达能力。在企业中，会议的主持人一般由有较高专业技巧的营销公关人员担任，会议的发言人由组织或部门的高级领导担任，因为他们清楚组织的整体情况、方针、政策和计划等问题，同时又具有权威性。

（4）准备发言稿和报道提纲。营销公关人员在会议召开前，应在企业内部统一口径，组织专门小组负责起草发言稿，全面认真收集有关资料，写出准确、生动的发言稿。发言稿应做到简单、明了，措辞富有激励感、鼓舞感，从而唤起新闻媒介及公众的广泛关注。还要写出新闻报道提纲，在会上发给记者作为采访报道的参考。

（5）准备宣传辅助材料。宣传辅助材料要围绕主题准备，尽量做到全面、详细、具体和形象。形式应多样，有口头的、文字的、实物的、照片和模型等。这些材料的准备要根据会议主题和内容的具体要求而定，在会议举行时现场摆放或分发，以增强发言人的讲话效果。

（6）择定邀请的范围。邀请的记者覆盖面要广，各方新闻机构都要照顾到，不仅要有报纸、杂志记者，还要有电台、电视台的记者；不仅要有文字记者，还应有摄影记者。除新闻记者以外，凡事情涉及的其他单位、部门或公众群体也在邀请之列。但邀请的人员要精，邀请的对象不宜太多，选择有代表性的单位或个人参加即可。请柬要及时送达被邀请人员。

（7）组织参观和宴请的准备。新闻发布会前后，可配合主题组织记者进行参观活动，请记者做进一步的深入采访，这样常常会让记者写出具有重大价值的新闻报道。有关参观活动事宜应在会前就安排好，并派专人接待，介绍情况。会后，如有必要可邀请记者共餐，利用非正式交谈相互沟通，融洽与新闻界的关系，解决新闻发布会没有解决的问题。

（8）布展物料准备，包括海报、易拉宝、背板、横幅、指示欢迎牌、飘空气球、拱形门、鲜花、花篮（后两项可根据实际需要选择）。

（9）做好接待工作。企业人员要提前布置好会场，如横幅、发言人席、记者座位。周围环境要精心设计、安排，营造一种轻松、自然、和谐的会场气氛；培训接待人员和礼仪小姐，要求他们穿戴整洁、适宜，精神饱满、愉快，体现出企业的风格；安排会议的记录、摄影、摄像工作，以备将来的宣传和纪念之用；资料、礼品的准备齐全妥当。

（10）重要环节彩排。如果发布会中有个别重要环节，最好组织礼仪小姐与相关嘉宾或领导进行 1～2 次的简短彩排，以确保会议顺利进行。

▶ **3. 会议现场布置**

（1）内部环境布展，包括海报、易拉宝、背板、横幅的布置、张贴和摆放，签到台、签到本/签到单、签字笔、桌签、嘉宾胸花、鲜花、花篮的布置与摆放。

尤其注意桌椅的摆放，职位高者靠前居中，其他顺序摆放。

提前进行相关设备、投影仪、麦克风的调试，音像资料的试播放。

（2）外围环境布展。

① 酒店外围布置，如酒店外横幅、条幅、飘空气球、拱形门等，各个酒店有所不同，需根据情况进行布置。

② 签到与迎接。在大堂、电梯口、转弯处安放指示欢迎牌，安排礼仪小姐迎宾。

③ 会场必须设置记者、来宾签到处，签到处最好设在入口或入场通道处，准备好名片盘，注意收集到会人员的名片和其他联络方式。

▶ **4. 会议程序**

举办新闻发布会，会议程序要安排得详细、紧凑，避免出现冷场和混乱局面。通常指派 1～2 名机动人员进行调度，全场监督，出现问题及时解决。

一般来说，新闻发布会应包括以下程序。

（1）签到。应安排足够的工作人员，设立签到处，并派专人引导记者前往会场。参加会议的人要在签到簿上签上自己的姓名、单位、职业、联系电话等。

（2）发资料。会议工作人员应将写有姓名和新闻机构名称的标牌发给与会记者，并将会前准备的资料有礼貌地发给到会的每一位与会者。

（3）介绍会议内容。会议开始时要由会议主持人说明举办新闻发布会的原因，所要公布的信息或事件发生的简单经过。

（4）主持人讲话。主持人要充分发挥主持和组织作用，以庄重的言谈和感染力，活跃整个会场气氛，并引导记者踊跃提问。当记者的提问离会议主题太远时，要善于巧妙地将话题引向主题。会议出现紧张气氛时，能够及时调节缓和，不要随便延长预定会议时间，气氛良好时可适当延长时间。

（5）回答记者提问。新闻发言人要准确、流利自如地回答记者提出的各种问题，不要随便打断记者的提问，也不要以各种动作、表情和语言对记者表示不满。对于保密的问题或不好回答的问题不要简单地说"无可奉告"，而要婉转、幽默地进行反问或回答，或者诚恳地做出解释。即使记者的提问带有偏见，新闻发言人也不能当场激动发怒，而应表现出很有涵养，以平静的话语和确凿的事理给予解释和纠正。

（6）参观和其他安排。会议结束后还应由专人陪同记者参观考察，给记者创造实地采访、摄影、录像等机会，增加记者对会议主题的感性认识。如果有条件，企业还可举行茶会和酒会，以便个别记者能够单独提问，融洽和新闻界的关系。

▶ **5. 总结推广**

（1）跟进新闻发布与深度报道。

① 积极争取媒体记者的理解和好感。

② 新闻发布会发布的两天内，市场经理应该保证至少在1家主流媒体、2家以上的二类媒体上发新闻通稿。

③ 在新闻发布会后的1周内，至少在1家当地主流媒体、2家以上的二类媒体上发布专访、特写、侧记、评论等方面的深度报道。

（2）活动分析与总结。

① 尽快整理出新闻发布会的记录材料，对会议的组织、布置、主持和回答问题等方面的工作加以总结，从中认真汲取经验和不足，并将总结材料归档备查。

② 收集到会记者在各种媒介上的报道，进行归类分析，检查是否达到了会议的预定目标，是否有由于失误而造成的谬误。对检查出的问题，要分析原因，设法弥补失误。

（四）新闻发布稿的写作

新闻发布稿是新闻发布会的基本文件，它要反映新闻发布会的主题、意义、组织机构所持的立场、态度等，是新闻信息内容和组织政策精神的集中体现。

▶ **1. 新闻发布稿的审核**

任何新闻发布会都必须有明确的主题，提倡什么，反对什么，说明什么，都要清清楚楚、明明白白在新闻发布稿中体现出来，来不得半点含糊。

新闻资料要遵循准确性和完整性原则，坚持"八要素"理论：新闻发布会要表达什么主题；说明该主题的内容是什么事情；什么人完成的；在什么时间；在什么地点；为什么做这件事情；结果怎么样；这一结果的意义是什么。

▶ **2. 新闻发布稿的类型**

按不同的主题划分，新闻发布稿大致有三种基本的类型：喜庆性新闻发布稿、专业性新闻发布稿和突发性新闻发布稿。

（1）喜庆性新闻发布稿，适用于开业、周年庆典和产品获奖等有喜庆色彩的事件。写作要求如下。

简介梗概：简明扼要地介绍事情的梗概，细节可以放在答记者问时介绍。

体现价值：体现事件的本来价值，如"全国第一家""同行业第一个金质奖"。

突出意义：事件的社会意义，如对公众的价值、对社会环境的益处等。

"一少一多"：自我赞美之词要少，引用专家、社会舆论的赞语要多。

"一低一高"：低调处理个人在事件中的作用，提高团队整体实力和组织形象。

言而有据：指明"全国第一家"结论的出处。

以产品获奖为例，喜庆性新闻发布稿可以按以下格式撰写。

L900 冷藏车获奖新闻发布稿

[称呼] 各位记者朋友：早上好！

[主题] 现在，我以激动的心情向各位，并通过各位向关心 L 集团发展的所有朋友宣布：L 集团自行设计、制造的 L900 冷藏车在刚刚结束的世界汽车博览会上获得了银质奖！（展示奖杯）

[意义] 这意味着我国的特种国产汽车已经领先一步走向世界，……

[梗概] L900 冷藏车的研制是从 1996 年开始的，……

[评价] L900 在世界汽车博览会上获得的赞誉，……

[结束语] L 集团人对待荣誉的态度：……

谢谢大家！

（2）专业性新闻发布稿，适用于重大项目开工、科技成果转让、新政策条文实施等。写作要求如下。

简介梗概：简明扼要地介绍事情的梗概，不要纠缠于技术细节。

阐明标准：项目达到什么标准，20 世纪 90 年代发达国家先进水平还是 21 世纪水准？新政策条文是应急措施还是适应未来需要？

体现个性：与同类项目、技术相比，有何与众不同之处。

突出效益：对项目或科研成果的综合效益进行了怎样的预测。

明示代价：明白地告诉人们采用新成果、新条文需要付出什么代价。

体现权威性：重大项目的论证和科技成果的鉴定是否有权威部门的监督。

做好"翻译"：尽可能把专业术语"翻译"成普通公众能够听懂、看懂的白话。

以政府办公用品统一采购为例，专业性新闻发布稿一般可以按以下格式撰写：

政府办公用品统一采购新闻发布稿

[称呼] 各位记者朋友：早上好！

[主题] 现在，我代表 S 市政府办公厅向各位，并通过各位向关心 S 市廉政建设的社会各界朋友宣布：S 市政府决定自即日起实施政府办公用品统一采购制度！

[梗概] 为此，S 市政府决定采用新办法，……

[说明]　我们所说的政府统一采购，是指……

[效益]　据测算，采用新办法后经济效益是……社会效益是……

[代价]　实施新办法需要的条件……

[结束语]　S市政府办公厅欢迎社会各界朋友的监督！

（3）突发性新闻发布稿，适用于内部突发危机事件需要说明事实真相、外部突发事件需要表态等。写作要求如下。

态度在先：属于自己失误的要先做自我批评；对造谣中伤者绝不姑息；对外部突发事件要敢于表态。

说明真相：简要介绍发生的事情，真相如何。

讲清原因：事故是人为的失误，还是形势不可逆转、结局不可抗拒，大致各占几分因素。

总结教训：有哪些教训可以总结，最应当使他人和自己今后警惕的是什么。

亮出措施：拟采取的措施是什么，何时开始实施。

做出承诺：是否能保证今后不再重犯类似错误。

以某化工厂毒气泄漏、引发附近居民中毒事故为例，突发性新闻发布稿一般可以按下列格式撰写：

某化工厂毒气泄漏事故新闻发布稿

[称呼]　各位记者朋友：早上好！

[主题]　今天请各位来，是要通过各位所在的新闻媒介向社会各界朋友致歉！

[真相]　在座的各位可能已经知道，我们厂的某某生产车间发生了毒气泄漏的严重事故，目前已经造成的实际损失是……在这里，也提醒各位注意，目前社会上的某种说法是没有根据的。

[原因]　经初步查明，事故的原因是……

[教训]　教训是沉痛的，它使我们……

[措施]　事故发生后，我们采取的措施是……

[结束语]　事故已经发生，恶果已经酿成。我们决心……

（五）与新闻界的沟通

社会组织要运用好公共关系新闻传播，就必须与新闻界建立良好关系。与新闻界的业务沟通应注意以下要点。

（1）了解和熟识新闻界联络的对象。

（2）熟悉新闻界的运作特点，应注意了解不同类型传播媒介的功能和特点，出版方针，发行周期，排版、印刷时间和截稿期限，版面安排和栏目内容，印刷特点，发行范围，阅读对象，发行方式。

（3）及时掌握报道动向，有针对性地进行传播。

（4）专人负责，长期联系。

（5）尊重新闻界人士，遵循真诚、平等、守信、讲效率的原则。

二、庆典活动

（一）庆典活动的含义

庆典活动是组织利用自身或社会环境中的有关重大事件、纪念日、节日等所举办的各种仪式、庆祝会和纪念活动的总称，包括节庆活动、纪念活动、典礼仪式和其他活动。企业借这些活动对内营造和谐氛围，增强员工凝聚力，对外协调关系，扩大企业知名度，创造企业美誉度，塑造企业良好的形象。

（二）庆典活动的类型

▶ 1. 节庆活动

节庆是利用盛大节日或共同的喜事而举行的表示快乐或纪念的庆祝活动。不同国家甚至同一国家不同地区，都有自己独特的节日。节日又有官方节日和民间传统节日之分。常见的官方节日有元旦、妇女节、消费者权益保护日、国际劳动节、儿童节、国庆节、圣诞节、感恩节、复活节等；民间传统节日有春节、元宵节、清明节、端午节、中秋节等。还有些地方根据自身文化传统、风俗习惯、土特产等，组织举办一些具有地方特色的节庆活动，如北京地坛庙会、湖南的龙舟节、山东潍坊风筝节、青岛的啤酒节等。

节庆日是企业从事公共关系活动的绝好时机。每年 6 月 1 日前后，大小商店都会在儿童商品上绞尽脑汁；中秋节前，则会爆发一轮又一轮的月饼大战；劳动节和国庆节前夕，旅游胜地和饭店就会大张旗鼓地宣传和推介其优质的特色服务。

▶ 2. 纪念活动

纪念活动是利用社会上或本行业、本组织的具有纪念意义的日期而开展的公关活动。可供组织举办纪念活动的日期和时间有很多，如历史上的重要事件发生纪念日、本行业重大事件纪念日、社会名流和著名人士的诞辰或逝世纪念日，而本组织的周年纪念日、逢五逢十的纪念日及重大成就的纪念日，更是举办纪念活动的极好时机。

通过举办这样的活动，可以传播组织的经营理念、经营成果和价值观念，使社会公众了解、熟悉进而支持本组织。因此，举办纪念活动实际上又是在做一次极好的公关广告。

▶ 3. 典礼仪式

典礼仪式包括各种仪式性活动，如交易会开幕典礼、企业开业典礼、项目竣工典礼、重大事件庆典、颁奖典礼、签字仪式、捐赠仪式等。在实际工作中，典礼仪式的形式多样，并无统一模式。有的仪式非常简单，如某个企业办公楼的开工典礼，放一挂鞭炮，企业老总喊一声"开工"，仪式便宣告结束；有的仪式非常隆重、庄严，如英国女王登基、国外皇室婚礼及葬礼等，甚至还有一套严格的程序。

通常，在开业、展览时，或在具有较大意义的工程项目的开工与竣工时，一般都会举行一个剪彩仪式。

▶ 4. 创新性庆典活动

大部分庆典活动都有一定的传统和历史渊源，但为了扩大企业影响，提高企业知名度，有时企业也会策划一些特别的仪式，引发较好的社会影响。

例如，以制造新闻、扩大影响为主要目的，酒店宾馆可策划组织迎来第 10 万名宾客的庆典活动，大型展览会上企业可策划组织本展台迎来第 1 万名参加者的庆典活动；以强化观念、引起注意为主要目的，交通企业策划组织安全行车 1 000 日纪念活动，采矿企业举办安全采煤 8 000 天纪念活动等；以关心组织员工、增进内部团结为主要目的，企业为婚龄男女员工举办集体婚礼，为退休老职工举办银婚纪念等活动。

（三）庆典活动的程序

▶ 1. 筹备工作

（1）成立筹备组。

（2）明确主题、确定基本仪式和活动项目。

（3）举办时间、地点。

（4）确定参与人员。

▶ 2. 准备工作

（1）拟订邀请宾客的名单。

（2）印制并发送请柬。

（3）拟订、印制典礼的程序表。

（4）拟写好开幕辞、致答辞。

（5）布置会场（主席台位子、姓名牌）。

（6）准备好音响、照明设备及其他必需品（如花篮）。

▶ 3. 庆典活动

（1）接待来宾并做好签到工作。

（2）接待人员引来宾入接待室稍事休息。

（3）专人接待媒介公众，为其采访提供方便。

（4）宣布活动开始，宣读贵宾名单。

（5）主、客方先后致辞。

（6）宾、主剪彩。

（7）由主方领导回答记者、来宾提出的问题。

（8）安排对庆典场面摄影、录像、录音。

▶ 4. 助兴项目

（1）典礼完毕，宜安排音乐、歌舞助兴。

（2）引导来宾参观，如展览、展销、新商场、厂房、办公楼等，以便让来宾首先了解新推出的事物，也可设宴招待来宾。

（3）可利用留言簿、召开小型座谈会等形式，征求来宾对新推出事物的意见，加以整理，利于改进工作，鼓舞员工的士气。

（四）庆典活动策划

▶ 1. 庆典活动组织原则

庆典活动既是社会组织面向社会和公众展现自身的机会，也是对自身的领导和组织能力、社交水平以及文化素养的检验。因此，举办庆典活动时，公共关系人员应做到准备充分、接待热情、头脑冷静、指挥有序。

（1）要有计划。庆典活动应纳入组织的整体规划，应使其符合组织整体效益提高的目的。组织者应对活动进行通盘考虑，切忌想起一事办一事，遇到一节庆一节。

（2）要选择好时机。调查研究是组织开展公共关系活动的基础，庆典活动也应在调查的基础上，抓住组织（企业）时机和市场时机，应尽可能使活动与组织、市场相吻合。

组织的决策者们应适时地选择一些对组织和社会都有利的重要事件或重大节日来开展活动。庆祝也好，典礼也好，都应有充分的准备，因天时、地利、人和等条件而开展。现代社会组织可利用庆祝的机会越来越多，在充分准备的情况下，一般每年搞 2～3 次就够了。

（3）主题明确。明晰核心信息是庆典传播成功最核心的东西，而表现形式只是庆典传播的辅助。庆典活动的目的可以是宣传产品科技成就、宣传企业经营业绩、打造社会公益形象、增强员工凝聚力、营造和谐的外部关系。

（4）形式新颖，创意为先。几乎所有的庆典活动都具有一定的传承性和仪式性，具有一定的纪念意义，但每个具体的活动都不应千篇一律，都要具有新颖性，才能起到更好的效果。例如，在庆典活动的主要仪式中增加新的设计或环节，如锣鼓、舞狮耍龙、秧歌等民俗活动；典礼仪式后，组织参观生产、经营、服务现场或进行优惠、义卖活动；还可以安排座谈、留言、个别拜访，广泛征求意见和建议。

（5）气氛热烈、隆重（或简朴）、喜庆、欢快。作为庆祝活动和典礼活动，总体要求是喜庆的气氛、隆重的场面、热烈的情绪。无论是环境的布置、人员的精神风貌、活动项目的安排都应该体现这一点。

（6）要制造新闻。公共关系活动应能够为公众的代表——新闻媒介所接受，他们的反映是衡量活动成功与否的标尺，也是组织形象能否树立的重要环节。所以，庆典活动应尽量邀请新闻记者参加，并努力使活动本身具有新闻价值。

（7）关注细节、完美收官。庆典活动都具有较高的规范性要求，具有仪式性、严肃性，而且所有庆典活动都是开放式的，都要邀请不同领域的重要人士参加，一次成功的庆典必须使各方满意，给公众留下良好的印象。因此，企业一定要精心组织，确保万无一失，多制定几套后备应急方案。

（8）庆典仪式应简洁、紧凑，切忌冗长、拖沓、冷场。

▶ 2. 需要重视的庆典细节

具体地说，要办好一次庆典活动，应认真做好以下工作。

（1）确定重要人员名单与活动。确定致辞人员名单，并为本单位负责人拟写演讲稿。如果请贵宾致辞时，应提前通知他们，以便让他们做好充分准备，并在活动开始前逐一落实。确定剪彩人员或发奖人员名单；在剪彩人与发奖人名单中，既要有一些邀请来的上级领导、社会知名人士，也要有消费者代表和本单位的负责人。

（2）确定邀请嘉宾的名单。庆典活动应精心选择对象，确定来宾，包括与组织有关的政府有关部门负责人、社区负责人、知名人士、社团代表、同行业代表、新闻代表、公众代表等。请柬应提前一到两周寄出，以便被邀请者安排时间，按时出席庆典活动。

（3）制定典礼程序表。庆典活动一般由这样几方面内容组成：主持人宣布庆典或仪式开始；介绍重要来宾；有些活动需要有剪彩或颁奖、签字；由组织的领导和重要来宾致辞或讲话。仪式后安排参观、交流的机会（或座谈、宴请，或安排喜庆、余兴的节目，席间进行交流）；重要来宾的留言、题字（该项活动也可安排在活动开始前）。程序表要提前印制好，在来宾到来之前分发到每个座位上，也可以在签到时发给宾客。

（4）安排接待工作。庆典活动开始前，应做好一切接待准备工作。接待和服务人员要安排好，活动开始前所有有关人员应各就各位。重要来宾的接待应由组织的首脑亲自完成，要安排专门的接待室或会议室，以便在正式活动开始前，让来宾休息或与组织的领导交谈。入场、签到、剪彩、留言等活动都要有专人指示和领位。接待好新闻记者，要安排专人接待新闻记者，为他们提供方便。大型的庆典活动最好设立新闻中心，其组织方式与新闻发布会相似。

（5）物质准备和后勤、保安等工作。庆典活动的现场需要有音响设备、音像设备、文具、电源等，需要剪彩的，还要有彩绸带。鞭炮、锣鼓等在特殊场合也要有所准备。宣传品、条幅和赠予来宾的礼品，也应事前准备好。赠送的礼品要与活动有关或带有企业标志。另外，可以安排一些短小精彩的文艺节目为活动助兴，这些节目可以组织内部人员表演，也可以邀请有关文艺团队或人员表演，节目力争要有特色。

（6）安排好工作人员与服务人员。应事先确定接待、摄影、录像、播音等有关的工作人员与服务人员，这些人员要在庆典活动开始前和庆典活动中在指定的岗位上各司其职。为剪彩服务的礼仪小姐以穿红色旗袍为宜，鞋袜统一，身披绶带，化好淡妆。

总之，要做到认真充分、热情有礼、热烈有序，就会使庆典活动取得成功。

经典案例

福特公司建厂 75 周年庆典

一、庆典目标

以福特人为荣、以福特产品为荣、建立自豪感。

二、具体目标

（1）提醒人们福特公司长期以来的贡献，提高公司的社会地位。

（2）显示公司目前的雄厚实力与发展的广阔前景。

（3）提高公司人员的自豪感、荣誉感，褒扬他们对公司的忠诚。

三、福特公司庆典的措施

（1）大造声势。福特公司通过发布新闻消息、广播、电视播出等方式，对此次庆典大造声势。

（2）影像展示。通过制作幻灯片和电影的方式向世界各地广泛地介绍福特公司。

（3）出版专门书籍。福特公司在周年庆中，专门制作了5本与福特75周年厂庆有关的书进行销售，以利于扩大影响。

（4）特别午餐。在公司内部举行特别午餐，让职工分享福特"生日"的快乐。

（5）开放参观。在周年庆当天，全美65家福特工厂都举行了规模盛大的开放式庆典活动。

（6）汽车游行与展销。全美各地都有不同的汽车游行与展销。

四、福特公司厂庆成功的秘密

（1）庆典活动有一个鲜明的主题线索。以公司75年的奋斗史为主题线索，各种活动都围绕75年的历史展开。

（2）拥有完备而强有力的领导机构。公司组建了庆典委员会，并设有高级管理人员参加的指挥部，使庆典能够有条不紊地进行。

（3）有效地借用了各种新闻媒介福特公司通过各种新闻媒介，扩大了活动的影响力，塑造了企业形象，大力推动了产品销售。

（4）调动起各方面公众参与的积极性。福特的这次厂庆参加者包括社会各个阶层，并针对不同的参与对象采取不同的活动参与方式，极大地激发了公众的参与热情。

三、展览会

（一）展览会的含义

展览会是指组织通过集中的实物展示和示范表演，配之以多种传播媒介的复合传播形式，来宣传产品和组织形象的专门性公共关系活动。展览会为社会组织和公众提供直接的双向交流、沟通的机会，企业宣传自己的产品、形象，公众可以触摸、使用、品尝产品，对产品能形成较完整的感性认识。同时，由于展览会集中许多行业不同的产品，而且价格也比较优惠，可以为公众节约大量的时间和费用。因此，很多公众都比较喜欢这种形式，还会吸引众多的新闻媒介的关注，由记者将展览会的盛况传向社会，取得更大的宣传效果。

（二）展览会的特点

▶ **1. 行业的盛会**

在展览会上，所在行业的供需双方集中到一起。作为企业，可以借此机会联系客户、广泛宣传，扩大影响，巩固并发展自身的市场地位。

▶ 2. 传播方式的复合性

展览会综合运用文字说明、图片、宣传品、模型、实物、现场讲解、幻灯、录像、电影、音响效果、环境布局、面对面咨询、模拟或操作表演、参与性的活动、小型研讨会等形式，给予观众立体性的传播效果。展览会本身一般均具有较丰富的知识性、趣味性，有利于吸引各类不同的公众，达到广泛传播的目的。

▶ 3. 双向沟通的效果

展览会能够有效地利用讲解人员、咨询服务台、洽谈活动、意见簿、征询卡、有奖测验等形式，有效地了解公众的反映、意见，达到双向沟通、建立商务关系的目的。

▶ 4. 制造新闻热点

展览会作为一种大型公众活动，容易形成舆论热点，成为新闻媒介报道的对象。如果成为电视的专题节目题材，就更加能够吸引公众的注意和引起公众的兴趣。

(三) 展览会的类型

▶ 1. 按展览性质分

按展览性质分，可分为贸易展览会和专题宣传展览会。贸易展览会以展示产品实物为主，通过实物广告形式来促进商品销售。专题宣传展览会则以宣传教育为目的，通过实物、图片、模型、文字资料等形式，向观众宣传某种观念、思想或知识。

▶ 2. 按展览规模分

按展览规模分，可分为大型展览会和小型展览会。大型的综合性展览会通常由专业机构主办，参展者通过报名参加。小型展览会可由厂家或有关组织自办，主要展示本企业的产品或与本组织有关的主题，如企业的产品陈列室、厂史展览室等。

▶ 3. 按展品种类分

按展品种类分，可分为单一商品展览会和混合商品展览会。单一商品展览会的参展者是同类型企业，主要是同品种不同品牌的展示。混合商品展览会的参展者是不同行业的厂家，同时展出各种不同的商品，能够展示厂家的性质和综合实力。

▶ 4. 按展览期限分

按展览期限分，可分为长期性展览会、周期性展览会和一次性展览会。长期性展览会有比较固定的内容，包括样品陈列、文物展览等。周期性展览会是定期举行的，如广州春、秋季交易会。一次性展览会则是配合某一主题活动临时设计、组织的专题性展览会。

(四) 展前准备

▶ 1. 明确参展目的及目标

制定明确的目标是参展获得圆满成功的首要任务之一。为使参展的投入获得最大的回报，明确参展目的及目标是至关重要的。

参加展览会可能的目标包括以下方面。

(1) 获得订单。

(2) 了解本行业内的竞争状况及发展趋势。

(3) 为未来销售收集线索。

(4) 寻找更为优质、价格更低的供应商。

(5) 增进与现有客户的关系。

(6) 宣传新产品。

(7) 提升公司在行业内的知名度。

(8) 培养与媒体的良好关系。

▶ 2. 选择合适的展品

选定摊位位置及面积大小之后，下一步便要考虑展示哪些产品。有些公司的产品种类繁多，如果展位面积有限，实在不足以展示所有产品，这时便要有所取舍，如果强行将公司所有产品全部展出，只会收到相反效果。

展览会是介绍新产品的最佳机会，假如是全新产品，可以找出产品的特点在展览中加以强调；假如是在原有产品上做改良的产品，可以突出其改良后的优点和方便之处。这些新产品或改良品适合放在显眼处，占用较大的空间，以增加它与观众产生接触的机会，还应通过吸引人的美术设计、夺目的颜色、引人入胜的图形、特别的灯光效果突出产品特点。

如果参展商在参展时没有新产品推出，可从众多产品中挑选几种较具有代表性，或较著名，或较为人所熟悉，或过去销售较好的产品，作为重点展品，并配以特别的装饰、布置，给观众留下印象。

除此之外，展位设计、参展图片的布置、宣传手册的设计、整体布局颜色的选择和搭配、展品的展示方式、展位布局、免费赠品的发放、展位柜台以及灯光这些细节问题也需要别具匠心才能吸引更多的眼球。

▶ 3. 布置展台

展台的位置、面积与外观对参展的成功与否至关重要，以下是一些有益的建议。

(1) 展位面积的设计。选择最适合体现参展目的的展位类型。一般来说，一个 3 m× 3 m 的标准展位是参加展会所必需的。当购买了多个展位进行组合时，可以获得更大的场地来展示和销售产品，从而吸引更多的买家。如要最大限度地增加曝光率和吸引买家，可以购买空地展位，自行设计和搭建。要依展台大小而选择合适的展示用品及参展产品，避免过度拥挤或空洞。

(2) 挑选曝光率高的展位。选择合适的展台位置是参展计划中重要的一部分。

首先，须考虑的是人群流动的方式，了解人潮在整个展览会场移动的方向，再依此挑选摊位。

其次，如果展位设在了竞争对手隔壁时，参展商要将摊位有效利用，以展示自己产品有利于竞争者的地方。

最后，如果在展览期间要使用悬挂牌示、高架或罩盖等需要架高的物品，则须选择有足够高度的地点，避免影响其可见度。

▶ 4. 准备资料

准备资料是指准备宣传资料，如设计与制作展览会的纪念品、产品说明书、宣传小册子、幻灯片、录像带等音像资料。

很多展览会的入场证是用挂绳挂在使用者的脖子上，一些参展商十分巧妙地在这上面做文章，制作印有自己公司标志和名称的挂绳，在现场免费派发给参观者。更有花心思的参展商制作一些小册子，介绍展会当地的交通、旅游、食宿、风俗等情况，免费派发给展会参观者。

▶ 5. 制定预算

举办展览会要花费一定的资金，如场地和设备租金、运输费、设计布置费、材料费、传播媒介费、劳务费、宣传资料制作费、通信费等。在做这些经费预算时，一般应留出5%～10%作为准备金，以做调剂之用。

▶ 6. 成立新闻机构

新闻机构的工作内容是在展会日期、地点确定后，举办记者招待会发布消息，尽可能多地在报刊、广播、电视上报道开幕式的消息和实况。这样做可以在展会开始之前就产生重要的宣传作用，也可以吸引更多的参观者。安排好新闻发布室，并准备新闻报道所需的各种辅助宣传材料。

▶ 7. 做好人员准备

(1) 工作人员数量调配。确保安排足够的人员在展位上发放资料、讲解咨询、业务洽谈，还要有专人了解竞争对手、接待媒体人员，有的岗位还要轮班休息。建议每 36 m² 的展位配备 2 名工作人员。

(2) 培训工作人员。展览会工作人员素质的好坏、掌握的相关技能是否达到标准，对整个展览效果起着关键作用。因此，必须对展览会的工作人员，如讲解员、接待员、服务员、业务洽谈人员等进行培训，培训内容包括各项目、内容的专业基础知识；公关接待和公关礼仪方面的基本知识；各自的职责、各种可能发生的突发性事件的处理原则和基本程序。必要时，还应该配备一位能进行中英文翻译的员工。

▶ 8. 展前预约

在参加展览会之前 2 个月到 6 个星期，开始联系重要客户及潜在客户，预约商展期间与他们的会面。许多买家展会期间的日程安排很紧，只有极少的时间或根本没有时间参观其他不在计划之中的展位，因此，尽早排上买家的日程是非常重要的。确保至少在参展一个星期前再次确认所有的会面安排。可以尝试在参展前向目标买家发送邮件介绍参观展位，确保所发出的邮件包含在展会上的所有联系方式，包括展位号码。

（五）展会现场

▶ **1. 合理分配人员**

根据参展人员的能力、经验分配工作任务，商务谈判、对外联络、后勤保障、展会信息收集等任务都应具体到人，并在实战中分工合作，相辅相成。参与人员及分工如下。

（1）总负责人注意人员调动分工，现场协调。

（2）安排专人负责参展物品的准备（礼品、产品及展览会所需要的物品等）。

（3）安排产品介绍及业务洽谈工作人员。

（4）安排技术指导顾问，负责技术咨询。

（5）安排现场客户资料登记、保管及整理人员。

（6）安排布展、协调及撤展工作人员，主要负责布展工作及展会期间组委会的联系协调，以及后期撤展工作。

（7）安排司机人员，负责开车搭载展销人员前往展会。

（8）安排摄像、拍照人员。

▶ **2. 形象礼仪**

任何一个参展人员都是代表企业面对客户，对企业品牌而言，个人行为举止并非小事一桩。经销商再有实力，如果素质太差就不能将其发展为代理商；同样，好的经销商也会这样考察企业。员工的素质反映企业文化，企业文化差劲的公司经销商也会敬而远之。因此，所有参展人员都应注意自身形象，面对客户热情有礼。在衣着上，最好是统一穿着企业商务装。

▶ **3. 公司产品及公司形象的展示**

（1）公司产品的展示。

（2）展位现场氛围的营造。

（3）现场人员的精神面貌、言谈举止、业务技能的展示。

（4）展位现场所反映的精美度、吸引度、赞美度、影响力等。

（5）展位区域整体形象的展示。

▶ **4. 与老客户客情关系的提升**

（1）通过沟通交流，进一步深入了解老客户的核心需求，为下一步确定工作重点及工作方法提供一手资料。

（2）通过现场人员与老客户的直接面对面的沟通，消除彼此未见面的陌生感，引导双方情感的深化。

▶ **5. 开发新客户**

（1）通过展览会收集的客户资料，整理出有效的客户资料，以多种方式与客户取得联系，不间断地与客户保持良好的来往联系。

（2）对公司感兴趣的客户，应做好记录，并邮寄客户感兴趣的产品资料。

（3）展会有众多参展商和潜在客户，可与其他参展商通过交换名片及相关资料信息的交换进行联系，对特别感兴趣的客户可邀请至展台洽谈。

▶ **6. 业务洽谈**

如果展位较大，可以安排专门的业务洽谈室；如果展位较小，在展会现场和观众洽谈的空间会显得比较狭窄、拥挤，有必要在展馆周围的宾馆、酒店租用会议室，或者在下榻的宾馆的房间与客户接洽，这不仅可以创造较为宽松的环境，而且可以利用夜晚等闭馆时间更广泛、更深入地接触客户。

（六）展会结束后

展会结束，参展企业的工作并不是就结束了，需要进一步做好后续工作，巩固和拓展展会取得的成果。

▶ **1. 致谢**

展览会一旦闭幕，就应抓紧时间向提供帮助的单位和人员致谢，致谢应作为展后例行工作之一。致谢不仅是一种礼节，而且对建立良好的关系有促进作用。对于最重要的人，可以登门或者通过宴请表示谢意。如果没有时间亲自向每一个有关人员和单位致谢，至少要向主要的人员和单位致谢，并尽快给不能亲自致谢的人员和单位发函致谢。

▶ **2. 资源处理**

（1）资料整理。每次参加展会结束后，企业应当将所收集的展会资源分类整理。建议完全复制一份，公司档案室收藏原件，业务人员收藏备份件。

（2）客户分类分区管理。根据展会中所收集到的不同种类的客户，可按客户等级的不同，分别给予不同方式的联系。

（3）更新客户名单。展会结束后，公司客户的名单可能会有所变化，因此，要编制、调整、更新客户名单，并根据名单的变化分析、发现和调整对客户工作的方向和投入，调整宣传、广告、公关、展览工作的重点和方式。

▶ **3. 发展客户关系**

贸易展览的重要任务是发展客户关系，包括巩固现有客户的关系和发展潜在客户的关系。参加完展会后，要及时做好跟进工作。对于展会的不同客人，采取不同的对策。

（1）已签合同的客户。对于已签合同的客户，一般都是按照客户的要求给他提供详细的资料，接着便要求他开证或汇定金。不过这些签过合同的客户也并不表示就一定会下单，现在这种情况已经很普遍，有些客户跟你签过合同了，但过后他在其他的供应商那里有了更好的价格便会把单下给别人。对他们来说，合同完全没有束缚作用，只是一种形式。所以对于此种客户，也要小心沟通，一旦出现不开证或不汇定金的情况，请提高警惕，及时沟通，看是否出现什么问题，采取相应的措施，说不定就能挽回一个订单、一个客户。

（2）有意向要下单的客户。这些客户在展会上可能会谈得比较投机，也会谈到很多细节问题，一般询问的产品与工厂细节越多，意向越显著。对于这部分客户回来后也要马上跟进，把展会上没解决的疑问及时回复，索要的样品要马上准备寄送。及时跟进对样品的检测结果及订单情况。这部分客户也许最终没有下单，但不能放弃，作为普通的感情维护，还是要一直联络下去，作为潜在客户培养，有新的产品及时推荐，以后还是有合作的机会。

（3）对某个条款或价格谈不来的客户。对于这些客户，即使公司决定按他的要求来做，也不要马上妥协，先发个邮件或打个电话还是坚持先前的决定，看看情况再做最后决定。如果客户有一定的妥协，那公司就成功了，如果他坚持自己的决定，再向他妥协也不晚。

（4）索要资料的客户。还会有些客户索要样品册或者价格单，但由于当时没准备充分，展会结束后要马上准备好发送，然后进一步跟进。不过也要提前判断一下他们索要的目的是什么，是不是一些同行或者其他进行资料收集的第三方。

（5）随便看看、随便问问的客户。这样的客户有可能在探行情，具体情况要根据名片来联系。如果名片有他们的网址那是最好了，先参观他们的网站，查清他们的底细，了解他们主要经营什么样的产品，再按照不同的情况发不同的资料。说不定公司此次没带去参展的产品正是他们的主营产品。

四、赞助活动

（一）赞助活动的含义

赞助是组织或团体通过提供资金、产品、设备、设施和免费服务的形式资助社会事业的活动。赞助活动的形式多样，主要包括赞助体育事业、赞助文化教育事业、赞助社会福利事业等。赞助是一种既可以赢得社会好感，又可以提高自己知名度的公共关系活动。

（二）举办赞助活动的目的

（1）承担必要的社会责任（履行社会责任，追求社会效益）。

（2）树立良好的企业形象。通过赞助表明社会组织勇于承担社会责任，可以树立关心社会公益事业的良好形象。

（3）引起新闻界关注，争取媒介"曝光"的机会。制造新闻效果，扩大社会组织认知度，提高组织在公众中的美誉度。

（4）培养公众感情。通过赞助建立与公众的关系，增强社会组织与外界交流的和谐度。

（5）配合广告宣传。通过赞助活动做广告，借所赞助的事件之"势"，增强广告的影响力，将能发挥更好的传播效果。

（三）赞助活动的类型

根据赞助对象的不同，赞助活动通常有下列形式。

▶ 1. 赞助体育运动

赞助体育运动是企业赞助活动最常见的一种形式。体育运动是影响面最大、公众参与感最强的活动。特别是像奥运会和世界杯足球赛一类的大型体育比赛，涉及公众人数众多。因此，厂家争先恐后地赞助这些体育活动，以扩大自身的社会影响力。

▶ 2. 赞助社会慈善和福利事业

赞助社会慈善和福利事业如对残疾人士的社会救济，赞助救灾活动，对孤寡老人、孤儿的援助，对社区公益福利事业的捐赠等，这类表达企业同情心的活动，一般都能唤起公众对企业的好感。

▶ 3. 医疗卫生赞助

对医疗、保健、卫生、康复事业的赞助，体现了本单位对全社会的关怀，同时也是对社会的一种奉献。

▶ 4. 赞助环保事业

对环保事业的赞助是公关事业关注的热点。

▶ 5. 公共节目庆典活动

公共节目庆典活动是广大公众最感兴趣的活动之一，一场精彩的公共节目庆典活动将被公众传颂良久，对公共节目活动实施赞助的企业也会因此被人们津津乐道，如音乐会、演唱会、文艺晚会等。

▶ 6. 赞助科学、教育事业

赞助教育事业不仅树立了关心教育的良好形象，也密切了企业与有关院校的关系，为企业的人才培训和技术合作奠定了基础。例如，设立某项奖励或培养专门人才的奖励基金或奖学金，或直接赞助某项科研项目或学科建设，也开始成为企业赞助活动的热点。

▶ 7. 出版物赞助

出版物不仅深受广大知识分子及其他公众的喜爱，而且出版物可保存和反复阅读、互赠或互相借阅，因此，赞助出版物的影响较为持久，是一种良好的广告形式。

▶ 8. 赞助专业团体

通过赞助某类专业协会、学会等社团组织的活动，不仅扶持其发展，而且增加对该专业领域的影响。

▶ 9. 赞助特殊领域

建立基金组织，专门支持某一特殊领域，如保护文化古迹和文化遗产或设立专项奖励，如最佳摄影奖、新闻奖、设计奖等。

（四）公关赞助的方式

企业除了提供资金以外，一般情况下比较愿意提供产品和服务来进行公关赞助。

▶ 1. 资金赞助

资金赞助是指一个企业有计划、有目的地拨出一定的资金，资助一些社会公益事业，如 2005 年蒙牛乳业集团出资 2 000 万元赞助湖南卫视的"第二届超级女声大赛"。

▶ 2. 产品赞助

企业用自己的产品赞助，不仅可以树立企业的良好形象，而且也可以提高产品的知名度，树立良好的产品形象，如健力宝为洛杉矶奥运会中国体育健儿提供专用饮料，随着中国体育健儿在奖牌上实现"零"的突破，健力宝饮料也被喻为"东方魔水"。

▶ 3. 服务支持

企业也可以为社会公益事业提供一些免费服务，2007年世界特殊奥运会期间，一些服务单位，如出租汽车公司、广告公司等大多为大会提供了免费服务。这种赞助方式尤其适合一些小公司或服务型的企业，同样能够提高企业的知名度。

▶ 4. 设备、设施赞助

设备、设施赞助是指为一些社会公益事业、大型活动提供一些设备和设施，如香港的邵逸夫先生为祖国大陆的多所大学赞助了教学楼、图书馆、学术研究中心等。

（五）实行赞助的原则

▶ 1. 社会效益原则

要认真研究赞助对象和赞助项目的社会意义与社会影响，分析赞助的社会效果。所赞助的对象必须有可靠及良好的社会背景和社会信誉，所赞助的项目必须有积极的社会意义和广泛的社会影响。

▶ 2. 传播效果原则

赞助是一种通过直接提供金钱或物质来进行的传播活动，因此必须讲究传播效果。所赞助的项目应该有利于扩大本企业的认知度和美誉度，如服装厂赞助文艺演出的服装、鞋厂赞助球队的球鞋、饮料厂赞助运动会的饮料、机械厂赞助某项科技项目等，都能有效地扩大企业及其产品的社会影响力。同时，要分析公众及新闻界对有关赞助项目的关注程度，明确对于赞助所给予的传播补偿方式和条件，如现场广告牌的位置是否显著、电视报道的时间及次数、报纸见报的版面篇幅及数量等。

▶ 3. 经济适当原则

参与赞助活动必须考虑所赞助项目的费用是否合理、适当，本组织能否承受。需要根据本组织的实际情况量力而行。

▶ 4. 条例管理原则

凡是准备为社会提供赞助的企业，都应该制定赞助条例，公之于众，对于一切赞助申请均按条例办理。既要努力争取有意义、有影响的赞助项目，又要坚持原则，杜绝人情赞助、人情广告的现象，使企业组织的社会赞助活动规范化、科学化。

（六）实施赞助活动的程序

▶ 1. 前期研究

（1）科学选择赞助项目。是否赞助，赞助什么项目，应根据企业的公共关系政策和当前公共关系工作的需要来确定。

（2）研究赞助对象的社会背景及社会信誉。

（3）评价赞助项目的可行性。主要应围绕赞助活动所需的成本、赞助项目的新闻价值，以及对企业形象和营销工作可能带来的直接、间接影响等方面进行分析论证。

（4）分析赞助成本及预测赞助的效益，包括经济效益和社会效益。

（5）了解赞助活动的条件，包括传播补偿的标准与方法。

（6）提交可行性研究报告给最高管理层。

▶ 2. 制订赞助计划

根据最高管理层的决策意见，制订具体、详尽的赞助计划，其主要内容包括赞助的目标或宗旨、赞助的对象范围、赞助的形式、赞助的组织与管理、时机选择、具体的沟通策略、赞助实施的具体步骤、详细的预算等，并与接受赞助的一方签订合约。

▶ 3. 赞助活动的落实

指定专人负责赞助计划的实施，在实施过程中，充分运用各种有效的公共关系技巧，扩大组织的社会影响。

▶ 4. 测定效果

赞助活动完成以后，应对其效果进行调查、评定。对原定目标和计划的实现状况及具体原因进行总结，对赞助活动的经济效益和社会效益进行客观评价分析，为日后开展赞助活动提供参考。

（七）赞助策划需要考虑的十大问题

▶ 1. 哪些人是你的目标受众，他们分布在什么地方？

（1）哪些目标顾客会关心这一赛事，目标顾客和赛事目标受众之间的吻合度如何？

（2）谁来激发他们对赛事的关心？

▶ 2. 通过赞助你将向目标受众提供哪些信息？

是品牌形象、产品形象，还是广告信息？

▶ 3. 通过赞助能提升你的领导地位吗？

（1）如果不是冠名赞助者，那么能有鹤立鸡群、领先于其他品牌的可能性吗？

（2）有可能发生有损于你的品牌的事情吗？

▶ 4. 如何使赞助效益最大化？

（1）有没有评估和检测赞助效益的方法和手段？

（2）企业曝光的时间和位置如何？

▶ 5. 赛事的可炒作性如何？

（1）向传媒提供的卖点是什么？

（2）可同时开展哪些营销配合活动？

（3）赛事组织者做几次电视节目预告？

▶ 6. 除了商定的赞助费用外，还需另付多少费用？

（1）在赛事标识、运动员和运动队形象等方面，你能获得哪些实际效益？

（2）在广告、公关和促销等相关活动方面还需另付多少费用？

▶ 7. 中介机构或赛事举办者所拥有的授权范围有多大？

(1) 他们拥有哪些权力？

(2) 中介机构的信誉和操作能力如何？

▶ 8. 你享有哪些特权？可供你支配的展位情况如何？

(1) 可展销哪些产品？

(2) 展位面积多大？

(3) 可供支配的时间多长？

▶ 9. 赛事的时间是否和你的旺销季节相吻合？

赛事和其他营销活动相结合的可能性有多大？

▶ 10. 买下冠名赞助权后，如何使赞助活动和下列其他沟通手段相结合？

(1) 产品电视广告。

(2) 品牌建设。

(3) 媒体采访。

(4) 顾客之间的相互影响。

(5) 公关活动。

五、事件营销

(一) 事件营销的含义

事件营销是近几年流行起来的一个营销概念，日益受到企业界的重视。事件营销是营销者在不损害公众利益的前提下，有计划地策划、组织、举行和利用具有新闻价值的活动，通过运作有"热点效应"的事件来吸引媒体和社会公众的兴趣和注意，以达到提高社会知名度、塑造企业良好形象和最终促进产品或服务销售的目的。

(二) 事件营销的优势

事件营销一般具有突发性强、时间紧迫、市场机会大、受众面广、高频率的媒体助阵、信息复杂不容易分辨等特点。

▶ 1. 受众群体的信息接收程度较高

在铺天盖地的广告中能够吸引大众眼球的经典之作越来越少，而事件营销的传播往往体现在新闻上，有效地避免了像广告被人本能排斥、反感、冷漠的情况发生，受众对于其中内容的信任程度远远高于广告。据调查，一个读者对新闻的信任程度是一则广告的6倍。

▶ 2. 传播深度和层次高

一个事件如果成了热点，会成为人们津津乐道、互相沟通的话题，传播层次不仅仅限于看到这条新闻的读者或观众，还可以形成二次传播，引发"蝴蝶效应"。

▶ 3. 投资回报率高

据有关人士统计、分析，企业运用事件营销手段取得的传播投资回报率约为一般传统广告的 3 倍，能有效帮助企业建立产品品牌的形象，直接或间接地影响和推动产品的销售。

（三）事件营销的模式

组织进行事件营销无外乎两种模式：借力模式和主动模式。"势"者，形势、气势、势态、势力也。借势，就是要借助外部的力量来提升自己，提升产品与品牌的影响力；造势，就是依靠后天行为，通过各种手段创造有利态势，吸引公众注意力，从而提升物质产品、精神产品乃至个人和地方的知名度。

▶ 1. 借势

在营销策划中，可供借势的平台很多，可以是"站在巨人的肩膀上"，可以是"假于外物"，可以是"借船出海"，借势作为一种行之有效的营销利器正在被营销策划人有效利用。在借势上取得成功的典范是蒙牛，2004 年借"神五"飞天，2005 年借"超级女声"热播，从此蒙牛牛奶全国知晓。常见的借势方法如下。

（1）借政治之势。借政治之势，顾名思义是指借发生的政治事件或政策宣传自己，提升知名度。例如，蒙牛响应党中央号召，向全国 500 所小学免费赠送一年的牛奶；统一石化在伊拉克战争期间快速应对，在战争爆发后第一时间推出广告"多一点润滑，少一点摩擦"，大大提升了统一石化的知名度和美誉度。对于政治性事件，可以利用国家之间的建交庆典，也可利用政党、国家之间的合作与交流进行宣传活动等。

（2）借文化之势。优质文化能赋予产品与品牌深刻而动人的内涵，借助不同文化之势无疑是一种有效的策略。借文化之势；造成商品之势，借文化之名，成品牌之实。例如，全兴集团利用意外发现的、源自元末明初的"水井街酒坊遗址"，注册了"水井坊"白酒品牌，激活并繁殖了古糟菌群，酿出"水井坊"酒，开展系列文化活动，成功地将"水井坊"的历史文化价值转化为以产品为载体的商业品牌价值，一跃成为高档白酒市场中的领先品牌。在借势文化的过程中，可以借鉴春节、情人节、端午节、国庆节、中秋节、圣诞节、名人诞辰等节日，也可以开展工业旅游、体验企业文化等。只要巧妙运用，可以巧妙借助文化之势打造差异化的营销策略。

（3）借事件之势。在当今信息密集的社会中，每隔一段时间都会有不同的事件发生或被制造出来，如申奥成功、SARS 危机、禽流感、世界杯、伊拉克战争、神舟六号升空、2008 年北京奥运会等，这些事件都能够为品牌带来快速成长的机会。可以借势娱乐性事件，如蒙牛优酸乳之"超级女声"；可以借势新闻性事件，如在 2003 年，蒙牛以"为中国航天喝彩"的主题情感诉求进一步丰富了"蒙牛"的品牌内涵；可以借势公益性事件，如参与保护藏羚羊、关爱失学儿童、关注环保等；可以借势危机性事件，如感冒药在出现 PPA问题期间，中美史克迅速反应，将含 PPA 成分的药品回收并快速推出新品。当然，还可以借势突发事件和不可抗力事件，如"非典"期间，蒙牛倡导微笑和多洗手；海啸期间，许多企业将捐赠与开拓国际市场紧密联系等。

总之，当某一领域成为关注热点时，借势就成为可能，"借势就像修一座桥，把观众引过来"。在借势的过程中，首先需要"跟的是一个好东西"，要真有影响力；其次，"跟的时机要快"，一定要在热度上升期跟进，趁热打铁。

▶ 2. 造势

造势是围绕自己的宣传目标，制造受人关注的新闻事件、活动、舆论、概念等，让人们在关注此新闻事件的同时关注自己的产品。让自己的产品借着新闻事件的影响力让消费者了解，也应属于变相的造势。造势好像是进了专业的裁缝店一样量体裁衣，可以为自己的宣传量身制订一套事件营销计划来服务于宣传目标，常见的模式有直接造势和借势造势。

（1）直接造势。直接造势通常指企业整合本身资源，通过策划、组织和制造有新闻价值的事件，吸引媒体、社会团体和消费者的兴趣与关注，经常表现为企业为推广自己的产品而组织策划一系列宣传活动，以达到传播自己和促进销售的目的。

例如，奥克斯的《空调制造成本白皮书》中毫不含糊地一一列举了 1.5 匹冷暖型空调 1 880 元零售价的几大组成部分——生产成本 1 378 元，销售费用 370 元，商家利润 80 元，厂家利润 52 元。话不讲透心不休的奥克斯还将几大部分成本条分缕析地予以解密，成为事件营销主动造势的经典案例。

（2）借势造势。借势造势是通过各事件互相激发，最终形成复合事件来配合宣传。站在巨人的肩膀上向大家招手的效果会远远好于只站在巨人肩膀上或者只招手，可以利用大家熟知的新闻事件再加上自己独特的新闻炒作手法获得效果。例如，2003 年年底上映的《英雄》不仅创造了华语电影的多项纪录，同时也为众多品牌提供了推广平台。多普达借势《英雄》并造势，一方面，多普达推出"手机中的英雄"的品牌口号，既与《英雄》影片巧妙结合，又与其"手机＋掌上电脑"的产品定位以及主打高收入人群和高端礼品市场的市场定位高度吻合，使多普达手机成为他们彰显精英阶层"英雄"身份的最佳选择；另一方面，多普达利用了其产品可以看电影的功能特性，不仅突出了手机与电影的必然联系，而且还强调了产品与众不同的独特销售主张。

总之，借势，要借得恰如其分；造势，要造得独有创意。"借"和"造"相互严密地配合，才能得到预期的效果。在借势和造势的过程中，找准切入点和合适的事件，在正确的时机出击，要么吸引注意力，要么让消费者参与，一定会促进产品的销售，提升企业形象和品牌的认知度和美誉度。

经典案例

可口可乐歌词瓶

2013 年，可口可乐的"昵称瓶"大获成功，据说成功拉动销量提升 20%，可口可乐的"昵称瓶"如图 11-1 所示。

2014 年，可口可乐乘胜出击继续发力，推出"歌词瓶"，如图 11-2 所示。从周杰伦到五月天，歌词瓶上的歌词大多出自人们耳熟能详的歌曲。此外，消费者扫描瓶上的二维码，便可观看小段音乐动画，并在社交平台上分享，年轻人可以通过瓶上的歌词或音乐来表达自己的心情。

图 11-1　可口可乐的"昵称瓶"　　　　图 11-2　可口可乐的"歌词瓶"

经过"昵称瓶"后，可口可乐对"歌词瓶"的推广更显轻车熟路。先是在潘石屹、任志强等名人微博进行定制化产品投放，利用其名人效应让更多消费者熟知。而后，在自身的微博上发布与歌词相关的内容，与产品配合。于是，未过多久，我们便看到不少朋友在自身的社交平台上也晒起了有意思的歌词瓶。

经典案例

"港湾公寓"的公关策划

芝加哥是美国中部一个紧邻密执安湖的美丽城市。市里有一家房地产公司选中了湖中心一个景色秀丽的小岛屿，在小岛屿上建造了几幢豪华的公寓，命名为"港湾公寓"。这个小岛屿四面都是水，与外界隔绝，仿佛一处"世外桃源"。

公寓建成后的头 3 年，只售出了 35% 的单元，采取降价政策后，销售仍然没有起色。这家房地产公司非常焦急，怎么也想不透其中原因。于是，请来了一家公共关系公司来协助促销策划工作。

这家公共关系公司首先就港湾公寓出现的问题展开了一系列的调查研究活动。他们设计了一套民意测验问卷对已有住户和周围居民进行民意调查，结果发现公寓卖不出去的原因是公众（尤其是潜在的买主及对潜在买主有影响的人）对港湾公寓存有偏见，缺乏整体性的了解。例如，老人觉得住进去会太冷清寂寞，难以找到年纪相当的老人一起聊天、打牌；年轻夫妻觉得尽管环境不错，但交通不便，生活不便：买日用品、食品难，小孩上学更难，而且缺乏娱乐和夜生活。

于是，他们针对这些原因，制订了一个详细的公共关系计划。

整体目标：形成推销公寓的良好气氛，使原来滞销的公寓成为抢手货。

为了实现这一整体目标，他们又分解成几个分目标，并分别确定了各自的目标公众，采用的方法和沟通渠道如表 11-1 所示。

表 11-1 公关活动目标分解

序号	公关子目标	目标公众	采用方法及沟通渠道
1	在公众中树立港湾公寓住得舒适、社会服务设施配套完整的形象	各类公众，尤其是潜在买主	用实际行动加上适当的宣传
2	在港湾公寓已有的住户中发展社会群体意识，形成住户彼此融洽相处、互相关心的社会环境	现有住户	各种联谊活动、进行个体沟通
3	说服当地的名人入住港湾公寓，从而达到劝说一般公众的目的	当地名人	邀请参观和入住
4	改善公寓对外的交通条件	一般大众和政府部门	做出实际行动，引起宣传
5	制造新闻，提高知名度	记者及一般大众	实际行动和大众媒介的宣传

一个公关活动的方案制定好以后，具体到如何达到公关目标，这就需要公关策划人员开发出精彩的创意，这家公共关系公司想出了许多不俗的点子：

（1）开各种商店，设音乐厅、酒吧和夜总会，建造游泳池和健身室，开办学校和幼儿园，尽量使小岛里生活服务设施完善，形成一个相对独立的小社会。通过广告向外界宣传这些变化，让公众了解港湾公寓不再是一个生活不便的地方，而是一个环境优美、宁静而社会设施又全面的居住圣地。

（2）为了增强居民的群体意识，他们组织了马戏团给居民们演出节目，教他们小丑化妆术，居民从中得到了很大娱乐，又借此给左邻右舍提供了见面畅谈的机会。感恩节来临之际，他们给每户住户写了封问候信，并附上感恩节火鸡作为祝贺。一年一度的盛大节日——圣诞节来了，这家公司忙得不亦乐乎，又是组织居民进行圣诞家居装饰布置比赛，又是抢印港湾公寓景色的贺年卡和明信片。这些活动，在港湾公寓居民中产生了很大的反响。一传十，十传百，知道港湾公寓的人越来越多，对加强潜在买主的买房决心起到很大作用。

（3）考虑到名人的现身说法的作用，他们邀请了芝加哥的一些名流。如政府部门的官员、知名的教授、企业家、体育和电影明星等到港湾公寓参观，并给为芝加哥做出过杰出贡献的某些知名人士赠送公寓。这一活动在崇拜这些知名人士的公众中掀起了一股购买港湾公寓的热潮。

（4）鉴于公众对港湾公寓交通不便所提出的意见，这家房地产公司决定不惜耗资巨大，也要资助政府建造一条将小岛屿和陆地连接起来的公路，以方便住户上班和购物。这一行动不但给港湾公寓的住户带来方便，而且还为芝加哥的社区建设做出了很大的贡献。这一行动引起了记者的瞩目，港湾公寓的名字由此得到了很多见报的机会。

（5）为了进一步提高港湾公寓的知名度，公共关系公司又策划制造了两项大新闻。

首先，他们组织了一次名为"芝加哥历史纪念品大拍卖"活动，所得款项全部捐献给芝加哥建筑研究中心作为建筑教育基金之用。他们先在电视上大做广告，劝说公众捐献具有芝加哥历史意义的纪念品。由于这一活动是打着支持公益事业的旗号进行的，所以得到了广大公众的支持，收集到了不少纪念品，其中不乏很有历史价值的东西。这一活动吸引了大量新闻记者追踪采访，港湾公寓由此也得到了很多曝光机会，一下子吸引了 500 多家住户，港湾公寓的形象也开始深入人心了。

其次，为了更好地巩固已有的形象，公共关系公司还利用美国国旗制定 200 周年纪念，别出心裁地制造了一个让人瞩目的新闻。

在美国国旗制定 200 周年纪念那天，他们在港湾公寓楼前的空地上建了一个升旗台，树起了一根旗杆，邀请了附近一所海军军校的学员当作升旗的仪仗兵，并请了一支乐队出席演奏助兴。在音乐中，他们开始了令人瞩目的升旗活动。只见在芝加哥市长所派的代表主持下，海军学员们庄严地升起了美国国旗，并在空地上用三角旗拼出"港湾公寓"四个醒目的大字，为摄影记者提供了拍摄的好镜头。结果，当晚的电视新闻上，港湾公寓升旗仪式的实况被报道出来，港湾公寓名声大振。

通过这一系列精心策划的活动，港湾公寓改变了原来的滞销状况，被购买者一抢而光。

思考：

（1）港湾公寓的公关目标是怎样设置的？

（2）港湾公寓策划了哪些公关活动？

第三节　网络公共关系

一、网络公共关系的含义

网络公共关系又叫线上公关或 e 公关，是指企业利用网络媒体，借助各种网络传播手段，向公众传达企业形象信息、增进与公众了解、维持与公众的良好关系，以此来提升市场知名度、改善企业自身形象。

二、网络公共关系的特点

网络公共关系的目标与基本任务和传统公共关系没有差异，但是由于网络的开放性和互动性的特点，使得网络公共关系具有一些新的特征。

(一) 网络公共关系主体的主动性增强

在传统公共关系活动中，企业公共关系组织与人员通过各种新闻媒介开展公共关系活动，受到很大的限制。他们要撰写新闻稿件或举行记者招待会、举办某项公益活动以引起新闻媒介记者的注意，从而达到宣传企业、提高企业知名度的公关目的。但是企业的新闻能否在媒介上报道取决于多方面的因素，如新闻稿件本身的内容是否有价值，记者、编辑是否感兴趣，媒介版面或播出时段是否合适，与新闻媒介关系是否融洽等。然而，网络公共关系借助互联网的互动性的特点，使企业在公共关系活动中的主动性大大增强了。企业可以利用网上的公关便利，通过网络论坛、BBS、新闻组、电子邮件等积极、主动地向目标受众实时地发布新闻，不受媒介时空、篇幅的限制，也无需新闻机构审批，打破了传统公共关系活动利用新闻媒介的局限性，使网络公共关系在影响目标受众的同时影响新闻记者，有助于与新闻记者保持密切联系，建立良好的新闻媒介关系。

(二) 网络公共关系客体的权威性得到强化

公共关系客体(对象或受众或公众)的权威性体现在受众虽然是公共关系的客体，是公共关系活动的对象，但受众不是消极地被影响、被作用的对象。受众的意见和行为是企业无形的财富，是关系企业生存和发展的决定性因素。在传统公共关系活动中，公众对传播信息的接收和反馈有一个时间差，企业公共关系人员可利用这个时间差调整、改进下一步的行动；而在网络公共关系活动中，网络上信息的传播与反馈速度快、范围广，有关企业的信息可以迅速传遍整个网络，引起受众的反响。受众对信息的评论、意见、态度、行为等也可以在网络上迅速传开，直接影响企业的决策，乃至企业的成败。网络公关人员必须认真设计和撰写信息传播的内容、控制传播的范围、重视受众的反馈，并将受众所提出来的意见和建议作为企业决策的重要依据，及时化解对企业的不利因素。可见，在网络公共关系活动中，网络公关人员应有的放矢地选择目标受众，从而达到网络公关的目的。

(三) 网络公共关系传播有较高的效能

传统公共关系所采用的传播媒介，无论是报纸、杂志还是电视、广播，其传播方式都是大众传播，是"一对多"的沟通。企业与公众之间的双向沟通由于受到传播媒介的限制，会降低传播的效能。而网络作为公共关系的传播媒介，彻底改变了传统公共关系的信息传播方式，实行了双向互动式的"一对一"的沟通。这种个体沟通使受众可以在阅读信息的同时与主持者或其他读者展开在线讨论，而企业在传播信息时可以对信息内容控制，可以根据不同受众的不同需要、不同反应提供个性化的信息服务。显而易见，网络公共关系传播方式更具体、更深入，效能更明显。

(四) 网络公共关系的传播时空更广泛

网络公共关系打破了传统公共关系媒介传播的时空限制。

(1) 从传播空间上来看，传统公共关系活动中企业或媒介机构所撰写的新闻受到载体版面的局限，许多重要信息只能简明扼要、提纲挈领，受众也难以从简短的新闻中得到完整的信息。借助网络的无限空间，网络公关人员可以尽可能详细地报道企业有关新闻，并且通过链接技术将企业信息链接到其他信息领域，如专业信息服务网站。

（2）从传播时间上来看，传统公共关系传播媒介有其固定的播放或发行时间，如报纸杂志是按日、周、月、季等时间发行，广播电视是按时段播放。而网络公共关系的传播可以 24 小时全天候地发布企业新闻，做到即时播报。

三、网络公共关系的主要形式

（一）网络媒体新闻、网上新闻发布会

企业有重大事件发布或者举行线下新闻发布会时，也可邀相关媒体或与媒体合作，同期举办网上新闻发布会或设立新闻专题，向更广泛的受众全面传达企业信息。由于网络信息容量大、不受篇幅限制，同时也可兼有音、视频等效果，并可即时与网民受众互动，因此，网上的新闻发布会可达到更佳的公关效果。

发布会的主要平台是网络门户网站或网络媒体，一般有以下几种类型。

第一种：综合性门户网站。

第二种：行业性门户网站或媒体。

第三种：新闻媒体的网络版。

第四种：网络出版物。

（二）BBS 论坛或社区公关

一些比较专业的行业在网上形成社区圈子的情况比较多，人们也比较喜欢通过这种社区化的交流与信息共享分享专业信息与经验或者组织团购等。而且这些社区的信息由于出自网民或业界领袖，往往对网民的影响比较大，因此，企业应该关注利用网上社区的形象公关以及有关社区的信息或活动对企业的影响，及时采取相应的对策。

社区公关主要平台有门户网站专业 BBS 论坛及专业社区网站等，以下列举几种典型的平台。

第一种：门户网站或行业门户的专业 BBS 论坛。

第二种：专业社区网站。

第三种：网络媒体开设的论坛。

（三）举行网上公关活动

重要媒体或门户网站由于是重要的网络信息传播途径，人气比较集中，相对而言，在其平台上组织的各种活动比较容易引起网友的参与和互动。因此，大多企业会选择这些网站开展公关活动或者为线下的活动做宣传。另外，网络媒体也通过这种途径丰富其平台的内容提供，吸引更多的网络受众。

与线下的公关活动相对应，网上的公关活动主要是指企业在网络上开展或组织的企业公关活动。

网上公关活动主要平台有重要媒体网站、门户网站、SNS社区、论坛网站等。

经典案例

娃哈哈"接过爱心教鞭，托起明天希望"的公益行动

"我们学校在'5·12'地震中也受损严重，希望你们能为我们学校、学区的教育事业捐助……"这封由四川省阿坝州松潘县镇江关五里村小学的卢光一老师寄来的一封带着地震余波的信件，触动了整个娃哈哈集团，集团随后便启动了"接过爱心教鞭，托起明天希望"的公益行动：面向全社会招募首批志愿者100名，前往四川、贵州贫困地区进行为期一年的支教行动，并为每人提供2万元的年度补贴。娃哈哈选择了互联网作为此次宣传的重点，通过在天涯社区开辟专栏、借助媒体报道，在招募计划发起之后，就有近4 000名志愿者报名，活动场面堪比公务员考试。而随后选出的100名志愿者在四川和贵州支教过程中，也通过互联网实时传递支教信息。娃哈哈的企业社会形象大幅提升。至今，我们只要登录支教专区论坛，都能感受到那些志愿者与孩子们令人感动的瞬间。

（四）社交媒体公关

社会化媒体是一个近来出现的概念，主要指"能互动的"媒体，在社会化媒体领域，有两个关键词：UGC（用户创造内容）和CGM（消费者产生的媒体）。社会化媒体改变以往媒体一对多的传播方式为多对多的"对话"。社会化媒体对用户的黏着度是传统的网络媒体很难比拟的，而那种多对多形式的"对话"所造成的N级传播，也是传统媒体的一级或者两级传播所相形见绌的。一个焦点事件在社会化媒体的推波助澜下，可以达到一夜之间传遍天下的效果。

因此，许多企业利用社交媒体实施口碑营销、事件营销、病毒营销，传递信息、塑造形象，收到理想的效果。企业还可以利用社交媒体与顾客建立联系。企业利用社交网站与潜在顾客实现对话，参与到网络社区的活动当中。企业可以阅读、测量、分析这些对话和网络公众的反应，从而掌控舆论、塑造有利于企业的网络环境。

社交媒体公关主要平台有博客、论坛、播客、职业社交网站、企业社交网站、微信等。

经典案例

IMOUTH"唇唇欲动"潮玩趴，线上＋线下全面引爆夜店潮流

IMOUTH起源美国，是一款以时尚、酷玩、潮流为主题的产品，它是在开辟一项崭新的行业领域，是一款以引领生活潮流乐趣、缔造健康、提神、舒缓压力的都市新体验的崭新产品。IMOUTH于2014年2月22日正式登陆中国市场，整合"线上＋线下"两条推广线，上市前后不到1周的时间，IMOUTH已在深圳区域市场达到人人皆知的效果。

2月19日，线上微博、微信"上传夜店潮装，赢取夜店潮品IMOUTH"活动同步发

起，并发动"我们爱讲冷笑话""经典语录""深圳学生俱乐部"等本地一大批微博大号同时推进，微信大号如"深圳美食""深圳玩乐攻略""深圳吃喝玩乐嗨"也同步推送，做到目标人群精准推送，全面引爆！微博互动量当天参与转发及互动人数达到 24 000 多人，微信互动量当天参与人数达到 11 323 次。微信公众账号一天净增关注人数超过 2 000 人。

2 月 22 日，"唇唇欲动"IMOUTH 新品发布会在深圳 COOPARK 举行，现场创意亮点接连不断：彩绘裸模风采展示、B-BOX 激情秀、M 女郎风情出演，将活动引向了高潮。在购物公园，上万人纷纷被现场气氛吸引、驻足，感受 IMOUTH 潮流带给人们的尖叫！

2 月 22 日晚上，深圳莉莉玛莲酒吧专场，IMOUTH 潮玩趴现场 high 爆，裸模持续亮相，官方微博同步直播，话题持续讨论，让活动再次推上高峰。

2 月 23 日，微信、微博再度发起"夜店潮品 IMOUTH 登陆深圳，转发/点赞送全套产品"活动，利益驱动、体验营销持续提高粉丝活跃度和关注度。

此次活动，线下活动总覆盖人数 130 万人，线上相关活动微博转发数达 10 000 条、评论数达 1 000 条以上；微博话题参与人数近 2 万人，曝光数超 100 万条；微信直发 10 万条以上，参与互动人数 23 419 人，整个活动持续影响覆盖人群超过 300 万人。

资料来源：湖北品牌网．

经典案例

某电脑广场"千里共婵娟"企划案

一、活动背景

(1) 十月是计算行业由旺转淡的一个转折月份，在这个月份如何做好消费者的沟通，维持乃至提升卖场人气至关重要。而作为卖场来说，从消费者的情感沟通着手，本着人性亲情的原则组织宣传活动以增加消费者对卖场的亲和度和忠诚度，是一个较高情感层次的沟通方式，利于炒作发挥。

(2) 本次国庆假日恰逢中秋佳节，所谓"每逢佳节倍思亲"，漂泊在外的人在这个时候最想跟亲人见个面、通个话。据不完全统计，现今流动人口已接近 2 亿。

(3) 本次活动的主角为可视电话。利用可视电话不但可以解决异地见面问题，而且概念新、主题极富人情味，很容易引起消费者的关注。

二、活动目的

(1) 借中秋、国庆之机，通过与厂家合作举办活动的方式在较少投入资源的情况下，在各地制造亲情、友情话题，从而提升消费者对卖场的亲和度和忠诚度。

(2) 以"看得见的亲情"为宣传主线，通过各种宣传媒介及新闻炒作进一步拉动电脑广场的知名度和曝光率。

(3) 以可视电话这种比较先进的科技产品为切入点，由电脑广场牵头，给消费者造成电脑广场是最新科技产品前沿展示阵地的印象，从而树立并巩固其在业界的领先和强势地位。

三、活动方案

活动时间：2004 年 10 月 1—7 日。

活动地点：中厅、外场。

活动内容：

1. 活动的现场预展及现场先期报名

(1) 在活动正式开始的前一周，可在大厅设立通话区，由专人在现场进行功能讲解，并定时进行异地通话演示。

(2) 在通话区附近设立报名处，进行现场预约报名。

(3) 现场布置一定要有活动说明，特别要强调各城市活动现场的地址，以方便消费者联系。

(4) 预先报名者除了可以获取通话优先权外，通话时间可为 15 分钟。

2. "在××，你和亲人靠得更近"——可视电话亲情连接

(1) 时间：10 月 1—3 日。

(2) 对象：在外打工不能回家的消费者；在校的大学生，特别是刚入学校的新生；军人以及其他因工作需要长期在外的人。

(3) 广告宣传布置以温馨、亲和为主基调，力求充满人情味。

(4) 现场排队登记，通话时间原则上为 10 分钟。

3. "缘分天空"——网友异地见面会

(1) 时间：10 月 4—7 日。

(2) 对象：上网爱好者。

(3) 广告宣传布置要充满现代感、科技化，具有煽动性。

(4) 通话时间原则上为 10 分钟。

4. "××圆梦曲"——现场抽奖活动

(1) 时间：10 月 1—7 日。

(2) 目的：增强活动的有趣性和刺激性，以促使更多的消费者参与到活动中来。

(3) 方式：活动期间设置价值 2 500 元探亲大奖一名，活动结束后在场外予以公布，并直接通知本人；每天设置幸运奖 4 名，赠送价值 50 元的 IP 卡或上网卡；每天另设置鼓励奖若干名。

四、广告宣传告知方案

1. 软新闻炒作

提前炒作：在活动开始前一周现场展示时，可邀请记者进行现场采访和试用，如将一台可视电话放置在现场，另一台放置在报社的编辑部。

主线一：看得见的亲情(情感篇)

建议炒作方式：从树立公司亲和形象着手在大学或军队里寻找因贫穷或因公几年没有回家的真实人物，对其事迹进行介绍，从而引出电脑广场帮助他与亲人见面的话题，并以连续报道的形式进行。

（1）人物的寻找可从两方面着手：一是通过新闻媒体进行公开征集，二是与学校、军队进行联系，由他们负责推荐。

（2）为增强可炒作性，可由公司承担费用将新闻人物的亲人接到就近的电脑广场连锁店所在的城市。

主线二：科技让人变得更近（科技篇）

建议炒作方式：从表现电脑广场作为最新科技展示前沿阵地的概念着手，对可视电话的功能进行系列介绍，包括电脑广场为什么在这个时机推出这个活动，为什么厂家会选电脑广场作为推广平台等。

（1）新闻炒作必须要提前7天进行，其宗旨是务必在10月1日达到整个活动的宣传高潮。

（2）在活动预展的试用过程中要充分与媒体接触，并对所选中的新闻人物提前进行现场通话采访。

（3）要注意各大报社和各大电视台的配合利用，特别是必须保证电视台的参与。

（4）在炒作前召开记者招待会，对活动进行说明。

2. 活动宣传单

各店制作DM宣传单5万份，建议采用直邮、夹报、人员定点派送等途径。

3. 现场布置

（1）可视电话的安置：各店将会有6部可视电话到位，其中一部可接显示屏（暂定），各电话必须集中在一个区域，统称通话区。

（2）场内布置：必须设立现场登记处，负责通话登记和会员登录；设立抽奖区一个，用于"××圆梦曲"抽奖；活动介绍告示牌两块。

（3）外场布置：大型活动横幅（条幅）一条；活动告示牌两块；领奖台，用于"××圆梦曲"领奖。

重点提示：现场布置一定要突出活动各阶段主题，并且要创造出与之相匹配的氛围。

五、活动效果预测（略）

资料来源：MBA智库.

思考：

（1）策划案设计了哪些公关活动？你对这些活动如何评价？

（2）策划案中，企业通过哪些形式传播活动信息？

思考题

1. 公共关系的职能是什么？
2. 公共关系活动策划的主要内容有哪些？
3. 企业庆典活动有哪些类型？
4. 企业赞助的方式有哪些？
5. 企业事件营销的模式有哪些？
6. 网络公共关系的主要形式有哪些？

参 考 文 献

[1] 周培玉. 商务策划管理教程[M]. 北京：中国经济出版社，2006.

[2] 孙黎. 策划家[M]. 北京：中国经济出版社，1993.

[3] 陈放. 策划学[M]. 北京：蓝天出版社，2005.

[4] 史宪文. 现代商务策划管理教程[M]. 北京：中国经济出版社，2007.

[5] 张昊民. 营销策划[M]. 北京：电子工业出版社，2005.

[6] 麦克唐纳. 营销策划[M]. 张雪，译. 北京：中国铁道出版社，2016.

[7] 刘厚钧. 营销策划实务[M]. 北京：电子工业出版社，2009.

[8] 李文义，刘进，张存明. 市场营销策划[M]. 北京：中国财政经济出版社，2012.

[9] 万钧. 商务策划学[M]. 南京：南京大学出版社，2012.

[10] 张存明. 网络营销[M]. 长春：东北师范大学出版社，2012.

[11] 张存明，马小南. 市场营销案例精编[M]. 济南：黄河出版社，2009.

[12] 王彤宙. 商务策划基础[M]. 大连：东北财经大学出版社，2009.

[13] 张存明，徐国伟. 广告策划与管理[M]. 成都：西南交通大学出版社，2008.

[14] 卢泰宏，朱翊敏. 实效促销 SP[M]. 北京：清华大学出版社，2003.

[15] 王方. 市场营销策划[M]. 北京：中国人民大学出版社，2006.

[16] 孙在国. 营销策划实务[M]. 成都：西南财经大学出版社，2012.

教师服务

感谢您选用清华大学出版社的教材！为了更好地服务教学，我们为授课教师提供本书的教学辅助资源，以及本学科重点教材信息。请您扫码获取。

≫ 教辅获取

本书教辅资源，授课教师扫码获取

≫ 样书赠送

市场营销类重点教材，教师扫码获取样书

 清华大学出版社

E-mail: tupfuwu@163.com
电话：010-83470332 / 83470142
地址：北京市海淀区双清路学研大厦 B 座 509

网址：https://www.tup.com.cn/
传真：8610-83470107
邮编：100084

教师服务

感谢您选用清华大学出版社的教材！为了更好地服务教学，我们
为采用本书作为教材的老师提供教学辅助资源，以及本学科重点教材信息。请
您扫码获取。

>> 教辅获取

本书教辅资源，授课教师扫码获取

>> 样书赠送

本书已修订出版，授课教师扫码获取样书

清华大学出版社

E-mail: tupfuwu@163.com
电话: 010-83470332 / 83470142
地址: 北京市海淀区双清路学研大厦B座509

网址: https://www.tup.com.cn/
传真: 8610-83470107
邮编: 100084